YO-AER-508

Deux loges montréalaises
du Grand Orient de France

Deux loges montréalaises du Grand Orient de France

Roger Le Moine

Les Presses de l'Université d'Ottawa
Ottawa • Paris

Cet ouvrage a été publié grâce à une subvention de la Fédération canadienne des
études humaines, dont les fonds proviennent du Conseil de recherches en sciences
humaines du Canada, ainsi qu'à une subvention de la Faculté des Arts et à la
collaboration du Centre de recherche en civilisation canadienne-française de
l'Université d'Ottawa.

Données de catalogage avant publication (Canada)

Le Moine, Roger, 1933-
Deux loges montréalaises du Grand Orient de France

(Cahiers du CRCCF; 28)
Comprend des références bibliographiques et un index.
ISBN 2-7603-0307-1

1. Francs-maçons. Loge l'Émancipation (Montréal, Québec) 2. Francs-maçons.
Loge Force et courage (Montréal, Québec) I. Titre II. Collection : Cahiers du
Centre de recherche en civilisation canadienne-française; 28.

HS560.M6L46 1991   366'.1'0971428   C91-090292-5

UNIVERSITÉ D'OTTAWA
UNIVERSITY OF OTTAWA

© Les Presses de l'Université d'Ottawa, 1991
   Imprimé au Canada
   ISBN 2-7603-0307-1

*À Louise, qui a participé à mes
recherches depuis le temps du G.O.D.F.
En témoignage de gratitude.*

Table des matières

Avant-propos

LES DEUX PREMIÈRES LOGES montréalaises du Grand Orient de France (G.O.D.F.), L'Émancipation et Force et courage, ont provoqué la publication d'une abondante littérature polémique, mais sans jamais faire l'objet d'une étude d'ensemble. L'histoire de L'Émancipation, rédigée par Jean-Paul de Lagrave, ne s'inspire que des seules condamnations ecclésiastiques[1]. Tandis que les chroniques maçonniques publiées par Charles E. Holmes dans « Masonic Light », en dépit de leur intérêt certain, demeurent extrêmement fragmentaires. Cette situation s'explique facilement : le climat de persécution qui a prévalu au Québec a fait que les maçons des deux loges ont détruit ou semblent avoir détruit tout ce qui aurait pu trahir leurs appartenances et, par là, renseigner les chercheurs. C'est pourquoi ceux qui, jusqu'à ces dernières années, ont écrit sur les idéologies au Québec ont dû, faute de documents, ou ignorer la question ou s'en tenir à de brefs propos, repris de l'un à l'autre et se fondant sur des ouï-dire et des dénonciations. Certains biographes ont ignoré jusqu'à la qualité maçonnique de leur personnage! Dans ce contexte, la maçonologie, pour reprendre le terme d'Alex Mellor[2], n'a pu se développer ici comme elle s'est développée en Europe. Lorsque nous avons décidé de nous attacher au sujet de la présente publication, nous étions tout à fait ignorant de la situation évoquée plus haut. Nous nous attendions de trouver sur place une documentation susceptible d'alimenter notre projet.

Après avoir effectué d'inutiles recherches dans les archives publiques et privées du Canada, nous nous sommes rendu à Paris. Et nous avons découvert aux archives du G.O.D.F., qui, contrairement à celles de la plupart des obédiences, sont ouvertes au public, un fonds L'Émancipation et un fonds Force et courage, surtout constitués de documents d'ordre administratif émanant des loges elles-mêmes. Nous en avons tiré le présent ouvrage. Dans le cas de L'Émancipation, les pièces sont assez abondantes. Elles permettent de pallier la disparition des papiers demeurés à Montréal; car les uns ont été volés en 1910 par A.-J. Lemieux[3] tandis que les autres ont été détruits par les maçons de la loge au moment de sa mise en sommeil. Adelstan Le Moyne de Martigny écrit à ce sujet :

> Un comité, convoqué régulièrement, quoique non par lettre, s'est réuni chez moi, et lors de sa dernière réunion, le 13 juin [1910], vient de décider de brûler tous les papiers de la L∴ et de la supprimer elle-même.
> Les papiers ont donc été brûlés séance tenante, malgré mon opposition en raison des entreprises possibles que pourraient tenter impunément contre nous ces mêmes mouchards, aux gages du clergé[4].

Dans le cas de Force et courage, la documentation conservée au G.O.D.F. ne couvre que la période de 1910 à 1930 ou à peu près, même si la loge n'a été mise en sommeil que pendant la Seconde Guerre mondiale. Cela s'explique. Afin de dépister et de persécuter les francs-maçons occupant des postes élevés dans l'administration française, à l'époque de Vichy, les Allemands et les collaborateurs ont dépouillé les archives des obédiences maçonniques. Pour ce faire, ils les ont transportées en Allemagne d'où elles ne sont pas toutes revenues. Par inadvertance, celles de la loge montréalaise ont pu faire partie du lot. Quarante ans après les événements, il est fort peu probable qu'elles soient un jour récupérées. Et nul ne sait ce qu'est devenue la partie montréalaise des archives de la loge. C'est pourquoi, à moins d'un hasard, l'histoire de Force et courage risque de demeurer incomplète. Au G.O.D.F. ont également été consultés nombre d'ouvrages et de périodiques comme *Acacia*, *Ars quatuor coronatorum* et *La Chaîne d'union*. Quant au fonds maçonnique de la Bibliothèque nationale de France, il nous a fourni très peu de renseignements.

Les pièces consultées ne révèlent sans doute pas l'essentiel du sujet. Elles rendent compte du fonctionnement de la loge comme aussi de démarches visant à la transformation de la société. Mais rien ne témoigne des initiatives individuelles qui sont menées dans la clandestinité. Rien non plus de ce qui est l'essentiel de la maçonnerie, soit l'évolution de chacun des membres vers la Lumière. Les planches, c'est-à-dire les conférences en loge, qui auraient permis de discerner certaines orientations, n'ont pas été conservées. Par la force des choses, seront surtout abordés les alentours du véritable sujet. Pour qu'il en ait été autrement, il aurait fallu que chacun des maçons des deux loges ait rédigé son autobiographie. Tous ceux qui s'intéressent à des sociétés initiatiques en arrivent au même constat.

Ce travail ne couvre pas toute la question de la franc-maçonnerie chez les francophones du Québec. Car ceux-ci ont été admis encore plus nombreux dans les loges Les Cœurs-Unis, Dénéchaud et Renaissance de la Grand Lodge of Quebec comme aussi dans bien d'autres loges de la même obédience où ils n'étaient pas majoritaires. En outre, des Québécois ont pu être initiés à l'étranger. On ne saurait les retracer sans savoir à quelle loge et à quelle obédience ils ont appartenu. Tant que des monographies n'auront été rédigées sur la plupart des loges, on se contentera de s'interroger. Papineau et Mercier ont-ils été initiés en France ? Beaugrand a-t-il demandé son affiliation à une loge parisienne ? Buies a-t-il compté parmi les carbonari ? Voilà des questions qui, régulièrement posées, resteront longtemps sans réponse. Quoique tous les esprits éclairés n'aient pas nécessairement appartenu à la maçonnerie. On peut en être par l'esprit seulement.

Les chapitres consacrés à chacune des deux loges risquent d'en décevoir plusieurs. Ils sont répétitifs en ce qu'ils retracent l'histoire de mouvements poursuivant des buts identiques dans un contexte qui ne bouge pas. On n'y rencontrera pas non plus les grandes vedettes que certains y ont placées. S'y trouvent des individus, anonymes pour la plupart, issus des milieux les plus divers, qui se préoccupent tout simplement de leur propre accomplissement et de celui de la collectivité. N'est pas révélé non plus quelque grand secret annonciateur de cataclysme comme, chez les catholiques, le message de Fatima ! Dans une société initiatique, chacun évolue vers la Lumière par des moyens qui lui sont propres, de la même façon que les cures psychanalytiques diffèrent toutes les unes des autres.

Avec ce travail, nous avons voulu apporter un peu de lumière sur un aspect donné de l'histoire des idées. Lorsque d'autres travaux du genre se seront ajoutés à ceux qui existent déjà, il sera possible d'élaborer un ouvrage d'ensemble sur la contestation au Québec depuis la montée de l'ultramontanisme. Par la même occasion, nous ajoutons un chapitre inédit à l'histoire des relations France-Québec.

La société libérale occidentale, qui met de l'avant les grandes libertés fondamentales en s'inspirant des Philosophes du XVIIIe siècle et des déclarations des droits de l'homme, nous a servi de norme. C'est à partir de celle-ci que nous avons perçu la société québécoise et les loges. La sévérité de certains commentaires tient à ce choix.

L'ouvrage est conçu de la façon la plus traditionnelle. L'introduction, qui, contrairement à ce qui vient après, n'est pas inédite, résume l'histoire de la maçonnerie spéculative depuis ses origines et dresse la liste des condamnations papales avant d'évoquer le climat qui prévalait à Montréal au tournant du siècle. Le lexique définit certains mots dont le sens pourrait échapper aux profanes. Comme toutes les sociétés initiatiques dont l'histoire remonte assez haut dans le temps, la franc-maçonnerie possède son calendrier, ses rites et son vocabulaire. Suivent les chapitres consacrés à L'Émancipation et à Force et courage. Ils traitent successivement de la fondation des deux loges, de leurs effectifs, des luttes menées ainsi que de certains problèmes reliés à l'obédience et au contexte. Puis, ils narrent leur disparition. Ces chapitres sont suivis d'un dictionnaire des francs-maçons des deux loges. En appendice sont reproduits des documents et le catalogue de la bibliothèque du cercle Alpha-Oméga.

À un endroit ou l'autre, nous avons pu commettre certaines erreurs d'interprétation. Il est difficile de pénétrer les mystères d'une société initiatique sans en être. En poursuivant notre entreprise, nous avons simplement tenté de raconter l'histoire des deux loges et de retracer la carrière d'individus que nous avons appris à connaître et à admirer. Car, pour instituer la cité nouvelle, ceux-ci n'ont pas hésité à jouer leur carrière et leur bien-être. Nous pourrions faire nôtre le texte qui suit tiré d'une lettre adressée par Lamartine au G.O.D.F., le 27 septembre 1838 : « Je ne parle pas la langue et je ne connais pas les rites de cette fraternelle institution, mais j'en connais [...] le cœur et les œuvres[5]. »

Pendant toute la durée de nos recherches, nous avons pu compter sur de généreux appuis. Madame Hélène Camou, bibliothécaire et archiviste du G.O.D.F., nous a accueilli fort aimablement et nous a communiqué les richesses dont elle a la garde. Grâce à Monsieur André-E. Leblanc, nous avons établi des liens entre la maçonnerie et le monde ouvrier. Messieurs Jean Lessay, de Paris, et J.-Z.-Léon Patenaude, de Montréal, nous ont fait bénéficier de leur vaste connaissance de la maçonnerie; ils ont toujours répondu à nos demandes avec une patience et une générosité exemplaires. À un autre titre, Monsieur Patenaude a encore droit à notre reconnaissance : il a aimablement offert de préfacer notre ouvrage. Monsieur Arthur Prévost a accepté de nous faire part de ses souvenirs, tout comme Monsieur Marcel Henry qui nous a en outre permis de dresser le catalogue qui est reproduit en annexe. Monsieur Claude Marrié a mis à notre disposition les archives de sa famille. Sans eux tous, cet ouvrage ne serait pas ce qu'il est. C'est pourquoi nous tenons à leur exprimer notre gratitude.

Roger LE MOINE,
« Paris, printemps 1983 ».
« Le Bas-de-l'Anse (Charlevoix), été 1987 ».

« Post-scriptum »

En 1987, le manuscrit du présent ouvrage a d'abord été soumis à une maison d'édition de Montréal qui a successivement accepté puis refusé d'en assumer la publication. Et il a circulé de l'un à l'autre. Au point que l'auteur d'une édition critique parue récemment, en dépit de la défense faite, lui a emprunté des dates permettant de préciser le moment où son personnage a appartenu à la loge L'Émancipation. Il s'agit là d'une façon de faire que nous ne pouvions laisser passer sous silence.

R. L.,
« Mars 1990 ».

Préface

LA FRANC-MAÇONNERIE est née sous le régime français. Elle s'est développée après la Conquête. Au temps de la guerre de L'Indépendance américaine et de la Révolution française, des loges existaient dans le milieu francophone. L'activité de certains maçons nous est connue. Relevons les noms de Fleury Mesplet et de Pierre du Calvet, puis de Joseph-François-Xavier Perreault, qui sera surnommé le Père de l'Éducation au Canada, et de Claude Dénéchau, qui occupera la fonction de Grand Maître de la Grande Loge du Québec.

Lors de la Révolution de 1837-1838, grâce à la présence de Leblanc de Marconnay, du Grand Orient de France, et grâce aux relations de Patriotes avec des maçons américains, plusieurs leaders appartiendront à l'ordre maçonnique et une bannière aux couleurs de la Liberté, de l'Égalité et de la Fraternité, accompagnera le chef, Louis-Joseph Papineau, et sera arborée aux batailles de Saint-Denis, de Saint-Charles et de Saint-Eustache. Par la suite, on retrouvera à l'Institut canadien de Montréal (1844-1874) et à la Ligue de l'enseignement (1902-1921) une élite composée de médecins, d'avocats, de journalistes, d'enseignants et d'hommes politiques dont plusieurs, comme Godfroy Langlois et Honoré Beaugrand, maire de Montréal, appartiennent à la maçonnerie.

En 1896, un groupe de citoyens éclairés, qui avaient reçu la lumière à la Grande Loge du Québec, formeront la loge L'Émancipation affiliée au Grand Orient de France. C'est l'histoire de cette loge et de celle qui lui a pratiquement succédé, Force et courage, que l'historien Roger Le Moine nous présente aujourd'hui.

En 1983, alors que j'étais en poste à Ottawa, dans la haute fonction publique, j'ai rencontré le professeur Le Moine qui venait de terminer ses recherches à Paris, dans les archives du Grand Orient de France et à la Bibliothèque nationale. — Roger Le Moine est membre de l'Institut des hautes études maçonniques du G.O.D.F. sans être maçon. — Depuis ce jour, ma collaboration lui a été acquise. Je lui ai surtout fourni des renseignements sur l'histoire de Montréal, sur l'ordre maçonnique lui-même, ainsi que sur ses rites et ses symboles.

L'ouvrage de Roger Le Moine vient à son heure. Comme il se fonde sur une documentation tout à fait inédite, exception faite des pages consacrées à la Ligue de l'enseignement, il établit les faits et il met ainsi un terme à une nouvelle furie. La franc-maçonnerie étant à la mode, certains historiens se sont mis à en voir des adeptes partout. Surtout, il permet de pallier l'ignorance des historiens des idéologies sur la franc-maçonnerie; or, le rôle de celle-ci est plus important qu'il ne semble, car les efforts des loges montréalaises s'inscrivent dans l'histoire des luttes visant à l'instauration des libertés fondamentales; et le Québec n'y avait pas accédé. Bien au contraire, l'intolérance y était la norme. En voici des exemples.

Lors du procès au criminel pour attentat à main armée contre le secrétaire de la loge L'Émancipation et pour vol des registres de la loge, les inculpés, des étudiants du collège Sainte-Marie, membres de l'Association catholique de la jeunesse canadienne (ACJC), plaidèrent en défense que « notre religion » était attaquée. Ce à quoi rétorqua le juge Lavergne, dont les opinions n'étaient partagées ni par les jurés ni par l'ensemble de sa population : « Cette défense est pénible. Si les religions en sont rendues à se défendre par des attentats, elles sont bien pauvres, en vérité, Messieurs les jurés; la preuve est parfaitement suffisante, il s'agit d'un attentat à la liberté. » Autre exemple : dans une brochure publiée par l'École sociale populaire, c'est-à-dire par les Jésuites, le chanoine Georges Panneton, frère du franc-maçon Ringuet, écrivait :

> Traquée dans plusieurs pays catholiques (la F. M. a été interdite en Italie en 1924, au Portugal en 1935, en Espagne en mars 1940), la Bête maçonnique se voit démasquée et poursuivie en France, où elle se croyait pourtant solidement installée depuis la Révolution. Il faut le crier sur les toits : c'est la franc-maçonnerie qui a fait le malheur de la France, cancer qui l'a rongée à tous les points névralgiques : religion, mœurs, famille, société, école, gouvernement, politique étrangère, défense militaire. Si elle n'est pas la seule coupable, la Bête infernale est certes la grande coupable. La menace est imminente chez nous...[1].

Puisse cet ouvrage, en établissant les faits, montrer le rôle exact de la maçonnerie du G.O.D.F. à Montréal, au tournant du XXe siècle, et révéler, surtout à ceux qui, par une propagande insidieuse, ont été nourris de préjugés, le haut idéal, toujours actuel et combattu, qu'elle a tenté et tente toujours de mettre de l'avant. De nos jours la devise TRAVAIL, FAMILLE, PATRIE s'oppose à la devise de la franc-maçonnerie libérale : LIBERTÉ, ÉGALITÉ, FRATERNITÉ.

J.-Z.-Léon PATENAUDE,
*membre de l'Institut des
Hautes Études maçonniques (Paris),
membre de la Fraternelle maçonnique
des éditeurs, écrivains et journalistes,
ancien président du groupe québécois
et canadien de la Ligue universelle
des francs-maçons.*

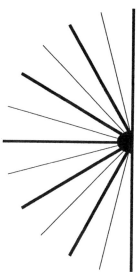

Introduction

La **FRANC-MAÇONNERIE** spéculative, telle qu'on la connaît aujourd'hui, ne remonte pas aussi loin dans le temps que certains ont bien voulu le faire croire. Même si elle recourt à des symboles fort anciens. En Angleterre, au XVIIe siècle, des maçons opératifs, c'est-à-dire travaillant la pierre, voyant diminuer leurs effectifs faute de chantiers de construction, décident d'admettre dans leurs rangs des gens de condition qui deviennent des « maçons acceptés ». Et comme ceux-ci ne sauraient faire un usage pratique des secrets qui leur sont confiés lors de l'initiation, ils leur prêtent une valeur de symboles. Comme l'écrit Alex Mellor :

> La Franc-Maçonnerie nouvelle ainsi née ne s'assignait plus pour objet la construction d'édifices matériels. Transposant allégoriquement le concept d'architecture, son nouveau but n'était autre que la construction parfaite de l'homme. Le Temple de Salomon, emprunté à la Bible par des générations de précurseurs, prenait figure d'un idéal. Un sens symbolique était désormais attaché à l'équerre, au compas, au maillet, au ciseau, et aux autres outils vénérés des ancêtres, et la pierre brute destinée à devenir cubique devenait l'image de l'homme qui sait se servir de ces outils pour se transformer lui-même. Qu'était-ce d'ailleurs que le monde ? Un immense chantier en éternel travail. Qui pouvait l'avoir conçu et créé sinon le Grand Architecte de l'Univers[1] ?

Ainsi apparaît la maçonnerie spéculative qui se développe et finit par prendre le pas sur l'opérative. Un engouement se manifeste alors, que Paul Naudon explique ainsi :

> La maçonnerie offrait d'abord, tout comme les autres confréries, la rare forme licite d'association. En second lieu, sa nature, ses privilèges, l'éclat de ses

maîtres et artistes, les questions qu'on y pouvait aborder — en fait l'universalité des connaissances —, la protection de personnages puissants, tout devait exercer une particulière séduction sur les esprits studieux, désireux d'accroître leur savoir, de faire connaître leur pensée, sans éveiller la suspicion. La maçonnerie enfin, par le caractère de ses travaux, était le seul « métier » à ne pas être localisé, à maintenir un lien de cité à cité, voire de pays à pays, à protéger et accueillir les frères en déplacement[2].

Et les nouvelles loges se multiplient.

À la Saint-Jean d'été de 1717, quatre loges de Londres décident de mettre sur pied une organisation unique qui les regroupe. Ce sera la Grande Loge de Londres ou des Modernes. Deux ans plus tard, celle-ci fait publier les « Constitutions » du pasteur Anderson. Cette sorte de charte de la maçonnerie, qui se fonde sur des documents anciens, se divise en deux parties. La première trace l'histoire de la maçonnerie tandis que la seconde précise les obligations du maçon. Le début de l'article 1 se lit comme suit :

> A Mason is obliged, by his tenure, to obey the moral law, and if he rightly understands the Art, he will never be a stupid atheist nor an irreligious libertine[3].

L'expression « stupid atheist » fit par la suite couler beaucoup d'encre.

Cette grande loge est bientôt contestée par la loge d'York qui refuse de se soumettre à une obédience, en vertu du principe : « Le maçon libre dans la loge libre. » Et parce qu'elle n'admet pas non plus des orientations jugées anglicanes. D'ailleurs, dès 1722, elle fait paraître une édition des « Anciennes Constitutions » dans laquelle on relève ce passage :

> Je dois vous exhorter à honorer Dieu dans sa sainte Église, à ne pas vous laisser aller à l'hérésie, au schisme et à l'erreur dans vos pensées ou dans l'enseignement d'hommes discrédités[4].

Les maçons réfractaires finissent eux aussi par se regrouper. Ils forment la Grande Loge des Francs et Acceptés Maçons selon les vieilles Constitutions ou Grande Loge des Anciens Maçons. Et, après de longues querelles, les deux obédiences fusionnent en 1813 pour former la Grande Loge unie des Anciens Francs-Maçons d'Angleterre dont les Constitutions reprennent l'article 1 des Constitutions d'Anderson.

Très tôt, sans doute en 1726, la franc-maçonnerie essaime en France. — Des loges existaient probablement déjà dans les régiments irlandais cantonnés à Saint-Germain-en-Laye. — Sont créées des loges écossaises et des loges anglaises qui vivent dans une relative harmonie et qui décident, en 1736 ou 1737, de fonder une Grande Loge provinciale qui devient bientôt la Grande Loge de France. Au premier grand-maître, Louis de Pardaillan de Gondrin, duc d'Antin (1738-1743), succède Louis de Bourbon-Condé, comte de Clermont (1743-1771) qui, assez malencontreusement, délègue ses pouvoirs à des substituts. Des dissensions se produisent, voire des scènes violentes. Son successeur, Louis-Joseph-Philippe d'Orléans, duc de Chartres puis d'Orléans (le futur Philippe Égalité), qui désire rétablir l'harmonie, crée une commission d'études. Et, le 24 décembre 1772, la Grande Loge est dissoute pour être remplacée, le 9 mars suivant, par la Grande Loge nationale de France qui deviendra le Grand Orient de France, le 22 octobre 1773. Le duc de Chartres est investi des fonctions qu'il occupait précédemment. Le G.O.D.F. devait se maintenir comme tel jusqu'à la Révolution. Mis en sommeil en 1793, il reprend son activité en 1796. Si l'histoire de cette obédience a été mouvementée en certaines occasions, comme dans le conflit qui l'opposa à la Grande Loge générale écossaise du Rite ancien et accepté, elle s'est poursuivie sans interruption jusqu'à la Seconde Guerre mondiale. Dissoute par un décret du maréchal Pétain, le 19 août 1940, elle est rétablie par le général De Gaulle le 15 décembre 1943.

En 1877, le G.O.D.F. avait pris une décision lourde de conséquences en supprimant pour ses membres l'obligation de croire dans le Grand Architecte de l'Univers. Ce geste avait été condamné par la Grande Loge unie d'Angleterre, puis par les maçonneries qui en sont issues comme celle du Canada. Et toutes s'empressèrent de rompre leurs liens avec l'obédience française. Ce qui explique l'attitude de la Grand Lodge of Quebec face à L'Émancipation et à Force et courage.

La franc-maçonnerie ne tarde pas à traverser l'Atlantique et à s'implanter dans les colonies. Elle apparaît en Nouvelle-France dans les dernières années du régime français[5]. Et elle connaît un nouveau départ, britannique cette fois, dès avant la fin de la guerre de Sept Ans, par le truchement des loges de régiments; il s'en trouve plusieurs dans les armées qui envahissent le pays par le lac Champlain ou par le Saint-Laurent. Et ces loges sont à l'image de la maçonnerie britannique d'alors. Comme l'écrit Will H. Whyte :

> With the advent of the British troops, English Freemasonry was transplanted to Canadian soil, or more strickly speaking, Anglo-Saxon Freemasonry, for the Grand Lodge of Ireland was more largely represented among the regiments that took part in the capitulation of the cities of Quebec and Montreal. In these days many of the regiments in the British army carried travelling warrants authorizing them to hold lodges, and among those taking part in the siege of the first-named city five regiments held Irish warrants, and one an English and one a warrant from the Grand Lodge of Scotland[6].

Ces loges sympathisent et, à la Saint-Jean d'hiver qui suit la capitulation de Québec (1759), huit d'entre elles forment une Grande Loge du Canada qui relève de l'obédience de la Grande Loge de Londres ou des Modernes.

Durant ses 33 années d'existence, cette grande loge crée plus de quarante loges et, en 1767, une grande loge adjointe à Montréal. Certaines loges, cependant, continuent de relever de la Grande Loge des Anciens Maçons. Ainsi vont les choses jusqu'au séjour du prince de Galles au Canada.

En effet, en 1792, la Grande Loge des Anciens Maçons nomme le prince de Galles grand maître d'une obédience provinciale qu'elle crée, la Grand Lodge of Lower Canada. Il occupe son poste jusqu'en 1813. À cette date, il devient grand maître de la Grande Loge des Anciens Maçons. Mais pour peu de temps car, au moment où les deux obédiences britanniques décident de faire taire leurs divergences et de se fondre en une seule obédience, il cède sa place à son frère le duc de Sussex. La Grand Lodge of Lower Canada met sur pied vingt-six loges entre 1792 et 1823. Cette année-là, elle est remplacée par deux grandes loges, l'une pour la région de Montréal et de William-Henry (Sorel), et l'autre, pour la région de Québec et de Trois-Rivières. La première fonctionne jusqu'en 1857 et la seconde, jusqu'en 1870. Avant leur disparition, une Grand Lodge of Canada avait été fondée. L'union des deux Canadas remonte déjà à 1840. Et, avec la Confédération, en 1867, est proposée la création de loges provinciales relevant d'une autorité fédérale. En 1869, voit le jour une Grand Lodge of Quebec qui est autonome, ses fondateurs jugeant que les provinces constituaient des entités indépendantes. Ce à quoi s'oppose la Grand Lodge of Canada. Les deux obédiences en viennent à une entente en 1874. À l'occasion, le grand maître de la Grand Lodge of Quebec affirme :

> This day becomes memorable in the annals of Fremasonry in the Province of Quebec [...] All differences hitherto existing between [...] the Grand Lodge of Canada and this grand body, have been happily adjusted. Jurisdiction within our territory has been formally withdrawn, -- due recognition has been most fraternally extended to us, -- our Grand Representative [...] has been most honourably and heartily received [...] and the honourable and perfect union now most harmoniously effected between the daughter lodges of « Canada » in this jurisdiction and this Grand Lodge is, I am sure, a source of profound satisfaction and deep, heart-felt joy to every one of you[7].

Comme on le voit, le conflit légal se doublait d'une querelle de préséance. Telle est la situation de la maçonnerie québécoise au moment de la fondation de L'Émancipation.

De façon assez régulière, la franc-maçonnerie a été l'objet des attentions du Vatican. Le 4 mai 1738, le pape Clément XII dans « In eminenti » condamne la société parce qu'elle est secrète et qu'elle admet des fidèles de toutes confessions; et aussi, pour des raisons connues de lui seul et qui tiennent sans doute à la rivalité existant entre les maisons des Stuart et des Hanovre. Il écrit : « Aliisque de justis ac rationalibus causis nobis notis. » Le 15 juin 1751, Benoît XIV, dans « Providas », intervient dans le même sens. Mais ces bulles sont de nul effet en France et en Nouvelle-France, car les parlements refusent de les enregistrer. On assiste à une nouvelle offensive au XIXe siècle. Sont successivement promulguées les bulles « Ecclesiam » (1821), « Quo graviora » (1825), « Traditi » (1829), « Qui pluribus » (1846), « Multiplices inter » (1865), « Apostolicae sedis » (1869), « Etsi multa » (1873), « Humanum genus » (1884) et « Praeclara » (1894)[8]. Par ces textes, les papes Pie VII, Léon XII, Pie VIII, Pie IX et Léon XIII condamnent l'anticléricalisme de certaines obédiences comme aussi, à une certaine époque, la part prise par des associations para-maçonniques dans la réunification de l'Italie. L'Église du Québec s'autorisera de ces condamnations papales pour persécuter les maçons de L'Émancipation et de Force et courage. Elle peut le faire. Sa situation le lui permet.

Au moment où s'amorce, au XIXe siècle, le mouvement de libération des peuples, l'évêque de Rome, qui craint de perdre ses États à plus ou moins long terme, formule, en s'inspirant de la pensée augustinienne, une politique de respect et d'obéissance au prince quelles que soient la légitimité et les appartenances religieuses de celui-ci. Et il condamne les peuples qui, passant outre à ses directives, décident d'assumer quand même leur destin. En 1832, les Polonais l'apprennent à leurs dépens pour avoir pris les armes contre la Russie orthodoxe. Cette politique romaine fait l'affaire du clergé canadien car elle va dans le sens de ses intérêts et de ses vœux. Depuis 1831, c'est-à-dire depuis le projet de loi des fabriques, il a compris qu'il n'a plus rien à attendre du parti patriote et qu'il gagnerait à se rapprocher du véritable pouvoir, c'est-à-dire du gouvernement impérial de Londres. L'abbé Painchaud, qui fondera le Collège de Sainte-Anne-de-la-Pocatière, écrit : « Le clergé canadien, n'ayant plus rien à espérer de la chambre d'assemblée, fera sagement d'en dénouer le fil de ses espérances pour l'attacher à l'exécutif[9]. » On ne saurait être plus clair. On comprend alors qu'en 1837 le clergé ait condamné le recours aux armes et excommunié ceux qui y prennent part[10]. En sorte que, une fois la paix revenue, les Britanniques le perçoivent non plus comme ils l'avaient fait depuis 1763, mais comme un allié sur qui ils peuvent compter et dont ils doivent favoriser les entreprises. Ainsi agréé, le clergé est libre de se lancer dans cette vaste entreprise de « catholicisation » de la population francophone, opération dont il rêve et qui va réduire tous les opposants.

Un homme prend la tête du mouvement. C'est Ignace Bourget qui, en 1840, devient évêque de Montréal, c'est-à-dire de ce diocèse où œuvreront les deux loges. Pour contrer les idées nouvelles et rétablir la « saine doctrine » qui est la sienne, Monseigneur Bourget va encadrer et infiltrer la population canadienne. Et ce, par la création de paroisses et par tout un réseau de sociétés et de confréries contrôlées par des aumôniers, tandis que de grands prédicateurs évangélisent les villes et les campagnes. La propagande est encore diffusée par des journaux et des revues qui, pieuses ou profanes, précisent la façon de penser et jettent l'anathème.

Pour augmenter ses effectifs et poursuivre sa mainmise, le clergé ouvre des séminaires à la campagne, c'est-à-dire là où le recrutement des « vocations » est le plus profitable; il fonde des communautés et il en invite d'autres à venir s'installer au Québec. De cette façon, il en vient à contrôler le système social avec ses hôpitaux, ses hospices et ses crèches, le système d'éducation de l'élémentaire à l'universitaire comme aussi toute la vie intellectuelle. En littérature, par exemple, la fonction morale de l'œuvre prime ses vertus littéraires. Ainsi, en l'espace de vingt ans, se constitue une sorte d'État dans l'État, le religieux contrôlant le politique par la peur et l'intolérance. Dans ses « Lettres sur le Canada », Arthur Buies a très bien décrit l'évolution qui s'est produite alors.

Dans cette transformation sociale et religieuse dont Monseigneur Bourget est le principal maître d'œuvre, tout n'est pas condamnable. On ne saurait nier la générosité et l'esprit de sacrifice de la majeure partie des membres du clergé et des communautés religieuses. Sauf qu'en imposant son ordre, l'évêque de Montréal s'impose lui-même; il s'empare du pouvoir. Homme de foi ou d'autorité ? Qui peut sonder les reins et les cœurs ? Mais pour lui la question est hors de propos puisque la théorie de l'ultramontanisme justifie son coup de force.

Dans le diocèse de Montréal, les successeurs de Monseigneur Bourget tentent de protéger et de consolider les acquis. C'est ainsi qu'en 1897, lorsque le premier ministre Félix-Gabriel Marchand propose la création d'un ministère de l'Instruction publique, qui réduirait notablement les pouvoirs du surintendant et de son conseil, Monseigneur Paul-Napoléon Bruchési marque son désaccord. Et, pour favoriser sa cause, il pousse la malhonnêteté jusqu'à prêter au pape des propos qu'il n'a pas tenus. Il sera démenti par le cardinal Rampolla. Aussi, le projet de Marchand, qui est agréé par l'assemblée législative, est défait au conseil législatif[11]. En 1901, Monseigneur Bruchési s'oppose encore à l'instruction obligatoire pour les enfants de huit à treize ans. En somme, par une politique constante, les évêques de Montréal et du Québec refusent d'accepter le changement; c'est pourquoi ils combattent les mesures qui le rendraient possible et particulièrement celles qui ont trait au développement intellectuel.

Ces choses étant, des transformations marquent le Québec et surtout Montréal. À partir de 1850, la métropole du Canada s'industrialise. Elle attire dans ses ateliers et dans ses usines une main-d'œuvre originaire de la campagne comme aussi, en une proportion moindre, des pays d'Europe[12]. Ainsi se développe une classe ouvrière qui, comme partout ailleurs à l'époque, est en butte à des problèmes reliés à la pauvreté et à la misère; et qui cherchera, dans les unions ouvrières et aussi dans des mouvements comme la franc-maçonnerie, les moyens d'améliorer sa condition. À cette situation nouvelle, l'Église du temps, dans sa fixité, n'est pas préparée. Et à ces gens qui sont en quête de dignité humaine et de respect, elle ne peut guère offrir que le palliatif humiliant de la charité.

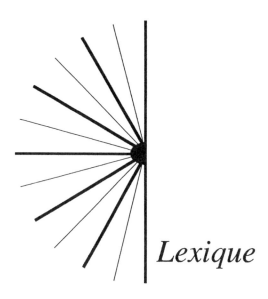

Lexique

Atelier Synonyme de loge.

Augmentation de salaire Passage d'un grade à l'autre.

Conseil de l'ordre Instance suprême de l'obédience du G.O.D.F. Elle est composée de trente-trois membres élus par le convent.

Certificat Document attestant l'appartenance, pour un maçon, à une loge ou à une obédience.

Convent Assemblée générale annuelle des représentants de toutes les loges d'une obédience. Au G.O.D.F., le convent élit les conseillers de l'obédience qui choisissent parmi eux le grand maître.

Degré Synonyme de grade.

E. V. Ère vulgaire, c'est-à-dire ère chrétienne par opposition à ère maçonnique. Celle-ci débute 4 000 ans plus tôt, à la date présumée de la construction du temple de Salomon.

G.O.D.F. Grand Orient de France. Il s'agit de la principale obédience française.

Grade Chacune des étapes de l'initiation maçonnique. Les grades de base ou de la maçonnerie bleue sont ceux d'apprenti, de compagnon et de maître. Les grades suivants ou hauts grades sont ceux de la maçonnerie rouge ou encore du Rite écossais ancien et accepté. Sont encore pratiqués le 18e (Chevalier Rose-Croix), le 30e (Chevalier Kadosch) et le dernier, le 33e (Souverain Grand Inspecteur général). Un symbolisme s'attache à chacun.

Grand Lodge of Quebec Cette obédience québécoise est issue de la maçonnerie britannique.

Grand maître Synonyme de Président du conseil de l'ordre.

Initiation Cérémonie durant laquelle un candidat s'étant vu révéler les symboles est admis à un grade.

Livre d'architecture Recueil des procès-verbaux et des autres documents d'une loge.

Loge Synonyme d'atelier : Cellule maçonnique de base régie par une constitution octroyée par une obédience. La loge est parfois désignée par un rectangle. Synonyme de temple: Lieu où se réunissent les maçons.

Obédience Fédération de loges régie par une même autorité.

Officiers Maçons chargés dans la loge d'une responsabilité particulière. Ce sont :

Le « Vénérable », qui préside les tenues.

Le « Premier Surveillant », qui est chargé de la formation des apprentis.

Le « Premier Expert » et le « Deuxième Expert », qui préparent les candidats et les dirigent lors des cérémonies de réception aux différents grades.

Le « Couvreur » qui, lors des tenues, siège près de la porte et seul peut l'ouvrir ou la fermer.

Le « Tuileur », qui est chargé de vérifier l'appartenance maçonnique des visiteurs.

L' « Orateur », qui est chargé de faire respecter la constitution et les règlements.

L' « Hospitalier », qui aide les maçons ou la famille des maçons dans le besoin.

Le « Secrétaire », qui rédige les procès-verbaux et la correspondance.

Orient Ville où siège une loge. Exemple : L'Émancipation, à l'Orient de Montréal.

Planche Exposé fait lors d'une tenue.

R. L. Respectable loge.

T. C. F. Très cher frère. Au pluriel, TT. CC. FF.

Tenue Séance de travail d'une loge. Ouverte ou fermée selon le rituel, elle ne peut se tenir que dans une loge à de rares exceptions près.

Tronc de la veuve Tronc dans lequel, à la fin des tenues, les maçons déposent leurs oboles; celles-ci sont destinées aux œuvres de charité de la loge.

Vallée Lieu où siège un chapitre, c'est-à-dire une loge des hauts grades.

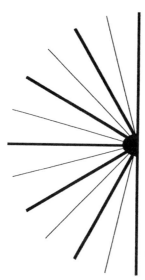

L'Émancipation

LES FRANCS-MAÇONS de la Grand Lodge of Quebec qui, en 1896, décident de changer d'obédience en réclamant une constitution symbolique au Grand Orient de France (G.O.D.F.), comptent sans doute parmi eux des agnostiques qui ont été sensibles aux modifications que cette obédience a apportées à sa constitution en 1877[1], mais ils obéissent, au premier chef, à des préoccupations plus collectives qu'individuelles bien que les unes et les autres ne soient pas sans rapport. Car ils veulent œuvrer dans une loge qui leur permette de s'impliquer dans leur milieu, c'est-à-dire dans celui des francophones. Ils sont convaincus que l'histoire du Québec, dominée depuis plus de 30 ans par un régime reposant sur la collusion du parti conservateur et de la religion catholique, est à la veille de subir une profonde mutation. Ils en voient des indices dans la victoire d'Honoré Mercier. L'avenir leur donnera partiellement raison. Le parti conservateur d'Ottawa perd le pouvoir en 1896 et celui du Québec, en 1897. Et ils ne le reprendront plus vraiment. Mais le clergé catholique maintiendra son autorité jusqu'au milieu du xxe siècle, c'est-à-dire jusqu'à la Révolution tranquille. — L'urbanisation, qui libère du carcan paroissial une partie importante de la population, ne semble pas avoir modifié les pratiques religieuses de celle-ci. — Et les francs-maçons l'apprendront à leurs dépens puisqu'ils ne cesseront d'être persécutés alors même qu'ils se croyaient à la veille d'être écoutés.

Le 8 avril 1896, quelques francs-maçons de la loge Les Cœurs-Unis de la Grand Lodge of Quebec se réunissent dans le but de discuter d'un projet de fondation d'une « nouvelle loge maç∴ canadienne-française, composée des principaux membres de la ⬜∴ Les Cœurs-Unis, sous les auspices de la G∴ L∴ de Q∴[2] ». Cette initiative, qui vise au regroupement des francophones en une loge qui peut-être même fonctionnerait en français — quoique majoritaires aux loges Les Cœurs-Unis et Dénéchaud, ils devaient utiliser l'anglais — est perçue comme un geste de dissidence voire de révolte par certains des participants. Alphonse Pelletier « démontre le désavantage d'avoir une ⬜∴ en opposition à la ⬜∴ Les Cœurs-Unis à cause de l'animosité qui régnerait parmi les FF∴ dissidents et les FF∴ restants ». C'est pourquoi il suggère « de réformer la ⬜∴ existante plutôt que de fonder une nouvelle loge sous la même obédience[3] ». Pelletier ne continue pas moins d'assister aux réunions tandis que d'autres, qui déplorent pourtant le sort qui est le leur aux Cœurs-Unis, ne font pas preuve de la même persévérance. Un comité d'étude est néanmoins mis sur pied, formé de Félix Cornu, Achille Fortier, Alphonse Pelletier et Louis-Édouard Trudeau[4].

À la réunion suivante, le 12 avril, Pelletier, qui semble s'être rallié au projet, propose de demander une charte symbolique au G.O.D.F. puisque la Grand Lodge of Quebec, préalablement approchée, n'a pas semblé disposée à collaborer[5]. L'idée fait son chemin assez rapidement puisque deux jours plus tard le comité, qui s'est adjoint Godfroy Langlois, Ludger Larose et Léger Mercier, écoute la lecture d'un texte émanant du secrétaire du G.O.D.F. et énumérant les formalités afférentes à l'obtention d'une charte[6]. Et « on procède de suite à remplir ces conditions » ; un comité provisoire est mis sur pied, composé de Félix Cornu, Achille Fortier, Louis-Édouard Trudeau, Godfroy Langlois et Alphonse Pelletier, qui occupent respectivement les fonctions de vénérable, de premier et de deuxième surveillant, d'orateur et de secrétaire[7]. Il comprend également Ludger Larose, Lorenzo Prince, Léger Meunier et Gaston Maillet. En somme, un atelier est créé[8]. Tous signent une « demande de constitution symbolique ». Pelletier soumet un croquis de sceau tandis que Langlois propose le nom de la loge. Et la devise retenue est RAISON, TRAVAIL, LIBERTÉ. On choisit de suivre un « Rituel interprétatif » rédigé par un groupe d'études initiatiques qui n'a pas été identifié[9]. Des règlements en 79 points sont adoptés, qui prévoient par le détail le fonctionnement de la loge. Et tous jurent « solennellement de servir la loge L'Émancipation suivant la constitution et les règlements adoptés par elle et sanctionnés par le Grand Orient[10] ». Puis, la requête est adressée au G.O.D.F., dûment signée par les officiers qui sont en règle avec les Cœurs-Unis[11]. — Rien ne s'oppose à ce que des maçons d'une obédience ne fondent une loge rattachée à une autre obédience. — La troisième réunion, le 22 avril 1896, est consacrée à la recherche d'un local; on le trouvera au 1863 de la rue Notre-Dame, dans le Odd Fellow's Hall[12].

La rapidité avec laquelle le comité créé le 12 avril 1896 se transforme le 14 en un atelier qui adopte une constitution et un rituel, se choisit un nom, une devise et un sceau, rédige une constitution en 79 points et s'adresse au G.O.D.F., permet de penser que quelques membres du groupe, depuis un certain temps déjà, préparaient leur adhésion à l'obédience de la rue Cadet.

Cornu avait eu des contacts avec Parmentier et Trudeau « s'était informé auprès du G∴ M∴ sur la possibilité d'avoir une telle charte¹³ », ce qui expliquerait que le comité ait disposé d'un document indiquant la procédure à suivre lors de la création d'une loge.

Ce passage d'une obédience à l'autre se fait pour des raisons sociales et politiques que le secrétaire de l'atelier, Pelletier, précise dans la lettre qui accompagne la demande d'une constitution symbolique. Ce texte mérite d'être cité car il éclaire sur la situation des maçons francophones à l'intérieur de la Grand Lodge of Quebec :

> Je suis autorisé de vous donner les « motifs » qui nous font faire la demande d'une Constitution symbolique au G∴ O∴.
> Nous résumerons comme suit :
> 1. Isolement de l'élément canadien-français sous la M∴ anglaise.
> 2. Insuffisance du travail vraiment maç∴ sous le système anglais.
> 3. Incompatibilité de l'esprit maç∴ anglais avec l'esprit maç∴ français.
> 4. Refus de la maç∴ anglaise de seconder les efforts vraiment maç∴ des MM∴ canadiens-français.
> 5. Absence totale d'influence morale de la maç∴ anglaise sur la population canadienne-française.
> 6. Collation des trois grades à des individus qui en sont indignes.
> 7. Désir impérieux d'un grand nombre de Canadiens français de se mettre dans une ▭ ∴ sous les auspices du G∴ O∴.
> *
> * *
> Nous nous sommes adressés au F∴ Parmentier, le F∴ Cornu le connaissant personnellement, pour envoyer les différentes pièces ainsi que le mandat qui devait être adressé à un particulier. Le F∴ Parmentier vous remettra toutes ces pièces accompagnées d'un mandat-poste de 155 francs.
> Vu l'influence du cléricalisme dans la province de Québec, les signataires du Tableau prient le G∴ O∴ de bien vouloir observer une discrétion absolue à leur égard : Ne pas publier notre demande dans le Bulletin ou autres publications. Toute information maç∴ sera employée, par les cléricaux, à notre détriment et entravera nos travaux.
> Étant tous des MM∴ réguliers de la G∴ L∴ de Québec, nous serions immédiatement expulsés si celle-ci connaissait notre démarche auprès du G∴ O∴ : ce dernier étant considéré comme clandestin.
> Pour éviter notre expulsion, nous prendrons graduellement notre démission — chose que nous ne pouvons pas faire en un seul coup — voulant rester en bons termes avec nos autres FF∴.
> Vous verrez par notre procès-verbal que nous n'avons pas encore choisi notre local. L'incertitude dans laquelle nous sommes au sujet de la réponse du G∴ O∴ nous oblige de remettre à plus tard la location définitive et la description du local choisi.
> Espérant que vous prendrez en considération notre humble et frat∴ demande, nous attendons avec impatience la décision du G∴ O∴.
> Tous les FF∴ se joignent à moi pour vous adresser nos salutations fraternelles.
> « le sec∴ »
> Alph. Pelletier∴ ¹⁴

La situation décrite ne changera guère. C'est pour les mêmes raisons que le fondateur de la loge Renaissance rompra, 75 ans plus tard, avec la Grand Lodge of Quebec. Et ce, non parce que la Grand Lodge of Quebec n'éprouvait pas de préoccupations sociales, mais plutôt parce que celles-ci ne tenaient toujours pas compte du contexte francophone.

La réponse du G.O.D.F. ne se fait pas attendre. Une première lettre, dont le seul brouillon est connu, fait remarquer que la demande n'a pas été faite dans les formes, c'est-à-dire sur la « reproduction habituelle du modèle A », mais qu'elle est quand même valable puisqu'elle a été « signée par les cinq Lumières de la L∴ qui sont en règle avec la Grande Loge[15] » ! Elle rappelle également que le G.O.D.F. « a ses rituels propres sur les at∴ de sa fédération », qu'il faudra choisir l'un ou l'autre et l'interpréter à la lumière des travaux d'Oswald Wirth, ce qui peut sembler assez surprenant[16]. Le 9 juillet, avant d'homologuer le règlement de la loge, le G.O.D.F. fait part de certaines exigences; par exemple, l'augmentation des salaires aux grades de compagnon et de maître devra nécessiter au moins huit mois de grade sauf dans de rares cas prévus par le règlement général et réservés au conseil de l'ordre[17]. — Ce à quoi la loge n'obtempérera pas toujours. — Et, le 18 juillet, la constitution symbolique est signée par le président du conseil de l'ordre, Louis-Adrien Lucipia[18]. Quant à l'installation, elle a lieu dix jours plus tard, au 1863 de la rue Notre-Dame. En voici le tracé tel qu'il se trouve dans le livre d'architecture :

> L'an mil huit cent quatre-vingt-seize de l'ère vulgaire, et le vingt-huitième jour du mois de juillet 1896 (E. V.).
> Le Grand Orient de France, représenté par le R∴ F∴ Félix Cornu, Vén∴, docteur en médecine, commissaire délégué par le Conseil de l'Ordre, pour procéder à l'installation de la R∴ L∴ L'Émancipation constituée au rite français à l'Orient de Montréal, a ouvert ses travaux sous le point géométrique connu des seuls vrais Maçons, dans un lieu très fort, très éclairé et très régulier, où règnent la paix, le silence et l'équité,
> Midi plein.
> Le R∴ F∴ Félix Cornu tient le premier maillet.
> Le R∴ F∴ Achille Fortier tient le second.
> Le R∴ F∴ Louis E. Trudeau tient le troisième.
> Le banc de l'Orateur est occupé par le F∴ Godfroid Langlois.
> Celui du Secrétaire est occupé par le F∴ Alph. Pelletier
> Siègent à l'Orient les FF∴ [...]
> Le R∴ F∴ Félix Cornu, président de la Commission d'installation, invite tous les FF∴ à se mettre debout et à l'ordre, et fait donner lecture par le F∴ Secrétaire:
> 1. des pouvoirs conférés par le Conseil de l'Ordre au Commissaire installateur.
> 2. du titre constitutif délivré à la L∴ par le G∴ O∴ de France.

Il ordonne la transcription de ces documents en tête du livre d'architecture et leur dépôt aux archives de l'Atelier. Il remet au Vén∴ trois exemplaires des cahiers de grade, ainsi que trois exemplaires du livre de la loi maçonnique, le tableau des membres de l'At∴ visé au Secrétaire général du G∴ O∴ et les titres maçonniques produits par les fondateurs de l'At∴ Sur l'invitation du Président, le Vén∴ et les deux Surv∴ de la Loge se placent ensemble devant le plateau présidentiel et y prêtent l'obligation d'observer fidèlement la Constitution et le Règlement général.

Le Secrétaire à l'installation fait l'appel de tous les membres inscrits au tableau des fondateurs, et chacun signe les deux formules de l'obligation qui vient d'être prononcée, dont annexe au procès-verbal.

Le Président prononce une allocution dans laquelle, s'inspirant de la constance et de la gravité du ministère qu'il remplit, il rappelle les principaux devoirs qu'impose la Franc-Maçonnerie et fait ressortir l'importance de la mission que le nouvel At∴ aura à remplir.

Le Président fait annoncer sur les colonnes qu'il va être procédé à l'installation de la L∴ ; et, tous les FF∴ étant debout, à l'ordre et glaive en main, il prononce l'installation en ces termes : « Au nom du Grand Orient de France, suprême conseil pour la France et les possessions françaises, en vertu des pouvoirs à nous délégués, nous installons, à l'Orient de Montréal, une L∴ sous le titre distinctif de L'Émancipation. La R∴ L∴ L'Émancipation à l'Orient de Montréal (Canada) est installée. »

Le Président, avec l'aide des autres installateurs, fait former au milieu du Temple la chaîne d'union par tous les membres de l'At∴ , et il leur communique les mots de semestre avec le cérémonial d'usage.

Puis les travaux du G∴ O∴ de France sont fermés en la forme accoutumée. Minuit plein.

Le Commissaire installateur,

F. CORNU

À ce document en est annexé un second :

Annexe au procès-verbal d'installation de la R∴ L∴
L'Émancipation, O. de Montréal (Canada)
Sur notre honneur et notre conscience, nous promettons d'observer fidèlement la constitution et le règlement général du Grand Orient de France, suprême conseil pour la France et les possessions françaises.
F. Cornu, Ach. Fortier, Louis E. Trudeau, Godfroid Langlois, Alph. Pelletier, L. Larose, Léger Mercier, Gaston Maillet, Lorenzo Prince[19].

Ainsi, le G.O.D.F. et plus largement la maçonnerie française établit-elle une tête de pont au Québec en 1896, après une très longue absence[20].

Cela dit, certaines relations existent déjà entre les maçonneries française et québécoise. Dans « Le Monde maçonnique » paraissent régulièrement, entre 1868 et 1878, des articles assez bien documentés sur la maçonnerie au Canada. Et, en dépit des condamnations provoquées par les modifications de 1877, un maçon montréalais qui signe de l'initiale de P∴ adresse au « Ch∴ F∴ Hubert » des chroniques qui paraissent en 1885 et en 1886 dans *La Chaîne d'union*. Hubert était sans doute mieux perçu par les maçons de la Grand Lodge of Quebec que la plupart des maçons français. Car, pour protester contre les modifications de 1877 qu'il n'avait pas acceptées, il avait abandonné le vénéralat de la loge Le Temple des amis et l'honneur français, mais sans quitter l'obédience[21]. Vers le même temps, des maçons de la Grand Lodge of Quebec, comme Joseph Rodrigue, fréquentent également des loges parisiennes[22]. Et l'on a vu que certains contacts avaient permis la fondation de L'Émancipation.

*
* *

Au cours de ses 14 années d'existence, la loge L'Émancipation a compté près d'une centaine de membres sur lesquels on ne possède pas toujours de façon complète les renseignements exigés au moment de l'initiation aux différents grades, c'est-à-dire le lieu et la date de la naissance, la profession ou le métier, l'adresse ainsi que, s'il y lieu, le nom de la loge et le moment où ont été conférés les grades précédents avec la date de ceux-ci. Dans quelques cas, la fiche est incomplète; il arrive même qu'elle ne contienne que le nom du maçon. C'est ce qui explique que les observations et considérations qui suivent ne se fondent pas toujours sur le nombre total des maçons retracés[23].

À l'origine, en 1896, la loge compte 20 membres, c'est-à-dire 12 affiliés issus des loges Les Cœurs-Unis, Zetland, Mount Royal, Saint George et Antiquity de la Grand Lodge of Quebec, auxquels se joignent huit initiés, ce qui constitue un point de départ plus que suffisant. — Pour bien fonctionner, une loge n'a guère besoin que de sept lumières. — Mais un effet d'entraînement ne se fait pas sentir puisque le nombre des adhésions (initiations et affiliations) va s'amenuisant jusqu'au début du siècle et qu'une reprise ne s'amorce qu'en 1904[24]. S'il n'avait fait preuve d'un optimisme aveugle, Adelstan Le Moyne de Martigny n'aurait pu écrire à Jean Bidegain le 27 octobre 1904 : « La L∴ va admirablement. Chaque fois de nouveaux membres, nous devenons presque puissants et le serons bientôt[25]. » Certaines années, des départs se produisent qui ont pour origine le mécontentement et qui entravent l'augmentation des effectifs quand ils ne l'annulent pas. Les 11 radiations pour défaut de paiement peuvent être perçues comme des défections en douce quand on sait que, selon l'article 49 de la constitution, elles se produisent dans les conditions suivantes :

> Le F∴ en retard de six mois dans le paiement de ses cotisations [4 $ par année] sera, après avis préalable, rayé du tableau, à moins que, sur la production d'une excuse sérieuse et valable, la ☐∴ ne décide de lui accorder un délai pour s'acquitter ou ne lui accorde une démission honorable.

De même en est-il des démissions qui ont lieu en 1897, 1899 et 1910[26]. Une chose est sûre : les partants de 1910 continuent de croire à la maçonnerie — ils ne remettent en cause que la loge — puisqu'ils vont fonder Force et courage[27]. En sorte que, au moment de sa mise en sommeil, la loge compte quand même 38 maçons (tableau I).

Le fonctionnement de la loge laisse sans doute à désirer; les tenues sont de plus en plus espacées. En 1896, on en compte dix; en 1897, neuf; en 1898, six; en 1899, cinq; en 1900 et en 1902, trois; en 1904, deux; en 1905, une. Par la suite, leur nombre ne dépassera pas quatre par années. Pourtant, aux termes de l'article 37 de la constitution qui, en cela, reprend les règlements généraux de l'obédience, elles doivent avoir lieu deux fois par mois. En 1909, Martigny et Marcil déplorent la situation[28]. Il reviendra à Marcil de l'expliquer dans la lettre où il dit sa volonté d'éviter à Force et courage les erreurs commises à L'Émancipation :

> [...] je vous écris, pour vous dire, que nous avons été fidèles à notre obligation. Nous sommes aujourd'hui 20; demain, nous serons 30, et nous allons vers l'avenir avec plus d'enthousiasme et d'ardeur que jamais. Inutile de vous dire, que nous faisons notre recrutement avec toutes les précautions possibles, nous nous entourons du plus grand secret et nous nous efforçons de faire un travail sérieux. Nous ne voulons pas commettre les mêmes erreurs que celles commises par nos frères de L'Émancipation, nous ne voulons pas passer par les mêmes angoisses, n'avoir à surmonter les mêmes obstacles et surtout nous ne voulons pas être les témoins des lâchetés inqualifiables, des abandons et des soumissions veules et dégradantes. C'est un sang nouveau, que je m'efforce de faire pénétrer dans la loge Force et courage, ce sont des frères enthousiastes et dévoués, qu'il nous faut, si nous voulons faire triompher nos idées. Nous nous promettons bien de ne pas faire le jeu des arrivistes, ou de frères en mal de position sociale; nous voulons faire de notre atelier, un cercle d'études philosophiques, plutôt qu'une antichambre de politiciens, nous voulons nous efforcer de bien connaître le but de la franc-maçonnerie, d'étudier ses moyens d'action et surtout la faire mieux connaître et mieux apprécier[29].

Ce témoignage n'est pas négligeable : il a sans doute plus de poids que celui d'Émile Jullien qui, dans son Rapport d'inspection, reproduit en annexe, perçoit la situation bien autrement, mais sans avoir vécu l'expérience de la loge :

> [...] malgré de grandes difficultés de début, des persécutions dont plus d'un s'est ressenti dans sa fortune et ses biens, elle [L'Émancipation] vit et ne veut vivre, grâce à l'énergie, à la conviction profonde, à la hauteur de vue, au sentiment fraternel de quelques hommes au premier rang desquels je dois placer notre F∴ Adelstan de Martigny, docteur de la Faculté de Paris, médecin très considéré, et son Vénérable actuel, le F∴ Langlois, rédacteur en chef du grand journal français *La Patrie*.
> Autour d'eux s'est groupée une élite d'esprits éclairés qui ont su se placer au-dessus des préoccupations d'intérêt, médecins nombreux, journalistes,

TABLEAU I
Mouvement par année des affiliations, initiations, démissions et radiations

Année	Affiliations	Initiations	Démissions	Radiations	Total par année
1896	12 Cœurs-Unis 9 (Boivin, Cornu, Fortier, Langlois, L. Larose, Maillet, Mercier, Pelletier et Prince, Mont Royal 1 (Trudeau) Saint George 1 (Dazé) Zetland 1 (Laberge)	8 (Berger, Chrétien-Zaugg, Hardy, Harel, Lamarche, Lefebvre, A. de Martigny et F.-X. de Martigny)			20
1897	6 Antiquity 1 (Dupuis) Cœurs-Unis 4 (Durand, Globenski, initié à la loge de Hurley, Lavigne et Petit) King Philip de Fall River 1 (Beaugrand)	6 (Décary, Fortier, Gélinas, Gill, Lafond et Masson)	3 (Beaugrand, Boivin et Prince)		9
1898	2 Cœurs-Unis 1 (P. de Martigny) Zetland 1 (Heber)	5 (Clercx, Duhamel, A. Larose, Neyrat et Lacombe)		1 (Lefebvre)	6
1899		3 (Charlebois, Désaulniers et Guillemot)	5 (Chrétien-Zaugg, Durand, Hardy, Lamarche et Neyrat)	4 (Clercx, Gélinas, Globenski et Laberge)	-6
1900					
1901					
1902		3 (Pinsonneault, Viger et un « Français » qui est peut-être Charlier)		1 (Dazé)	2

Année	Affiliations	Initiations	Démissions	Radiations	Total par année
1903					
1904		3 (Bleau, Marcil et Saint-Martin)			3
1905		2 (Desmarais et Hamon)			2
1906		2 (Cherrier et Grenier)			2
1907		3 (François, Grandchamp et Paul-François)			3
1908		4 (Bourdon, Charbonneau, Francq et McAvoy)			4
1909		6 (Brosseau, Descarries, Dubois, Sylvestre, Valois et Villemagne)		1 (Boyer)	5
1910		2 (Dupré et Girouard)	10 (Pour aller fonder Force et courage: Desmarais, Grandchamp, Grenier, Francq, Hamon, Marcil, McAvoy, Paul-François, Pinsonneault et Saint-Martin)	4 (Lamalice, Lamouche, Martel et Villeneuve)	-12

Après 1910, 9 autres maçons de L'Émancipation rejoindront Force et courage, soit 2 en 1911, 1 en 1912, 2 en 1913, 1 en 1919, 2 en 1924 et 1 en 1926.

Ce tableau précise, année par année et avec le nom des maçons, le nombre des initiations, des affiliations avec indication de la loge d'origine, des démissions et des radiations. Mais on n'en saurait déduire le nombre des membres de la loge. Car il se fonde sur des données incomplètes. La date de l'affiliation, de l'initiation ou de l'augmentation de salaire de 18 maçons demeure inconnue. Comme aussi la date du décès de la plupart des maçons. Certains sont peut-être morts avant la mise en sommeil de la loge. Les chiffres sont sans doute légèrement inférieurs à la réalité. Par exemple, pour 1902, le rapport de Jullien donne 37 maçons alors que le tableau, si on tient compte des arrivées et des départs, en donne sept de moins.

négociants qui savent leur Histoire, ont le culte de la Révolution Française et de la liberté de l'esprit humain, sont prêts à se dévouer pour l'affranchissement de masses nombreuses qui ne demandent qu'à être enseignées, soutenues.

La loge comptait, au mois de juin 1902, trente-sept membres en activité, et six en congé à l'étranger; la Constitution et le Règlement général y sont observés; le livre d'Architecture est à jour. J'ai assisté à une tenue régulière et à l'initiation d'un membre de la colonie française; j'ai vérifié les régistres du trésorier et de l'hospitalier. Ce dernier portait un chiffre exact de 31 dollars 48; le caisse du trésorier donnait un excédent de 81 dollars 17; les archives sont bien tenues, et me fais plus loin l'organe des vœux de l'atelier[30].

Le texte de Marcil, et non celui de Jullien, permet d'expliquer de l'intérieur la faiblesse d'une loge dont la fondation était porteuse de promesses.

Les maçons qui créent la loge ou demandent ensuite leur affiliation, proviennent, à une exception près, des loges de la Grand Lodge of Quebec. Celle des Cœurs-Unis en fournit 14, dont un qui a été initié à la loge de Hurley, Wisconsin; Zetland, deux; Mount Royal, Saint George et Antiquity, un chacune. Tandis que l'autre maçon a été initié à la loge King Philip de Fall River. En sorte que L'Émancipation doit son origine à des maçons de la Grand Lodge of Quebec qui, elle, ne peut accepter cette implantation, voire cette concurrence, d'une obédience qu'elle a rejetée dès 1877 à la suite de la Grande Loge d'Angleterre. Pour réaffirmer sa position, la Grand Lodge of Quebec, en 1897, condamnera L'Émancipation au lieu de tenter de comprendre pourquoi certains de ses maçons l'ont quittée. Ainsi, adopte-t-elle une attitude qui, par son intolérance, rappelle celle de la religion catholique face aux religions réformées.

Les 51 maçons étudiés ont été initiés entre les âges de 21 et de 59 ans. La moyenne est de 32 ans; de ceux-ci, 14 ne dépassent pas le grade d'apprenti et deux, celui de compagnon. Vingt-quatre atteignent la maîtrise à L'Émancipation et huit, à Force et courage, c'est-à-dire après la mise en sommeil de L'Émancipation. Sans compter que 21 affiliés sont déjà maîtres. La durée du cursus initiatique moyen est de 22 mois. Sont exclus des calculs les affiliés et ceux qui passent à Force et courage; car, dans ces cas-là, les délais, par leur longueur, seraient susceptibles de fausser les résultats. Les règlements du G.O.D.F. sur les augmentations de salaires ne sont pas toujours respectés puisqu'un apprenti obtient la maîtrise en quatre mois[31]. Quoique des exceptions aient été prévues lorsqu'il s'agit, par exemple, de combler un poste ou de constituer des effectifs permettant de créer un collège des officiers. En se permettant cette liberté, les lumières de la loge ont sans doute voulu grossir leurs rangs de façon à étendre leur influence.

La durée du cursus initiatique de tous les maçons de la loge serait connue qu'on ne saurait en tirer de conclusions valables. Est-il dans la norme que les trois quarts des maçons atteignent la maîtrise ? Il serait possible de répondre s'il existait, pour l'époque, une loge type et un maçon type. Cela ne peut être à cause du caractère même de la maçonnerie. Mais le manque de rigueur déjà déploré par Marcil permet de penser que ceux qui n'ont pas poursuivi jusqu'à la maîtrise ont été déçus, sinon par leur expérience, du moins par la loge. Il est assez révélateur qu'en 1909 la loge n'ait plus compté que six maîtres[32].

En très grande majorité, c'est-à-dire dans une proportion de 77 sur 87, les maçons sont canadiens. Les autres, qui sont français (cinq), belges (quatre) et américains (un), ont été initiés à Montréal et non dans leur pays d'origine. Même si certains ont pensé s'intégrer, par le truchement de la loge, à un organisme européen, jamais la loge n'est devenue, ne serait-ce que par la faiblesse numérique de la représentation étrangère, une sorte d'amicale pour expatriés. Ces immigrants ne tenteront pas non plus d'occuper les postes d'officiers. Ce sera encore plus vrai à Force et courage où les maçons étrangers s'intégreront à la vie de leur pays d'adoption. Pour les Français, c'est l'Union française qui est le lieu du regroupement national[33].

Sur 36 maçons, 17 sont issus de l'île de Montréal. Ce rapport a une cause sociale et non religieuse, soit l'urbanisation du Québec. En l'espace de quelques années, la population de Montréal l'a emporté sur celle du reste de la province. Et les nouveaux arrivants, qui sont moins encadrés par leur famille que les Montréalais d'origine, peuvent disposer plus librement de leur destin. Dans un milieu aussi monolithiquement catholique, la maçonnerie est clandestinité et les citoyens anonymes, moins que les citoyens connus, courent le danger d'être repérés et persécutés.

L'origine sociale des maçons ne nous est pas connue, mais l'enquête menée sur chacun des candidats, au moment de l'initiation, précise la profession ou le métier de l'intéressé. Ce renseignement n'est pas négligeable dans un pays jeune où, souvent, l'occupation définit l'appartenance à une classe donnée. Sauf que les indications fournies par les documents, dans certains cas, sont ambiguës, imprécises et conçues en fonction d'une administration française. Sans compter que certains maçons ont successivement occupé des emplois fort divers. Ces réserves faites, tentons d'effectuer certains regroupements en utilisant le vocabulaire même des documents.

Les membres des professions libérales forment le groupe le plus considérable. Au nombre de 30, ils se répartissent comme suit : 12 médecins parmi lesquels des gynécologues œuvrant dans les crèches à une époque où *La Chaîne d'union* se préoccupe particulièrement du statut de la femme et de la mère ainsi que des méthodes d'accouchement, neuf avocats, deux dentistes, deux ingénieurs, un comptable, un pharmacien, un architecte, un agronome et un opticien. Suivent les hommes d'affaires au nombre de

12 qui regroupent deux agents d'immeubles, deux bijoutiers, deux imprimeurs, deux hommes d'affaires, deux restaurateurs, un banquier, un gérant de banque, un importateur, un syndic, un marchand, un négociant et un papetier. On relève également les noms de six journalistes et de six artistes soit deux musiciens, trois peintres et un dessinateur, de quatre fonctionnaires et de quatre hommes de métier (un électricien, un chauffeur de tramway, un typographe et un sténographe), de deux hommes politiques, d'un syndicaliste et d'un enseignant.

Ainsi, la loge est constituée de maçons plus ou moins fortunés, à la situation plus ou moins stable. Tous ne possèdent pas le diplôme ou l'entreprise procurant un gagne-pain assuré et lucratif. S'y retrouvent des employeurs et des employés. En somme, L'Émancipation est à l'image de la plupart des loges du G.O.D.F. comme aussi de la classe moyenne québécoise, mais plus par l'échantillonnage que par les proportions existant entre les différents groupes. En sont cependant absents les travailleurs d'usines à une époque où le Québec s'industrialise et s'urbanise. Pourtant, ces derniers comptent parmi les Québécois les plus attentifs aux idées nouvelles puisqu'ils cherchent à améliorer leur condition. Les révolutions ne sont pas souvent l'œuvre des nantis ! Les maçons qui percevront cette lacune fonderont Force et courage. Des syndicalistes en sortiront, qui agiront sur les travailleurs des usines à défaut de les accueillir en loge.

Les maçons de la Grand Lodge of Quebec qui, en 1896, s'adressent au G.O.D.F., posent un geste lourd de sens. Et, à plus d'un titre. Ils se proposent donc d'exercer une influence plus directe sur leurs compatriotes en « obéissant à la voix du sang » comme il est écrit à l'article premier du chapitre premier du règlement de la loge. Mais encore, cette action devra-t-elle s'exercer dans une certaine optique qu'on ne saurait définir sans revenir en arrière de quelques années.

En supprimant le premier paragraphe de l'article 1 de ses constitutions, c'est-à-dire l'obligation pour les loges de travailler « à la gloire du Grand Architecte de l'Univers », le G.O.D.F. n'avait pas chassé les croyants de ses temples. Comme l'écrit Paul Naudon, « l'innovation ne correspondait pourtant pas alors à une profession d'athéisme. Elle était le refus de toute affirmation dogmatique dans un scrupule de tolérance[34]. » Il faut lire les débats qui ont mené à cette décision :

> La franc-maçonnerie n'est ni déiste, ni athée, ni même positiviste. Institution affirmant et pratiquant la solidarité humaine, elle est étrangère à tout dogme et à tout credo religieux. Elle a pour principe unique le respect absolu de la liberté de conscience. [...] Aucun homme intelligent et honnête ne pourra dire sérieusement que le Grand Orient de France a voulu bannir de ses loges la croyance en Dieu et en l'immortalité de l'âme, alors qu'au contraire, au nom de la liberté absolue de la conscience, il déclare solennellement respecter les convictions, les doctrines et les croyances de ses membres[35].

Désormais, selon le même Naudon, « le problème de la destinée métaphysique de l'homme et surtout de ses rapports avec l'Infini et l'Inconnaissable, doivent demeurer en dehors des recherches dont se préoccupe la maçonnerie[36] ». Naudon ajoute :

> Celle-ci est alors conçue essentiellement comme une institution humanitaire, progressiste et rationaliste. Ses rites, ses symboles — que beaucoup de « modernistes » ont tendance à alléger — ne sont que des moyens concrets de rendre sensible aux adeptes le travail spirituel et moral qu'ils doivent accomplir en eux-mêmes[37].

Les propos de Naudon vont dans le sens de ce qu'écrivait le président du Conseil de l'ordre le 21 mars 1918 :

> Je n'ignore pas les reproches qu'on nous adresse et les sentiments qu'on nous prête. Mais rien de tout cela n'est fondé. Prétendre, par exemple, que nous sommes franchement athées, c'est commettre la plus grave des erreurs. Pour s'en convaincre, il suffit de lire le deuxième paragraphe de l'article premier de notre constitution, qui est ainsi conçu : « Elle [la franc-maçonnerie du G.O.D.F.] a pour principe la tolérance mutuelle, le respect des autres et de soi-même, la liberté absolue de la conscience. » Le Grand Orient n'est ni déiste, ni athée, ni positiviste; il respecte toutes les conceptions philosophiques et il proclame la liberté absolue de conscience, ce qui ne veut pas dire qu'il bannit de ses loges la croyance en Dieu; au contraire, il laisse à chacun de ses membres la liberté entière de croire ou de ne pas croire en Dieu, entendant ainsi respecter complètement leurs convictions, leurs doctrines et leurs croyances[38].

Désormais ouverte à tous, l'obédience de la rue Cadet va pouvoir accueillir ceux qui sont exclus de la maçonnerie à cause de son caractère déiste. Et il se trouve qu'en cette période de la Troisième République y accourent agnostiques, athées, anticléricaux et positivistes qui ne sont pas sans exercer une influence certaine.

De cette évolution sont conscients les maçons qui créent L'Émancipation. Ils ne se seraient pas adressés au G.O.D.F. à cause de leurs seules préoccupations sociales. Sur cette question, le Règlement de la R∴ L∴ L'Émancipation met bien l'accent sur l'affranchissement intellectuel qui vise à l'instauration des libertés fondamentales :

> Il est formé à Montréal, Canada, une société d'hommes probes qui, liés par des sentiments de liberté, d'égalité et de fraternité, travaillent individuellement et en commun à la réalisation des progrès sociaux, exerçant ainsi la bienfaisance dans le sens le plus étendu. — Le but principal qu'ils poursuivent, c'est l'affranchissement intellectuel du peuple canadien, encore courbé sous le despotisme clérical, en créant une vérité morale et libre. — Obéissant à la voix du sang, guidés par la lumière de la vérité qui rayonne autour de la France, le véritable centre de la civilisation moderne, ils ont demandé et obtenu du G∴ O∴ de ce pays, l'honneur de travailler sous son égide[39].

Sept ans plus tard, dans son Rapport d'inspection sur la L∴ L'Émancipation de Montréal, Émile Jullien montre que les objectifs de la loge n'ont pas changé :

> Autour d'eux s'est groupé une élite d'esprits éclairés qui ont su se placer au-dessus des préoccupations d'intérêt, médecins nombreux, journalistes, négociants qui savent leur Histoire, ont le culte de la Révolution française et de la Liberté de l'esprit humain, sont prêts à se dévouer pour l'affranchissement de masses nombreuses qui ne demandent qu'à être enseignées, soutenues[40].

Mais ce sont là propos aussi généraux que vagues. Dans leur correspondance avec la rue Cadet, les vénérables et secrétaires de la loge ne sont pas très bavards. Alphonse Pelletier précise bien la position des maçons lorsqu'il signale l'abîme qui les sépare de leur milieu : les « familles et les épouses de nos FF∴ sont très imbues des idées religieuses et catholiques plus particulièrement et hostiles à la F∴ M∴[41] ». On ne précise pas davantage. Par leur caractère même, les planches auraient dû constituer la meilleure des sources; mais elles ont été détruites, probablement en 1910. Heureusement, Marcil lèvera le voile sur les convictions profondes des membres au moment de l'installation de Force et courage :

> C'est alors, mes frères, que vous avez répondu à mon appel, unissant nos efforts, prompts au dévouement, au sacrifice, nous avons fondé cet atelier. Nous considérions, alors, que l'idée d'abandonner le Gr∴ Or∴ de France, était, pour nous, la perte de l'Idéal que nous nous étions formés en nous enrôlant sous son glorieux étendard; c'était retourner en arrière, revenir aux vieilles idées d'autrefois, que d'abdiquer notre titre de libres-penseurs et d'athées. Nous ne l'avons pas voulu[42].

Libres-penseurs et athées, tels sont les maçons de L'Émancipation. C'est pourquoi, dans leur action, ils se buteront à une religion qui, contrôlant la société et détenant la Vérité, nie le droit à la dissidence et, partant, au dialogue. Si la maçonnerie, en tant que société initiatique, vise à l'accomplissement de chacun de ses membres, rien ne s'oppose à ce que soient tentées par une loge ou par une obédience des actions collectives visant à l'implantation dans la société d'un certain idéal. De cela témoigne, à l'époque, l'histoire du G.O.D.F. Et, afin de réaliser ses objectifs, L'Émancipation s'attache au premier chef à la question de l'enseignement qu'elle envisage, on le devine, dans une perspective laïque.

En 1866, Jean Macé avait fondé en France la Ligue de l'enseignement, association destinée à la diffusion de l'instruction dans les classes populaires. Les deux premiers articles de son projet de statut se lisent comme suit :

> *Article premier* : La ligue de l'enseignement a pour but de provoquer par toute la France l'initiative individuelle au profit du développement de l'instruction publique.

Article 2 : son œuvre consiste :
1. À fonder des bibliothèques et des cours publics pour les adultes des écoles et pour les enfants, là où le besoin s'en fera sentir;
2. À soutenir et à faire prospérer davantage les institutions de ce genre qui existent déjà[43].

Macé devait compter des disciples au Québec. Son œuvre n'était pas sans intéresser ceux qui déploraient, depuis quelques années déjà, les carences du système scolaire. Mais sans vouloir minimiser l'action de la ligue, il faut bien admettre que certaines tentatives avaient été faites. Les Chevaliers du travail, qui avaient fondé une section montréalaise dès 1882, avaient, dans leur programme social de 1885, insisté sur la nécessité d'instaurer un régime d'enseignement obligatoire à l'élémentaire. Sans compter tout un train de mesures susceptibles d'améliorer la condition intellectuelle des travailleurs[44]. Les syndicats internationaux étaient allés dans le même sens. Et certains journalistes menaient campagne. Sans doute ces intervenants étaient-ils sensibles aux articles sur le monde ouvrier publiés dans *La Presse*, entre 1884 et 1894, par Jean-Baptiste Gagnepetit, c'est-à-dire par Jules Helbronner. Celui-ci « y dénon[çait] les conditions de vie et de travail de la classe ouvrière d'alors tout en encourageant celle-ci à poursuivre ses efforts pour s'organiser et s'instruire[45] ». L'Union française se préoccupait également du sort des ouvriers; elle avait créé à leur intention une bibliothèque ouverte tous les soirs. L'éducation apparaissait comme une panacée.

Les paragraphes qui suivent ne tracent pas l'histoire complète de la section québécoise de la ligue; ce travail a déjà été fait par Ruby Heap[46]. Ils tentent plutôt de définir ses objectifs qui coïncident avec ceux de la loge. Ici comme en France, les préoccupations des deux organismes se rejoignent :

> Le 9 octobre 1902, ainsi que le précise Ruby Heap, une centaine de citoyens montréalais se réunissent au théâtre Delville [propriété d'un maçon, Delville Fleury dit Jamet Fleury][47] afin de jeter les bases d'une ligue de l'enseignement destinée à éclairer les pouvoirs publics et la population sur les avantages qu'apporteraient certains changements dans le domaine scolaire[48].

La conjoncture semble donc favorable. Le bureau de direction qui est alors élu compte deux francs-maçons sur quatre membres, soit Godfroy Langlois, premier vice-président, et Arthur Beauchesne, secrétaire. À une réunion ultérieure, un troisième se joindra aux précédents, soit Louis Laberge qui occupe le poste de second vice-président[49].

Cinq autres maçons de L'Émancipation appartiennent également à la ligue. Ce sont Gonzalve Désaulniers, Joseph Fortier, Ludger Larose, Gaston Maillet et Adelstan Le Moyne de Martigny. Sans doute s'agit-il d'effectifs bien peu considérables puisque la ligue a compté quelque 205 membres — sénateurs, conseillers législatifs, ministres, députés, juges, fonctionnaires, avocats, notaires, médecins, ingénieurs, pharmaciens, journalistes, industriels, hommes d'affaires et fonctionnaires — si l'on se fonde sur une liste dressée par les Jésuites[50]. Mais, ce qui compte ici, c'est moins le nombre que la qualité des maçons engagés. La conclusion que Ruby Heap tire de son étude des effectifs de la ligue est fort juste :

> Bref, la Ligue de l'enseignement recrute à ses débuts une forte majorité de bourgeois libéraux intéressés aux questions éducatives dont l'influence n'est certes pas négligeable. L'élément radical gravitant autour de la loge L'Émancipation y est bien représenté par son principal porte-parole, Godfroy Langlois. La Ligue véhiculera évidemment plusieurs de ses idées dans le domaine scolaire[51].

En effet, Godfroy Langlois, comme aussi Adelstan de Martigny, sont fort capables de faire valoir et d'imposer leurs convictions.

Les directeurs de la ligue, dont nous connaissons maintenant les orientations, sont chargés de rédiger une constitution. Celle-ci, adoptée le 20 novembre suivant[52], précise le but de la nouvelle association qui est de « provoquer dans la province de Québec, par tous les moyens possibles, l'initiative individuelle au profit du développement de l'instruction publique[53] ». Et ce, par le truchement de conférences et de publications. — Certains journaux comme *La Patrie* et *Le Canada* seront mis à profit. — Deux jours plus tard paraît la réclame suivante dans *La Patrie* :

> La Ligue de l'enseignement est une association digne de l'encouragement de tous les citoyens qui s'intéressent à la cause de l'école.
>
> Pour en faire partie, il suffit d'adresser une demande d'inscription et d'envoyer une cotisation d'une piastre à M. Valmore Lamarche, N. P., trésorier, 107, rue Saint-Jacques, Montréal.
>
> La cotisation de tous les membres du corps enseignant n'est que de 50 centins.
>
> Avec quelques centaines de membres, la Ligue aura des fonds suffisants pour entreprendre la publication d'ouvrages de propagande.
>
> L'hon. M. Tarte, l'hon. M. Dandurand, l'hon. M. Brodeur, le maire Cochrane, l'hon. M. Rainville, plusieurs députés et échevins se sont empressés à se faire inscrire comme membres.
>
> Que leur exemple soit imité !
>
> Plus la ligue comptera de membres, plus elle sera influente, plus elle pourra rendre de services.
>
> Patriotes, enrôlez-vous et envoyez votre souscription[54].

Et, le 18 décembre 1902, la ligue française accepte l'adhésion de la ligue montréalaise[55]. La démarche a été facilitée par le sénateur Louis Herbette qui avait effectué plusieurs voyages à Montréal, dont l'un en 1899. On lit dans le *Bulletin trimestriel* de la ligue française :

C'est grâce aux démarches de M. Herbette, membre du conseil général, qu'un cercle de la ligue a pu être constitué à Montréal. Nous nous félicitons de cette création et nous sommes convaincus que la section canadienne obtiendra bientôt d'excellents résultats[56] !

Le rôle du sénateur Herbette ne fut sans doute pas négligeable. Plusieurs francs-maçons de L'Émancipation s'étaient déjà liés d'amitié avec lui[57] et avaient souhaité en faire leur représentant au convent de 1897[58]. Quoique ce sentiment n'ait pas été unanimement partagé[59].

La Ligue de l'enseignement s'attache d'abord à l'enseignement élémentaire qui est perçu « comme un droit dont personne ne doit être privé[60] ». Cette revendication se fonde sur les « principes de notre forme de gouvernement qui reconnaît la liberté individuelle, l'égalité des droits civils et l'élection populaire[61] ». Cet objectif ne se concrétisera que si l'école est ouverte à tous, aux riches et aux pauvres, c'est-à-dire est gratuite et obligatoire[62]. Et les manuels scolaires devront être généreusement offerts aux étudiants sans moyens financiers. Pour ce, l'enseignement devra relever du gouvernement et non plus du clergé. Ainsi espère-t-on émanciper l'individu et la société québécoise. Mais si le « principe de l'État éducateur est énoncé, il n'est fait mention ni de l'abolition ni de la réforme du Conseil de l'Instruction publique[63] ». La ligue ne se prononce pas sur la question. Car elle eût risqué gros en s'attaquant à cette chasse gardée du clergé.

La ligue se préoccupe aussi du sort des instituteurs dont la situation financière est précaire à cause de la mesquinerie du gouvernement qui distribue des octrois dérisoires[64]. Elle s'attache également à leur formation; ceux dont les connaissances sont déficientes devront compléter leurs études. D'où la nécessité d'étendre le réseau des écoles normales. À l'époque, les « brevets de capacité » sont « distribués avec une grande indulgence[65] ». Et encore, les membres des communautés religieuses en sont-ils exemptés.

L'enseignement devra également être adapté au contexte. Par exemple, s'ajouteront aux disciplines traditionnelles des cours d'hygiène et de culture physique comme aussi des cours d'agriculture[66] qui pourront peut-être endiguer le mouvement de dépeuplement des campagnes. Afin que les jeunes puissent s'adapter au nouveau contexte social, la ligue recommande aussi qu'au niveau secondaire soient enseignées la comptabilité comme aussi certaines techniques appliquées dans les usines[67]. Des bibliothèques publiques permettront par la suite, à ceux qui sont sortis de l'école, d'améliorer leurs connaissances. Tels sont les objectifs mis de l'avant.

Pendant les deux années que la ligue fonctionne, le clergé ne reste pas inactif :

L'avènement de l'État enseignant, tel qu'il s'est institué en France sous Jules Ferry et les Républicains, constitue la principale hantise du clergé québécois. Cette attitude explique pourquoi il condamne vigoureusement toute mesure susceptible, selon lui, de transformer l'enseignement primaire en un service contrôlé entièrement par l'État. C'est ainsi que la gratuité et l'uniformité des livres, réclamées par la ligue, sont perçues comme le prélude d'un monopole d'État sur les manuels scolaires et, pis encore, de la gratuité scolaire générale. L'Église condamne aussi énergiquement l'instruction obligatoire, son argument fondamental étant qu'une telle mesure représente une violation du droit du père à contrôler l'éducation de ses enfants. Et surtout, le clergé québécois voit s'élever, derrière la gratuité et l'obligation, le spectre de l'école neutre et laïque. Ces trois éléments forment à ses yeux une trilogie indissociable qui, il n'a garde de l'oublier, constitue le couronnement de l'œuvre anticléricale française[68].

Et les gouvernements n'osent pas bouger. Marchand ne met pas sur pied ce ministère de l'Instruction publique qui aurait remplacé le Conseil de l'Instruction publique contrôlé par les évêques. Ses successeurs Parent et Gouin ne prennent pas d'initiatives non plus[69]. Et ce dernier, en 1905, promet à l'archevêque de Montréal, Monseigneur Paul Bruchési, de s'opposer à tout mouvement de laïcisation. Cela dit et sans modifier le système, Gouin joue quand même un rôle non négligeable dans l'évolution de l'enseignement, sans doute à cause de la ligue et de son ami Langlois. Il affecte à l'éducation des sommes de plus en plus considérables; il améliore la situation financière des enseignants; il favorise l'enseignement spécialisé de l'agriculture; il crée des écoles normales et des écoles techniques. Il soutient l'École polytechnique de Montréal, l'École d'arpentage de l'Université Laval. Et il est à l'origine de l'École des hautes études commerciales[70]. En outre, il aide les écrivains[71].

En tenant compte du contexte social québécois, la Ligue de l'enseignement de Montréal a repris les objectifs formulés par Jean Macé. L'instauration d'un système scolaire à l'élémentaire, obligatoire et gratuit, comme aussi la création de bibliothèques doivent favoriser le développement intellectuel de l'individu ainsi que la transformation de la société :

Comme l'a dit l'un des nôtres : tout ignorant dans une société est tour à tour une victime et un danger, suivant les circonstances. Victime dans les temps de calme, parce que l'ignorance lui crée sur tous les points une multitude d'infériorités qui le condamnent à la misère, à la souffrance; un danger, dans les moments d'effervescence, parce qu'il ne sait pas choisir entre les idées applicables et les utopies insensées, parce qu'il est pressé d'échapper à sa situation dont il souffre, parce que, enfin, la misère produit trop souvent l'envie et la haine[72].

D'un côté comme de l'autre de l'Atlantique et au nom d'un vieil optimisme, des espoirs sont placés dans la connaissance qui est perçue comme le souverain remède. Ainsi, à travers la ligue, les membres de L'Émancipation réaffirment leur foi en cette religion laïque sur laquelle repose la maçonnerie moderne. Sauf que, de ce beau projet, rien ou à peu près n'a été réalisé. À cause du contexte, les réformes de Gouin, aussi importantes qu'elles soient, ne sont pas celles que la ligue envisageait en un premier temps car elles ne portent pas sur l'essentiel.

S'ils jouent un rôle à la ligue, les maçons s'impliquent directement dans l'éducation. Comme nulle institution ne dispense aux jeunes filles la formation qui leur permette d'accéder à l'université, ils fondent un lycée de jeunes filles, une institution sur laquelle rien ou à peu près rien ne nous est parvenu, sauf quelques renseignements révélateurs de ses problèmes financiers. Selon A.-J. Lemieux, aux tenues de L'Émancipation du 10 et du 24 décembre 1909, il est question d'organiser un concert bénéfice[73] et une souscription[74]. Le 16 mars 1910, dans l'allocution qu'il prononce lors de l'installation de Force et courage, Marcil lance un appel à la générosité des membres de la loge[75]. Tandis qu'en juin, au moment où la maçonnerie est prise à partie, Martigny redoute que le lycée ne ferme ses portes[76]. Quand fut-il fondé ? Combien de temps fonctionna-t-il ? En quoi consistaient ses programmes ? Quels furent ses effectifs ? Faute de documents, son histoire est plutôt faite d'interrogations ! On sait seulement que, de crainte de voir se développer un enseignement avancé et laïque pour les jeunes filles, et à son corps défendant, l'archevêque de Montréal permit aux Sœurs de la Congrégation de créer une école d'enseignement supérieur qui devint le collège Marguerite-Bourgeoys[77].

Pendant pratiquement toute son histoire, L'Émancipation ne dispose pas de journaux ou de périodiques susceptibles d'assurer sa défense et de faire passer dans le grand public son message ou celui de la Ligue de l'enseignement. Sans doute le journal *La Patrie*, fondé le 24 février 1879 par le franc-maçon Honoré Beaugrand, reflète-t-il la pensée de la maçonnerie, et ce, même après son acquisition par Israël Tarte le 6 février 1897 — membre de la Ligue de l'enseignement, Tarte est favorable à une amélioration de la condition intellectuelle — , puisqu'un autre maçon, Godfroy Langlois, en est le rédacteur-en-chef. *Le Canada* adopte une position assez semblable. Dirigé depuis sa fondation, le 4 avril 1903, par le même Godfroy Langlois, ce journal compte parmi ses rédacteurs des radicaux comme Gustave Comte, J.-D. Chartrand (Charles des Écorres) et Louis-Honoré Fréchette[78]. Mais en voulant faire de ces deux quotidiens les interprètes privilégiés de L'Émancipation et de la ligue, on oublie le contexte. Car ils appartiennent à des hommes politiques libéraux qui, tout en étant d'accord sur plus d'un point avec la loge et la ligue, ne vont pas compromettre leur parti à une époque où, justement, celui-ci commence à ne plus être jugé de façon suspecte par le clergé. Mais il est bien des façons de faire passer un message. La subversion mise sur l'ingéniosité[79]. Et, dans leur action, les deux journaux se compléteront comme si leurs directeurs s'étaient concertés.

La Patrie d'Israël Tarte et de Godfroy Langlois n'a pas attendu la création de la ligue pour se préoccuper de la question intellectuelle. Favorable à la création d'une bibliothèque municipale à Montréal, dans la perspective de la Fondation Carnegie, le journal rend un compte exact des discussions qui ont lieu à l'hôtel-de-ville[80]. Sans critiquer directement les opposants au projet, il présente sa position comme si elle allait de soi :

> Enfin, nous allons donc placer la métropole commerciale du Canada sur un pied d'égalité avec toutes les autres villes du continent américain qui depuis de longues années possèdent des bibliothèques superbes[81].

Ou encore, pour jeter le discrédit sur les adversaires, il relève les passages de leurs propos qui vont à l'encontre des normes généralement admises.

Mais *La Patrie* se préoccupe de l'éducation de façon plus suivie que de la bibliothèque. Et, fort astucieusement, en créant la chronique « Autour de l'école » qui ne sera pas tenue par des journalistes suspectés de parti pris, mais par tous ceux qui s'intéressent à la question. Il s'agit d'une tribune ouverte aux lecteurs :

> Comme il est une foule de réformes à suggérer, de griefs à formuler, d'idées à émettre, nous mettons à la disposition des instituteurs et des institutrices ainsi que de tous ceux qui s'intéressent à la belle et patriotique question de l'école les colonnes de *La Patrie*, édition du samedi[82].

D'une semaine à l'autre sont publiées des lettres qui décrivent le sort réservé aux institutrices rurales, la précarité de leurs moyens, les tâches d'entretien qui leur incombent. Elles suggèrent d'ouvrir des écoles normales et de contrôler la qualité de l'enseignement par la visite d'inspecteurs. Également, d'étendre l'enseignement à certaines disciplines comme l'histoire, la géographie, le dessin, les sciences domestiques, l'agriculture, l'hygiène. Et la pratique doit être associée à la théorie. D'où la création d'ateliers. Toutes les déficiences du système sont ainsi signalées, la plupart du temps par les principaux intéressés c'est-à-dire par les enseignants qui illustrent, comme par hasard, les propos que Tarte avait tenus dans une conférence résumée dans *L'Instruction publique* du 10 septembre 1902 :

> [Tarte] a insisté sur l'importance de perfectionner notre système d'éducation; il a demandé à nos compatriotes de rémunérer plus généreusement les services de nos instituteurs et institutrices; il a conseillé aux collèges classiques de donner une éducation pratique à leurs élèves[83].

Ces carences appellent la création d'une association susceptible d'y remédier. *La Patrie* a préparé la voie à la Ligue de l'enseignement. Et elle annoncera la création de celle-ci dans un article intitulé « Une ligue d'enseignement. Pour promouvoir les intérêts de l'école dans la province de Québec. Un instrument de propagande. Il faut réveiller l'opinion publique[84]. »

Le journal *Le Canada* s'attache de son côté à la question de la bibliothèque plus qu'à celle de l'enseignement. Et il le fait d'une façon agressive ne serait-ce que par sa façon de jeter le discrédit sur l'adversaire. Dès les premiers numéros, sans que ne soit formulée la moindre revendication au nom des libertés fondamentales, sont pris à partie les échevins Chaussé, Sadler, Ekers, Bumbray et Hébert, qui s'opposent à l'établissement d'une bibliothèque Carnegie à Montréal. On reproduit même le texte d'une interview durant laquelle l'un d'eux, Chaussé, aurait formulé des répliques de ce genre :

> Nous voulons avoir une bibliothèque alors que la police de Montréal est insuffisante. [...] Notre population mixte ne s'accordera jamais du choix des livres. Nous avons besoin d'agrandir notre marché Bonsecours et nous ne trouvons pas l'argent nécessaire[85].

Et l'interviewer conclut : « Le représentant du *Canada* resta confondu. Il se retira « tout quinaud et moult esploré » comme aurait dit feu Rabelais[86]. » Devenu la tête de Turc du journal, Chaussé est pris à partie non seulement dans des articles, mais il fait l'objet de quatre caricatures dont l'une, intitulée *L'Art de faire des ténèbres*[87], rappelle le triste épisode de la guerre des éteignoirs. L'offre de Carnegie, qui se monte à 150 000 $, est finalement refusée en avril 1903.

Les problèmes reliés à l'enseignement ne sont pas abordés différemment. Lorsque Paul-G. Martineau, qui est membre de la Ligue de l'enseignement sans appartenir à la loge, propose, à titre de commissaire à la Commission des écoles catholiques de Montréal, la création de bibliothèques scolaires, *Le Canada* note l'opposition de l'abbé Charles Larocque, frère de l'évêque de Saint-Hyacinthe et représentant de l'archevêché de Montréal à la Commission des écoles catholiques[88]. Martineau et Larocque s'affrontent également sur d'autres questions comme celle de la distribution gratuite des manuels scolaires aux enfants démunis :

> L'abbé Larocque s'objecte légèrement à cette gratuité des livres scolaires, alléguant que, dans cette mesure, « il existe plus qu'un danger pour la sauve-garde morale et religieuse ». M. Martineau rétorque, disant que la morale et la religion n'ont que faire, sur cette question, étant donné que la commission aura toujours le contrôle exclusif sur le choix des livres[89].

Et Martineau aurait ajouté : « Quoiqu'on dise, un livre qui est bon aujourd'hui ne sera pas plus mauvais demain si on le donne pour rien[90]. » Le journal ne pouvait pas ne pas citer cette réflexion susceptible de réduire l'adversaire par son bon sens.

Lorsqu'il n'oppose pas les antagonistes, le journal oppose les systèmes. C'est ainsi que paraissent des études intitulées, par exemple, « Instituteurs allemands et instituteurs français[91] », ou encore « Au pays du Rhin. La rentrée des classes en Allemagne. Visite à une école primaire. Ce qu'ils enseignent[92] ». Parfois encore, *Le Canada* explique pourquoi l'école doit être accessible à tous les groupes sociaux[93].

Pas plus que *La Patrie*, *Le Canada* ne mène de débats sur des questions de fond. Jamais l'institution catholique n'est attaquée. Car il n'aurait pas été opportun de se lancer dans des polémiques qui auraient autorisé l'Église à jeter l'anathème. Lorsque, à l'occasion, *Le Canada* prend certains risques, c'est, comme dans *La Patrie*, en reproduisant l'opinion d'un « lecteur » :

> Nous n'avons rien à dire contre l'Université Laval, mais n'avons-nous pas, en notre qualité de citoyen [...] le droit strict et très juste de nous demander si l'Université Laval et tous les grands collèges classiques de notre province ont seuls le monopole de l'instruction; remarquez bien que je ne viens pas ici déblatérer contre personne, mais je fais appel aux sentiments de justice et d'équité de tous, appel dont s'est souvent réclamé M. Bourassa lui-même pour demander qu'on laisse aux laïques le droit de revendiquer un peu de leur part, dans la distribution des bienfaits[94].

La revendication est intéressante. Car, si elle met en cause les acquis du clergé, elle est formulée non pas, comme d'habitude, au nom de la liberté religieuse, mais au nom de la justice. Ainsi s'amorce un renouvellement du débat qui passe peu à peu du théologique au social.

Godfroy Langlois apparaît comme le grand animateur de ce mouvement d'émancipation intellectuelle qui mise sur la réforme de l'enseignement. Aux deux journaux où il occupe un poste important comme à la ligue elle-même, il tente de marquer l'opinion publique de façon qu'elle accepte ou provoque l'action du gouvernement. Sans lui, la ligue n'aurait sans doute pas existé et Gouin ne se serait pas préoccupé de questions reliées à l'enseignement. Chassé du *Canada* le 7 janvier 1910 à la demande de Monseigneur Bruchési, Langlois ne s'avoue pas vaincu puisque, le 15 février de la même année, il entreprend de poursuivre les mêmes objectifs intellectuels en fondant un nouveau journal, *Le Pays*. Cet hebdomadaire entra vite en lutte avec les libéraux qui sont accusés d'avoir abandonné leurs idéaux une fois au pouvoir, comme aussi avec *Le Devoir* qu'il attaque régulièrement. Mais l'histoire du *Pays* ne sera pas évoquée ici; elle est plutôt reliée au destin de la loge Force et courage.

La loge n'entend pas se limiter à la question de l'éducation. Elle veut s'attaquer aux institutions en place. Ne pouvant le faire, comme elle l'aimerait, par *La Patrie* et *Le Canada*, elle va fonder *La Petite Revue* et contrôler *Les Débats*.

La Petite Revue, un bimensuel qui porte en sous-titre « Économie politique et sociale. - Littérature. Philosophie - Science - Art », ne paraîtra qu'à deux reprises, soit les 2 et 15 janvier 1899. Mais si éphémère qu'elle ait été, elle nous éclaire sur les orientations de la loge et sur leur originalité. Le franc-maçon très actif Alphonse Pelletier, qui est « imprimeur-éditeur », se charge de la publication. Le prospectus, qui est bien vague, veut laisser croire à une certaine ouverture d'esprit :

> Quelle semence de bien il y a à faire dans notre pays pour une revue essentiellement libérale et philosophe qui prônerait les vieux dogmes politiques, les vieilles libertés de croire et de penser, en ces temps d'hypocrisie et d'affaissement moral.
>
> ....
>
> Nous ne sommes mus par aucun esprit d'hostilité, nous n'apportons dans les débats aucune violence, aucune de ces exagérations et de ces indiscrétions dont se sont rendus coupables certaines publications. Nous n'avons qu'une ambition : faire le bien pour le bien[95].

Il ne faut pas se laisser leurrer par cette rhétorique assez semblable à celle des bien-pensants, car les attaques se feront violentes dès le premier numéro; elles visent les hommes politiques et les membres du clergé.

La situation au Manitoba, qui échappe de plus en plus à l'influence du Québec, permet à *La Petite Revue* d'exprimer son nationalisme et sa francophilie. Elle s'en prend à Wilfrid Laurier qui oublie ses compatriotes. On relève dans un article intitulé « Laurier » et signé Un ancien député, le passage suivant :

> Qu'avez-vous fait depuis deux ans pour la colonisation française au Manitoba et dans l'Ouest ? Qu'avez-vous fait pour l'affranchissement du Québec ? Personne ne vous demande de faire de la politique française qui pourrait soulever la population de langue anglaise contre nos aspirations nationales, mais vous n'avez pas de dévouement pour notre province, vous n'avez pas de passion pour notre langue et nos traditions, vous ne sentez rien pour l'avenir de notre race. Papineau avait l'âme toute française, Lafontaine avait un cœur de terroir et était avant tout Canadien; mais vous, Laurier, vous êtes actuellement ni Français, ni Canadien, vous êtes un Anglais[96].

Et si Laurier n'a pas favorisé la colonisation française au Manitoba, il s'est également désintéressé du rapatriement des francophones vivant au Michigan[97]. *La Petite Revue* s'en prend avec d'autant plus d'agressivité à Laurier que celui-ci a oublié, une fois au pouvoir, le programme grâce auquel il s'était fait élire. Comme l'écrit encore Un ancien député, il a « abandonné tout le vieux programme, toutes les vieilles et chères traditions du parti libéral ». Il a renié ses maîtres, Louis-Joseph Papineau et Antoine-Aimé Dorion, pour devenir un « conservateur dans presque toute l'acception de ce terme[98] ». S'interrogeant ensuite sur la situation du Québec dans la Confédération, Un ancien député conclut :

> Qu'est-ce que cela vaut à la province de Québec d'avoir à Ottawa un gouvernement libéral ou un gouvernement conservateur, si elle est sacrifiée par l'un ou par l'autre. Désormais, soyons donc moins partisans et plus patriotes[99].

Jusque-là, *La Petite Revue* ne formule rien d'original; elle rejoint, sur la question nationale, les théories de Bourassa; sauf qu'elle fait montre d'une plus grande volonté d'autonomie. Là s'arrêtent les similitudes. Car, sur la question religieuse, qui l'occupe surtout, elle entend discréditer l'Église catholique et non la soutenir.

Pour *La Petite Revue*, le catholicisme, qui est synonyme de simonie[100], n'a pas su imposer la justice au monde. Une « Lettre à François Coppée », rédigée par Un instituteur parisien, rappelle qu'elle « a dominé pendant plus de mille ans sur la moralité humaine sans enfanter la Déclaration des droits de l'homme » et que « toutes les prières du monde n'ont rien fait pour la justice ». Plutôt, celles-ci

> ont seulement empêché les malheureux de se révolter et de travailler à l'avènement d'une autre religion révélée, parce que, selon une célèbre parole : « Le temps est venu d'adorer le Père en esprit et en vérité et de répudier le pharisaïsme cultural[101]. »

Ces accusations appellent une description de l'institution visée.

Comme les Églises d'ailleurs, celle d'ici s'est détournée de l'esprit de l'Évangile pour accumuler les richesses. Le texte anonyme intitulé « Hélas ! » énumère les biens des communautés religieuses[102]. Tandis que l'auteur d'« Une nuit de Noël » compare l'humilité de la crèche de Bethléem à «l'éblouissante splendeur» du presbytère du Sacré-Cœur, de la rue Ontario, à Montréal :

> Ô amère dérision ! Une crèche et de la paille pour le fondateur du christianisme, des palais et des fauteuils capitonnés pour les disciples[103].

Et il ajoute :

> Ça toujours été pour moi un sujet d'étonnement et de profond dégoût que l'audace de ces prêtres qui viennent prêcher la résignation aux affamés, le ventre bedonnant, et le mépris des richesses, au milieu de leurs somptueuses demeures. Si j'étais évêque de Montréal, je ferais raser ces palais qui s'élèvent un peu partout dans le diocèse et qui sont comme un défi jeté à la population[104].

L'Église est encore accusée de faire montre d'un autoritarisme excessif. Elle exerce une sorte d'« influence indue » en se mêlant de questions sociales et politiques. Dans « Le moyen âge au Manitoba », Monseigneur Langevin se voit reprocher d'avoir soutenu la théorie qui suit dans un sermon prononcé à Saint-Boniface le 8 décembre 1898 :

> Pour être bon catholique, il ne suffit pas de croire et d'obéir aux dogmes de l'Église catholique, il faut encore « obéir » aux prescriptions de ses pasteurs non seulement en tout ce qui concerne la religion, mais aussi dans la vie journalière, dans la « politique » comme ailleurs[105].

L'auteur, qui signe Liseur, formule le commentaire qui suit en utilisant un pluriel qui étend son propos aux dimensions de la collectivité :

> Nous sommes catholiques pratiquants, mais nous n'accepterons jamais un enseignement aussi arriéré. Comme citoyens, nous prétendons être entièrement libres de nos actes, avoir les opinions politiques qu'il nous plaira et suivre les hommes que nous jugerons à propos de suivre.
>
> Le temps des bêtes de somme est passé, Mgr Langevin, et aujourd'hui les évêques sont à peu près les hommes les moins aptes à la direction de la chose publique et à la gouverne de l'État.
>
> C'est pour avoir trop aveuglément suivi le clergé dans les affaires purement politiques ou temporelles que le peuple de notre province s'est laissé devancer par ses voisins et que nous avons si peu marché depuis un quart de siècle. Qu'a pratiqué jusqu'ici notre clergé dans les affaires politiques ? Rien autre chose que l'asservissement au torysme. Quel esprit public a développé chez nous le clergé ? Aucun, absolument aucun; il n'a appris à nos populations pauvres et ignorantes qu'à bâtir des presbytères somptueux, qu'à faire dire des messes pour les biens de la terre, et qu'à travailler uniquement pour leur salut.
>
> L'évêque Laflèche, de son vivant, a appliqué à son diocèse les principes que prône aujourd'hui l'évêque Langevin et il a réussi à abêtir ses ouailles; il n'y a pas un coin du Canada aussi triste et aussi endormi que Trois-Rivières[106].

Ces paragraphes décrivent une situation qui se ressent de l'attitude de l'Église de France face aux institutions démocratiques, mais surtout de celle du Canada qui, plus de 50 ans auparavant, a élevé l'ultramontanisme au rang des dogmes. Par son autoritarisme, le clergé a empêché tout un peuple d'accéder à la maturité en le maintenant dans un état d'enfance. Les collectivités ne diffèrent guère des individus. Et il a commis un crime impardonnable aux yeux des radicaux — il suffit de lire Beaugrand pour s'en rendre compte — en soutenant le parti tory.

La Petite Revue se préoccupe également de la question de l'enseignement. Un article anonyme intitulé « Le ministère de l'instruction publique » montre que le projet de réforme mis de l'avant par Marchand a échoué à cause de « l'intervention de M. l'évêque Bruchési et [de] la pression du pusillanime opportunisme des libéraux d'Ottawa[107] ». Pour *La Petite Revue*, cette initiative aurait permis de mener le peuple à la maturité et de garantir le fonctionnement de la démocratie; car l'instruction sauvegarde les institutions politiques de type républicain. L'auteur conclut ainsi :

> J'irai plus loin ; pour être citoyen et surtout être bon citoyen, il faut non seulement voter, mais pouvoir discuter son vote et ne pas simplement faire acte de présence au *poll* et signer son bulletin sous la dictée d'un chef de parti ou sous l'empire d'un caprice ou d'une visée purement personnelle sans égard aux intérêts généraux du pays.
>
> Un citoyen digne de ce nom doit être en mesure de justifier son vote par des raisons de politiques réelles. Il doit peser l'acte qu'il fait en disposant son bulletin et en sortant du *poll*, il doit être en état de dire non seulement pour qui il a voté, mais pourquoi il a voté[108].

Les citoyens, qui ne disposent pas des connaissances requises, ne peuvent agir ainsi. D'où la nécessité de « l'éducation, cette panacée universelle[109] ».

Parfois, *La Petite Revue* tire des leçons des événements de l'actualité. En voici un exemple :

> La mort de Chiniquy a été le complément logique des quarante dernières années de sa vie. Elle est la consécration de sa bonne foi. Le pape approuve Renan d'être mort comme il avait vécu; on aurait donc tort de reprocher à Chiniquy d'avoir fait la même chose[110].

Ainsi, la mort de Chiniquy permet-elle d'enseigner la persévérance à tous ceux dont les convictions sont contestées par le milieu comme aussi la tolérance au clergé local. Et cela, par le biais du pape et de Renan !

La Petite Revue, qui ne paraît qu'à deux reprises, tente par ses attaques d'abaisser l'Église afin que la loge puisse un jour concrétiser ses objectifs. C'est sa façon à elle d'œuvrer à la transformation de la société. En outre, elle se préoccupe également des francophones du Manitoba qui sont abandonnés à leur sort par les autorités civiles et religieuses. Par là, elle exprime un nationalisme qui a présidé à la fondation de la loge et qui ne vas pas à l'encontre de l'internationalisme du G.O.D.F. Car celui-ci se fonde sur le respect des individus et des ethnies.

Outre *La Patrie* et *La Petite Revue*, la loge peut compter sur *Les Débats*, un hebdomadaire indépendant, « ni vendu, ni à vendre à aucune coterie[111] » qui, à deux époques de son existence, est contrôlé par des francs-maçons. Paul Le Moyne de Martigny en est le directeur-propriétaire, du 3 décembre 1899 au 18 mars 1900, et Édouard Charlier, le rédacteur, de janvier à octobre 1909. À l'époque de Le Moyne de Martigny, la lutte scolaire est déjà engagée. *Les Débats* ne s'en préoccupe guère bien qu'il ait « organis[é] des concours pour fournir l'éducation gratuite aux enfants[112] ». Les interventions sont d'abord politiques. Anti-impérialiste à la façon des radicaux et de Bourassa, l'hebdomadaire prône l'indépendance du Canada face à l'Angleterre et dénonce la participation du Canada à la guerre des Boers. On lit dans un article intitulé « Indépendance » :

C'est pourquoi, il importe, au plus haut point de la dignité et à la bonne renommée du peuple canadien-français, de protester énergiquement contre l'idée que les nations civilisées pourraient se faire que nous sommes solidaires des infamies d'Albion.

Un autre mobile plus grave encore doit nous pousser à nous affranchir de cette tutelle humiliante. — Une tutelle suppose un incapable ou un interdit. — Le peuple canadien est-il donc si misérable qu'il faille subir une telle disgrâce[113] ?

Cette position rappelle celle de *La Petite Revue*. Mais de plus nombreux articles portent sur les arts et la littérature. Le Moyne de Martigny et ses collaborateurs s'intéressent vivement aux écrivains de l'École littéraire de Montréal, qui collaborent à la publication, comme aussi aux poètes symbolistes et aux peintres impressionnistes français.

Avec Édouard Charlier, la publication s'oriente vers les questions sociales. Charlier participe aux campagnes en faveur de l'éducation en reprenant les thèmes que l'on connaît sur le sort des instituteurs et la gratuité des manuels[114]. Également, en mettant de l'avant l'idée d'un hôpital civique :

Il nous faut un hôpital civique unique, non pas pour y introduire des « sœurs » et des « nurses », des « prêtres » ou des « ministres protestants », des « catholiques » ou des « méthodistes », mais bien des malades et des médecins. La liberté dont nous jouissons permettra à nos familles de veiller sur la conscience des malades. Cela suffit pour assurer à tout le monde que les religions sont respectées à l'hôpital civique[115].

On assiste peu à peu à une radicalisation des prises de position. En mars 1903, la compagnie d'assurances *La Métropolitaine* poursuit Charlier devant les tribunaux[116]. Puis, le journal cesse de paraître ou, plutôt, est remplacé par *Le Combat* à la suite de rumeurs voulant qu'il soit menacé d'interdit par Monseigneur Bruchési; celui-ci s'était vu demander par un collaborateur, Arthur Beauchesne, pourquoi il n'intervenait pas en faveur des francophones dans l'affaire des écoles du Manitoba. Beauchesne avait posé la question pour y mieux répondre; selon lui, Bruchési craignait qu'en mécontentant Laurier, il ne puisse accéder au Sacré Collège. Le radicalisme avait mené à une impertinence que le clergé ne pouvait admettre.

Dirigé et animé par l'équipe des *Débats*, *Le Combat* poursuit les mêmes objectifs ou peu s'en faut. Sauf que Charlier intensifie la lutte contre le clergé, mais tout en sachant qu'il dispose de moyens infiniment moins puissants que ses adversaires. En adoptant cette ligne de conduite, il condamne sa publication à une disparition rapide. Ce qui se produisit.

En 1903, c'est-à-dire deux ans après la mort d'Arthur Buies, la loge lance une nouvelle *Lanterne* qui disparaît après cinq numéros. Henri Dazé et Arthur Beauchesne écrivent au G.O.D.F., le 12 juin 1904 :

> L'an dernier, nous avons publié cinq numéros d'un journal libre-penseur intitulé *La Lanterne*, ce qui a coûté à nos membres la somme de 500 $, c'est-à-dire 2500 francs. Notre rédacteur a été arrêté, et le clergé, qui avait fait voler notre liste d'abonnés, a essayé de découvrir qui était au fond de la publication. Heureusement, l'inculpé a pris la fuite avant le procès. L'affaire a encouru des frais qui ont été supportés par nos pauvres frères[117].

Tout éphémère qu'il ait été, cet hebdomadaire a surtout tenté de contrer l'influence du clergé dans la question des écoles; il reprend le même combat que ses devanciers. Et sa disparition laisse la loge complètement démunie.

Toutes ces publications, par la convergence des buts poursuivis, permettent de penser que francs-maçons et radicaux de Montréal poursuivent un même objectif, soit la transformation de la société; et cela, par l'abaissement de la religion et la réforme du système scolaire. En raisonnant ainsi, ils n'avancent rien de neuf; plutôt, ils s'inspirent d'une tradition qui remonte au XVIIIᵉ siècle. Et ils n'échappent pas au destin qui s'attache aux réformateurs dans les pays où les institutions religieuses sont assez fortes pour conserver la moindre parcelle de leurs prérogatives. Les idées font leur chemin, sans doute, mais à la condition d'être diffusées dans le grand public. Or, les journaux et périodiques dont il a été question sont tombés les uns après les autres. Et, après *La Lanterne*, la loge ne pourra plus compter que sur des bulletins émanant de sociétés qu'elle a fondées et s'adressant d'abord aux membres peu nombreux de celles-ci. Mais quelles sont ces sociétés ?

Le 5 février 1909[118] est fondé le cercle Alpha-Oméga, qui survivra à la mise en sommeil de L'Émancipation. Par la suite, il relèvera de Force et courage. Marcil le décrit ainsi :

> Ils [les frères] espèrent et ils veulent devenir le centre maçonnique le plus important du Canada. Pour arriver à ce but, nous avons décidé la formation de différents cercles où le recrutement de la jeunesse étudiante pourrait se faire plus facilement; un de ces cercles, connu sous le nom Alpha-Oméga fonctionne déjà avec succès; on y compte au-delà de 100 membres, tous animés de sentiments anticléricaux. La plupart des frères de la loge Force et courage en font partie, et c'est notre frère Desmarais, qui en est le président. Ce cercle, fondé il y a à peine un an, publie déjà une petite revue mensuelle, dont le ton et la manière de penser lui a déjà valu la censure et l'anathème des feuilles cléricales. Je vous fais parvenir, sous pli séparé, les deux premiers numéros de cette revue, et je me ferai un devoir de vous adresser les autres[119].

Au moment de l'enquête sur la maçonnerie instituée par la ville de Montréal, en 1910, Fernand Marrié écrit que cette « société d'études et de discussion » a été

fondée pour l'instruction plus complète de ses membres au moyen de conférences et d'une bibliothèque. Les conférences qui se font sous nos auspices n'impliquent en aucune façon la responsabilité du cercle qui, lui, n'a pas d'opinion propre, mais simplement celle des conférenciers et le premier venu peut, au cours d'une de nos réunions la conférence étant terminée, combattre l'argumentation du conférencier, chacun étant absolument libre de dire ce qu'il veut et comme il l'entend. C'est ainsi que toutes les conférences faites chez nous sont suivies de discussions parfois.

Nous ne nous sommes jamais occupés de politique, mais je n'en saurais dire autant de questions religieuses qui ont été quelquefois traitées depuis que nous faisons des conférences régulières. Il est vrai qu'elles l'ont toujours été au point de vue rationnel, mais nous ne demanderions pas mieux qu'un clérical quelconque vienne soutenir la cause défaillante du dogme. Il y serait poliment reçu, je vous prie de le croire; il pourrait, autant qu'il le conviendrait, anathématiser les « charlatans » de la libre-pensée, à la condition toutefois, qu'il veuille écouter sans l'interrompre un libre-penseur étaler à son tour l'impudence des « charlatans de sacristie » exploitant les peuples dont ils entretiennent l'ignorance pour s'en faire plus sûrement une source de revenus[120].

Ce texte, qui trahit une agressivité certaine, quand on sait qu'il était destiné au *Devoir,* révèle l'orientation du cercle qui nous est encore connue par l'annonce des conférences. Par exemple, en mai 1910, Charles E. Holmes, membre de la Grand Lodge of Quebec et historien de la maçonnerie, traite des phénomènes psychiques[121] et Marc Lassonde, de l'avenir et du néant[122].

Le cercle entend exercer son influence par des conférences mais aussi par sa bibliothèque. Telle qu'elle nous est parvenue, enrichie des ouvrages qui y ont été ajoutés au cours des années, une fois passée au cercle Renaissance[123], elle est constituée d'essais appartenant à la production positiviste. La plupart traitent de questions reliées à l'émergence et à l'évolution de l'univers, à l'apparition de la vie sur terre, aux croyances et aux superstitions, aux rites et aux religions, au spiritisme et à la magie. Sont assez nombreux les textes sur l'inexistence de Dieu ainsi que sur l'hérédité et les problèmes psychologiques du Christ. On y retrouve également des essais politiques et sociaux. Il s'agit d'une bibliothèque qui, dans un contexte catholique, est destinée à nourrir la contestation en fournissant des arguments d'actualité. Car les auteurs, à part quelques-uns comme Voltaire, Meslier et Champfort, sont des contemporains comme Émile Boutroux, Aristide Briand, Maria Desraismes, Camille Flammarion, Anatole France, J. C. Frazer, Félix Le Dantec, Henri Poincaré et Élisée Reclus. Le catalogue de cette bibliothèque est reproduit en annexe.

Le cercle se préoccupe également de diffuser ses idées. Et, l'année même où il quitte *Le Canada*, Godfroy Langlois s'en chargera en lançant « une petite revue mensuelle dont le ton et la manière de penser lui val[ent] la censure et l'anathème des feuilles cléricales[124] ». En effet, le 3 février 1910, paraît le premier numéro du *Pourquoi pas ?*. Il s'agit d'une « revue mensuelle, polycopiée sur papier 8,5 " sur 11" [...] se consacrant à exposer toutes les philosophies, à discuter brièvement tous les dogmes et à propager les idées morales[125] ». Suit un second numéro, non daté, qui est sans doute le dernier[126]. En cette année 1910, la loge est moribonde.

Par son contenu, le *Pourquoi pas ?* exprime des objectifs qui sont d'abord ceux de la loge. Et ils n'ont pas changé depuis 1896 car le milieu est demeuré le même. On lit dans l'adresse au lecteur :

> Nous voici, tous jeunes, tous aspirant au progrès et résolus à affirmer hautement et avec sincérité, notre admiration pour la vérité.
>
> Sous ce titre quelque peu vague et provocateur de *Pourquoi pas ?*, nous ferons, dans la mesure de nos modestes moyens, la bonne campagne pour les réformes indispensables telles que : la fondation d'une bibliothèque publique gratuite, l'instruction gratuite et surtout obligatoire pour tous, la réglementation de la prostitution et toute autre réforme pouvant être considérée comme un facteur sérieux de progrès.
>
> Sans nous laisser intimider par ceux qui, impunément, empoisonnent la conscience publique, nous irons toujours de l'avant revendiquant avec énergie l'application des mesures destinées à faire du Canada, et en particulier de la province de Québec, une contrée respectable et respectée, et cela, parce que les habitants auront transformé, tout à leur honneur, une mentalité moyenneuse en mentalité moderne.
>
> À bon entendeur salut[127] !

Sauf que, à cause de l'influence des mouvements ouvriers et de la Ligue de l'enseignement, la revue, comme la maçonnerie, tend de plus en plus à percevoir l'Église dans une perspective de lutte des classes.

Le *Pourquoi pas ?* met en œuvre des moyens qui sont ceux de *La Petite Revue*. Ainsi, il tente de jeter le discrédit sur la religion en s'inspirant de l'actualité. C'est ainsi que l'évêque de Zara, qui avait été chargé d'accueillir une flotte autrichienne, serait allé « en bateau, présenter aux officiers de l'escadre cinq ballerines vêtues, paraît-il, bien légèrement... disant que c'était là l'hommage de la ville de Zara[128] ». Les anecdotes de ce genre ne constituent pas l'essentiel de la revue. Plutôt, elle préfère s'attaquer aux méthodes de l'Église canadienne. Dans « À bas le fanatisme », Colombine montre comment les membres du clergé, depuis le Père de Charlevoix, ont utilisé les catastrophes naturelles à des fins pieuses :

> Dieu n'a admis personne dans son conseil et ceux qui prétendent traduire sa pensée, interpréter ses intentions, changer le cours des événements, sont des

imposteurs. La raison des grandes catastrophes qui ont bouleversé le monde, coûté la vie à des milliers de gens, comme la raison de la souffrance, reste une énigme. Où la science ne dit rien, que pouvons-nous répondre ? Un malheur pourtant s'appelle « châtiment du ciel ou présent de Dieu à ses amis » selon qu'il tombe sur un protestant ou sur un catholique, sur un athée ou un croyant[129].

La science de l'interprétation des signes est relative, aujourd'hui comme à l'époque des devins antiques. Elle n'a d'autre source que l'intérêt de ceux qui l'utilisent. Un autre texte, intitulé « L'inondation en France commentée par le Vatican », décrit également un catholicisme misant sur l'épreuve. L'inondation ne doit-elle pas servir à « rallumer la foi éteinte du Français[130] » ? Et à ceux qui, à la suite de la lecture de ces textes, hésiteraient encore à se détourner de la religion parce qu'elle garantirait la survivance des Canadiens français, K. Lottin répond dans « Renaissance » :

> Je suis parfois désolé, quand je constate combien peu les Canadiens français ont conscience de leur force; ils forment à Montréal les 3/4 de la population totale et acceptent, sans murmurer, la domination de l'autre quart. Les Canadiens semblent rester étrangers à la question de savoir si oui ou non la langue de leurs ancêtres conservera dans le pays la suprématie à laquelle elle a droit : je me demande parfois la raison de cette indifférence profane, de cette impardonnable veulerie et je ne peux en attribuer la cause qu'à l'influence déprimante de la curie romaine sur les peuples qui meurent; j'ai vu la Hongrie se réveiller, résister et vaincre le Russe et l'Allemand; j'ai vu les irrédentistes dans l'Istrie opposer au Saxon une résistance opiniâtre et finalement obtenir gain de cause pour la création d'une université italienne à Trieste, j'ai vu le Bohême, le Morave se débarrasser du Germain, j'ai vu le Suisse-Romand, le Wallon imposer leur langue à des majorités saxonnes ou flamandes et, quand je constate l'apathie du Canadien dans cette question, je me demande vraiment si le sang français a cessé de couler dans ses veines; je voudrais retrouver le tempérament combatif des preux découvreurs des temps passés. Quand je trouve le manque d'énergie, d'initiative, de courage, sur toute la ligne, je ne puis m'empêcher de rager en songeant que tout cela est l'œuvre d'une institution condamnée par la science et la raison. Église catholique, ton œuvre est néfaste mais ton existence est menacée; la lumière se fait peu à peu; nombreux sont ceux qui luttent pour arracher de tes griffes un peuple malheureux. Souviens-toi que celui qui a été le plus grand de nos écrivains, le plus sublime de nos poètes, écrivait au sujet du progrès : « Tous ce que l'on fait pour lui, tout ce que l'on fait contre lui, lui sert également. » Pour le peuple, nous voulons un ministère de l'Instruction publique, et nous l'obtiendrons. Pour le peuple, nous voulons des bibliothèques et nous saurons nous les faire accorder; nous avons la persuasion que le peuple, qui souffre de l'ignorance et qui aspire à plus de vérité et à plus de liberté, se réveillera, prenant son essor vers l'avenir. Conscient de ses droits, il fera revivre sur la terre d'Amérique le vieil esprit gaulois[131].

K. Lottin, qui est conscient du rôle joué par le clergé en 1837, tente de renverser la thèse traditionnelle selon laquelle la survivance se fonderait sur la « connivence » de la langue et de la religion.

Toutes ces attaques n'auraient pas été formulées si l'Église n'avait été perçue comme une institution néfaste, misant sur l'ignorance pour conserver ses privilèges de classe. C'est pourquoi elle s'oppose à la réforme du système scolaire et à la fondation de bibliothèques. O. Rémus écrit précisément à propos de celles-ci :

> C'est pourquoi, sans doute, les éléments dominateurs voient d'un très mauvais œil — et pour cause — ce projet de bibliothèque qui ne manquerait pas, cela ne fait aucun doute, d'aider à une notable diminution de leur prestige néfaste[132].

Plus loin, il précise encore que l'engouement pour la lecture, cette « poussée de la masse [...] a l'air de contrarier singulièrement nos exploiteurs de la chambre et de la sacristie[133] ». Tandis que, dans « Instruisons-nous », G. Coute (et non G. Comte) aborde le problème des écoles dans la même perspective sociale :

> L'ignorant a toujours été et sera toujours une proie facile pour les charlatans. Dans tous les pays, sauf en ceux où des gouvernements démocratiques s'occupent d'instruire suffisamment, ou peu s'en faut, le public, une minorité ambitieuse et cupide a toujours mis un frein coupable à l'émancipation populaire[134].

Mais cette ère d'ignorance semble devoir se terminer :

> Mais la criminelle audace des exploiteurs de toute nature aura néanmoins servi à activer ce mouvement de révolte intellectuelle que l'on constate un peu partout et qu'il était pourtant facile de prévoir. S'il n'a pas été prévu par ceux mêmes qui l'ont causé, cela est uniquement dû au fanatisme aveugle de ces derniers qui les empêchait de voir l'abîme profond qu'ils creusaient sous leurs pieds[135].

En conclusion, G. Coute entrevoit le moment où, l'instruction s'étant suffisamment développée, les opposants seront réduits à l'impuissance. Des chiffres produits dans une autre étude intitulée « Les bienfaits de l'instruction obligatoire », en France s'entend, montreraient que la baisse du nombre des illettrés a provoqué d'heureux effets sur le comportement social.

La Petite Revue et le *Pourquoi pas ?* se ressemblent. Les deux publications poursuivent à peu près les mêmes objectifs. Et ils ne paraissent qu'à deux reprises, le second numéro trahissant un certain essoufflement faute de renouvellement dans les sujets traités. Le *Pourquoi pas ?* a pensé y remédier en reproduisant des textes courts de Bonnin, Diderot, Euripide, Cicéron, Goethe, Hugo, Joubert, Schopenhauer et Voltaire, lesquels traitent de religion et de philosophie, de vérité et d'erreur, de foi et de superstition. En voici un exemple emprunté à Schopenhauer : « Les religions sont comme les vers luisants, il leur faut l'obscurité pour qu'elles brillent[136]. » Le parallélisme ne s'arrête pas là. *La Petite Revue* et le *Pourquoi pas ?* se sont trouvées dans la situation de toutes les publications contestataires en milieu monolithique; dans l'impossibilité d'entamer un dialogue avec l'Église, elles ont dû recourir à l'invective qui, à défaut de confondre l'adversaire, risque de le discréditer. C'est pourquoi, comme l'avait fait remarquer Arthur Buies, dans certains contextes, la passion de la tolérance mène presque inévitablement à l'intolérance.

Libres de ces attaches politiques qui avaient entravé l'action des collaborateurs de *La Patrie* et du *Canada*, ceux des deux périodiques ont cru qu'ils pouvaient exprimer à leur guise les idéaux dans lesquels ils croyaient et pourfendre inlassablement leurs ennemis. Ils ont oublié de tenir compte du public lecteur qui, comme tout public lecteur, recherche ce qui le conforte dans ses positions et non ce qui le remet en cause. Aussi, ils ont choqué leur clientèle au point de la perdre. Vers le même temps, *Le Pays*, qui avait pourtant exprimé des positions beaucoup plus modérées, devait disparaître pour les mêmes raisons. De cette période, seul a survécu *Le Devoir* dans lequel la majorité a retrouvé ses préoccupations religieuses et sociales.

Vilipendée par le clergé et la presse catholique, assez peu heureuse dans ses entreprises, la loge a besoin de se savoir écoutée et soutenue par le G.O.D.F. C'est la raison pour laquelle elle formule certaines requêtes qui lui permettraient, par le truchement de l'obédience, de jouer auprès du gouvernement français un rôle normalement dévolu au consulat de France à Montréal. Ainsi pourrait-elle acquérir un certain statut. Dans le débat qui s'engage, un homme est visé : le consul Alfred Kleczkowski.

Dans *Le Consulat général de France à Québec et à Montréal de 1859 à 1914*, Pierre Savard décrit ainsi le personnage :

> Entré dans le service en 1879, le consul a servi à Alexandrie et à Dublin, où il s'est familiarisé avec les milieux britanniques. Sous son règne, les relations commerciales connaissent un progrès considérable avec le traité de 1895, tandis que l'immigration française commence à découvrir l'Ouest canadien. Orateur brillant et recherché, Kleczkowski rappelle volontiers au Ministre, coupures de journaux à l'appui, que les Canadiens goûtent son éloquence. Républicain peu sympathique aux excès cléricaux, il grince des dents devant les attaques quotidiennes de la presse québécoise contre « la France persécutrice et maçonnique ». Excédé, il écrit au Ministre quelques mois après son arrivée : « Le progrès philosophique, qui permet aux esprits cultivés de tout envisager en dehors des points de vue personnels et exclusifs, est presque lettre morte pour ces cerveaux sans souplesse. » Diplomate avant tout, il sait quoi dire et plus encore quoi ne pas dire. Au dévoilement de la statue de Lévis au Parlement de Québec en 1895, plusieurs se demandent comment le consul va s'y prendre pour célébrer la France éternelle. Un observateur du clergé de Québec qualifie son discours d' « enlevant » ; il « avait à marcher sur des «rasoirs» et il s'en est tiré à merveille » conclut le clerc. Le 18 juin 1900, l'Université Laval lui décerne un doctorat d'honneur; la veille, le consul a suivi le dais à la procession du Saint-Sacrement[137].

Savard fait encore remarquer que, au moment de l'affaire des écoles du Manitoba, Kleczkowski adopte la position de Laurier en condamnant l'épiscopat[138]. À la fois républicain et catholique pratiquant, le consul est un modéré qui, par sa formation, est plus sympathique à la politique libérale qu'à celle des ultramontains. Mais, en cette période de prises de position exacerbées, il ne satisfait ni les uns ni les autres.

Dans une lettre datée du 17 octobre 1904 et destinée au G.O.D.F., le secrétaire de L'Émancipation perçoit le consul de façon fort critique :

> Ce consul est un réactionnaire, très clérical, qui ne perd aucune occasion d'exprimer sa réprobation pour la politique laïque et républicaine. Il est fortement hostile à tout ce que représente, au Canada, l'esprit français et démocratique. Il ne propose pour la Croix de la Légion d'honneur que des cléricaux ayant la plupart écrit d'odieux pamphlets contre la France comme le juge Pagnuelo de Montréal, qui ne porte même pas sa décoration.
>
> Ce consul affirme, en toutes circonstances, des sentiments religieux, il assiste à une place d'honneur et, comme consul, à des sermons dans lesquels on insulte la France et approuve manifestement; il suit les processions et a des relations très fréquentes avec le clergé. Les républicains français du Canada demandent énergiquement le rappel de ce singulier fonctionnaire[139].

C'est pourquoi il recommande au G.O.D.F. d'intervenir auprès du Quai d'Orsay pour qu'il soit remplacé par un franc-maçon. Et, par la même occasion, que le « frère Ledermann », qui occupe un poste au consulat de Montréal et « que l'on veut expédier à Seattle parce que F∴ maç∴ , soit nommé vice-consul à Montréal[140] ». Un mois plus tard, alors que Ledermann a reçu son affectation pour Seattle, on réclame pour lui la chancellerie de Montréal[141]. De fait, la loge ne pardonne pas à Kleczkowski de ne pas proposer pour la légion d'honneur Godfroy Langlois « qui est au Canada le champion de l'idée démocratique et française[142] », comme le secrétaire de la loge l'écrira plus tard au G.O.D.F., en ajoutant qu'il « passe pour l'être [également] de la Franc-maç∴[143] ».

La loge réclame la légion d'honneur pour Langlois une première fois le 23 juin 1903, en précisant : « M. Langlois a fondé à Montréal, il y a un an, la Ligue de l'enseignement, condamnée par les évêques du haut de la chaire[144]. » Le 14 février 1905, sans doute à la suite d'une seconde tentative faite à l'automne de 1904, le ministre des Affaires étrangères de France écrit au député Louis Lafferre, qui est à la fois membre du gouvernement et du conseil de l'ordre, que le cas sera soumis même si aucune recommandation ne parvient du consulat[145]. Mais sans succès. Le 29 août 1905, c'est au tour de Adelstan Le Moyne de Martigny d'intervenir auprès du secrétaire général du G.O.D.F., N.-A. Vadécard[146]. Le vénérable Oscar Normandin fait de même le 20 mai 1909[147] puis, en juin de la même année, signalant que la loge « insiste tout particulièrement et qu'elle attache une très grande importance à sa requête[148] ». Enfin, Louis Lafferre, qui semble avoir joué auprès de L'Émancipation le rôle de garant d'amitié, est avisé, en juillet 1908, que le nom de Langlois est sur la liste. Et ce, après dix ans d'efforts et d'interventions. L'année suivante, soit en juillet 1910, dans le but de faire oublier les humiliations subies, le grand maître réclame la légion pour d'autres maçons de L'Émancipation, mais sans succès immédiat.

Dans cette épreuve de force, sinon dans cette recherche de prestige, la loge sort perdante; elle n'atteint pas ses buts. Langlois doit patienter et Ledermann est muté. C'est que, si l'influence du G.O.D.F. sur le gouvernement français est souvent déterminante, à l'époque, celle de L'Émancipation sur le G.O.D.F. et, à travers celui-ci, sur le gouvernement français, est plus que problématique. Peut-être parce que le portrait que les maçons de la loge ont tracé de Kleczkowski ne correspond pas à celui que se fait le Quai d'Orsay[149]; et le G.O.D.F. se préoccupe sans doute assez peu de cette loge située hors du territoire français[150].

En dépit des avatars décrits, la loge continue d'adresser au G.O.D.F. la paperasse administrative d'usage ainsi que des rapports sur la situation sociale au Québec; ils sont accompagnés de documents. Les relations se maintiennent. En 1909, Henri Dazé adresse au G.O.D.F. une carte « indiquant les biens des congrégations religieuses dans la cité de Montréal[151] ». Parfois, ces documents sont publiés ou utilisés. On lit dans la « Chronique maçonnique » de la revue *Acacia* de juillet-décembre 1904 :

> Du Canada, pays où le clergé catholique gouverne, à l'antique manière, la partie de la population d'origine française, nous parvient un article de la *Revue canadienne* intitulé « La pieuvre maçonnique ». C'est une amplification de rhétorique cléricale au style ampoulé et déclamatoire comme nos chanoines français en fabriquent à la douzaine. Mais ce qui est intéressant, c'est la cause de ce débordement de bile. On a essayé de fonder à Montréal une section de la Ligue de l'enseignement, de la ligue fille de la Franc-Maçonnerie, qui prétend empiéter sur le droit divin lequel n'appartient qu'à l'Église d'enseigner les peuples.
>
> Ce qu'il y a de triste c'est que la levée de goupillons qui s'est produite a fait échouer la tentative. Les Canadiens français sont fiers de leur origine, les Français de France doivent convenir qu'ils ont là des cousins arriérés. Au point de vue intellectuel, ils en sont encore au XVIIe siècle[152].

Des rencontres se produisent également. Des maçons français passent par Montréal. Parfois même, ils sont chargés d'une mission d'inspection. C'est le cas d'Émile Jullien qui, dans son rapport, perçoit très favorablement la loge et porte, sur la situation du Québec, un jugement juste et nuancé[153]. Le plus souvent, les maçons de L'Émancipation qui ont fait leurs études à Paris retournent en France; ils y retrouvent des amis ou encore font de nouvelles connaissances dans la maçonnerie. C'est ainsi que Adelstan Le Moyne de Martigny, qui avait fréquenté le milieu du sénateur Herbette du temps de ses études de médecine à Paris, se lie d'amitié avec Jean-Baptiste Bidegain qui devait jouer un triste rôle dans l'affaire des fiches. Martigny écrira au grand maître, le 10 décembre 1904 :

> J'ai été moi-même très spécialement affecté en apprenant que la trahison venait de ce Bidegain en qui j'ai mis toute ma confiance lors de mon passage à Paris, cet été, et que j'ai si bien renseigné sur tout ce qui intéresse l'ordre au Canada. Cette histoire des fiches, déformée à plaisir par les journaux cléricaux et reproduite ici, a déchaîné de nouvelles fureurs contre nous, et nous sommes, maintenant, traqués comme des bêtes fauves[154].

Mais ce sont les plus fortunés qui peuvent se permettre de voyager. Et la loge elle-même ne réussit pas toujours à défrayer l'envoi d'un délégué au convent. Le plus souvent, elle est réduite à se faire représenter par un maçon français susceptible d'exprimer ses vues et ses problèmes particuliers.

En 1897, le délégué se nomme Parmentier[155]. Celui-ci s'étant d'abord récusé, on songe à Louis Herbette, un sénateur radical qui a visité le Québec à plusieurs reprises et a joué un rôle au moment de la ligue; ou encore, à un nommé Jouffroy :

> Par exemple, si M. Louis Herbette était maçon ou bien encore si M. Jouffroy, député, est encore maçon actif, de vouloir vous informer si l'un de ces messieurs consentirait à être notre porte-parole auprès du G∴ O∴ Ces Messieurs étant des amis personnels de plusieurs des membres de cette loge[156].

Finalement, Parmentier accepte et il est chargé par la loge de demander la suppression des planches de convocation, comme « les familles et les épouses de nos FF∴ sont très imbues des idées religieuses et catholiques et dénonceraient la loge[157] »; et aussi, la permission de faire les tenues à des endroits différents d'une fois à l'autre, « comme les frères de notre loge travaillent aussi sous l'obédience de la Grand Lodge of Quebec qui ne reconnaît pas le G.O.D.F. et qui est hostile, et qui essaie de dévoiler son existence pour [la] dénoncer », car un « local unique, fixe et obligatoire pour nos tenues constitue un danger[158] ». À ce sujet, Martigny écrit, en 1905 :

> Nous subissons, d'autre part, une très active surveillance, de la part du clergé, secondé par le parti conservateur, et la ligue nationaliste (car nous en avons une), et nous avons dû suspendre 2 fois nos tenues, et sommes forcés de nous réunir ici et là, pour dépister les recherches, ce qui rend notre travail très irrégulier et très difficile[159].

Sur cette situation qui devrait autoriser un certain assouplissement, Larose note également :

> Pour notre sécurité, afin d'être sûr de déjouer toute tentative du parti clérical pour nous connaître nous ne conservons aucuns livres de renseignement sur nos frères. Nous ne tenons pas compte des initiations, âges, etc. Toute notre comptabilité se tient sur une feuille de 12 x 18 centimètres que le

F. Trésorier tient dans la voûte d'une banque dont il est également le gardien. Le Secrétaire et le Vénérable seuls ont une copie de noms de tous les membres, sans autres indications que l'adresse. Le Secrétaire et le Vénérable, étant sténographes, ont un système à eux d'écrire ces noms, personne autres qu'eux peuvent les lire[160].

La dispense demandée est d'autant plus facilement accordée qu'elle est prévue par les règlements. Autrement, elle aurait été refusée. Le G.O.D.F. n'ayant jamais consenti de dérogation en faveur de L'Émancipation. L'exemple qui suit le montre assez bien.

Pour éviter de recourir à des délégués qui n'appartiennent pas à la loge, L'Émancipation suggère, en 1900, qu'une indemnité de voyage soit versée par le G.O.D.F. aux membres des loges éloignées. On relève la proposition suivante dans le « Compte rendu des travaux du Grand Orient de France, suprême conseil pour la France et pour les possessions françaises » :

Cette loge [L'Émancipation] propose qu'il soit accordé aux loges d'outre-mer une indemnité équivalente au maximum de celles accordées aux FF∴ de France pour les délégués au convent. Cette question a été présentée à différents convents et a toujours été résolue dans le sens négatif. Les loges visées dans ce vœu payent un impôt de capitulation inférieur à celui payé par les loges de la métropole, et la plupart ont refusé l'augmentation d'impôt. Elles ne peuvent donc avoir les mêmes avantages; elles ont cependant celui de pouvoir se faire représenter par un F∴ de la Métropole. Je conclus au rejet de la proposition. Adopté[161].

Une telle politique ne favorise pas les rapprochements.

Ces choses étant, les maçons montréalais trouvent que Paris ne s'intéresse que médiocrement aux loges de la diaspora. Aussi, le plus illustre des maçons de Montréal, Adelstan Le Moyne de Martigny, est-il chargé d'exprimer les griefs de ses frères. Il écrit à Vadécard une lettre très dure si l'on juge par la réponse de ce dernier qui, seule, nous est parvenue :

Je ne m'attendais pas, de votre part, à des critiques aussi violentes. Les membres du conseil de l'Ordre, qui, en somme, remplissent un mandat entièrement gratuit, et font tout le possible pour être agréable aux At∴ et aux FF∴ de notre Fédération, ne sont guère récompensés de leur effort ! ! ! Il ne leur suffit plus maintenant d'être eux-mêmes fort mécontents de ne pouvoir obtenir, pour les nôtres, toutes les satisfactions qu'ils désireraient, il faut encore que ceux qui, au contraire, devraient leur apporter quelque consolation pour les encourager dans leurs luttes quotidiennes, se livrent entre eux à des appréciations extrêmement désobligeantes. C'est plutôt pénible !

Je veux croire encore que ce n'est pas là le fond de votre pensée et que cette «malheureuse» lettre a été écrite dans un moment de découragement... passager. Si vous ne la regrettez pas, je serai vraiment peiné de vous savoir dans un tel état d'esprit[162].

Même si elle est fondée, la démarche de Martigny témoigne d'un manque certain de réalisme. Au moment où elle est faite, les maçons de L'Émancipation auraient dû, au premier chef, se préoccuper de la survie de la loge puisque l'offensive qui doit l'anéantir est déjà commencée; elle mérite d'être décrite ne serait-ce que pour faire connaître les moyens mis en œuvre et les préoccupations des agresseurs.

Le clergé québécois ne peut admettre la franc-maçonnerie. Mais il adopte, face à elle, une position qui n'est pas globale; elle varie selon les obédiences. Comme il a l'habitude de ménager les puissants, c'est-à-dire les anglophones, il se garde bien de sévir contre la Grand Lodge of Quebec sauf à partir de la fondation, en 1870, de la loge Les Cœurs-Unis qui regroupe des francophones. Par contre, il fait de L'Émancipation l'objet privilégié de sa « sollicitude » à cause des liens qui la rattachent à l'obédience de la rue Cadet et aussi à cause de l'origine ethnique de ses effectifs. Pour lui, le « Contrains-le d'entrer » ne s'applique pas à tous. En 1910, par un raisonnement pour le moins spécieux, Omer Héroux du *Devoir* explique pourquoi le G.O.D.F. n'est pas ménagé comme la Grand Lodge of Quebec :

> Plusieurs des candidats anglais dans la lutte actuelle [élections municipales à Montréal] sont francs-maçons. Nous n'en parlons pas, parce qu'ils n'en font pas cachette, et qu'ils sont maçons comme ils sont protestants ou comme d'autres sont catholiques. Ils ont tort à notre sens d'appartenir à une société secrète; mais ils sont sincères, et cela doit leur valoir l'estime des honnêtes gens[163].

Le gendre de Tardivel, qui ne nous éclaire pas sur sa façon de juger de la sincérité ou de la non-sincérité des uns et des autres, aurait pu se demander pourquoi les maçons de L'Émancipation faisaient mystère de leurs appartenances ! Mais était-ce nécessaire de masquer sa mauvaise foi par quelque prétexte quand on sait que, depuis 1882, les évêques du Québec avaient multiplié les mandements contre la maçonnerie. — Jean-Paul de Lagrave a fait un relevé de ces proses épiscopales[164]. — Et les passions sont encore attisées, à l'époque, par des articles de journaux dont l'agressivité va augmentant ainsi que par des mouvements comme l'A.C.J.C. dont les membres participent aux événements violents racontés plus loin. Car on passera de la parole aux gestes.

Au tout début du XXᵉ siècle, un premier vol avait été commis à la loge Les Cœurs-Unis :

> il y a quelques années, le livre du secrétaire de la Loge française sous l'obédience de la Gde L∴ d'Angleterre fut volé en loge et apporté à l'Archevêque. Trois membres gagnant leur vie avec le clergé, ayant été initiés ce soir-là, ayant nié à l'archevêque d'être F∴ M∴ , ce dernier leur montra leur signature sur une page qu'il avait enlevé du livre du secrétaire[165].

En mars 1904, un maçon est emprisonné :

> En mars dernier, le F. Charlier de notre loge a été condamné à trois mois de prison sur la plainte d'un jésuite pour un prétendu libelle publié dans *Les Débats* de Montréal et ce sont encore les frères qui ont dû s'occuper de sa famille pendant que lui était en prison[166].

En juin suivant, Martigny confie au G.O.D.F. :

> Nous subissons, d'autre part, une très active surveillance, de la part du clergé, secondé par le parti conservateur, et la ligue nationaliste (car nous en avons une) [il s'agit sans doute de l'A.C.J.C.], et nous avons dû suspendre 2 fois nos tenues, et sommes forcés de nous réunir ici et là, pour dépister les recherches, ce qui rend notre travail très irrégulier et très difficile[167].

Mais il ne s'agit là que de répétitions.

Comme le clergé désire voir élire à Montréal un maire et des échevins qui acceptent de collaborer avec lui dans la préparation du congrès eucharistique de septembre 1910, il déclenche une campagne dont le but est de discréditer les candidats indésirables, c'est-à-dire les radicaux et les francs-maçons. Et il réussit à faire élire un conseil municipal « introuvable ». À ce sujet, Marcil écrit :

> L'élection municipale du mois de février dernier a été, pour nous tous, un véritable désastre. Malgré un travail acharné, la fortune, qui, jusqu'aux derniers jours, avait semblé nous être favorable, nous a laissés et nous avons enregistré une défaite épouvantable. Les éléments, contre lesquels nous avions à lutter, étaient formidables; presse vendue au clergé; les prêtres faisant la cabale de porte en porte; l'intimidation, la menace, l'argent, tout fut employé, par nos ennemis, pour nous combattre, et nous avons été vaincus, sur presque toute la ligne, malgré l'enthousiasme et l'ardeur que nous avions supportés dans cette lutte. Ce fut une grande défaite, et, si nous en sommes sortis, un jour amoindris, découragés, nous n'avons que plus confiance en l'avenir[168].

Ainsi, à la veille du congrès, le clergé pourra faire effectuer certains travaux d'embellissement aux frais des contribuables et surtout faire « purifier » la ville. Une enquête sur la moralité, qui avait eu lieu quelques années auparavant, avait conclu que Montréal était une des villes chaudes de l'Amérique et que des mesures s'imposaient.

Dans l'optique de cette étude, le congrès et la prostitution ne sont pas sans rapport. Car la rumeur courut, dans les mois qui précédèrent le congrès, que les francs-maçons de L'Émancipation avaient soudoyé les cochers de Montréal pour qu'ils transportent les membres de l'épiscopat européen débarquant à Montréal, non vers les presbytères et les couvents où ils étaient attendus, mais vers les maisons de prostitution de la rue de Bullion[169]. En outre, une bombe mise au point par les francs-maçons, devait exploser au moment où le cardinal-légat Vanutelli déposerait l'ostensoir sur le reposoir à la cérémonie de clôture au parc Jeanne-Mance. Mais, comme dans l'affaire Sarah Vaughan, le public finit par exiger des preuves. On tenta de lui en fournir.

Au début de 1910, des membres de l'A.C.J.C., soit A.-J. Lemieux et V.-E. Beaupré, président d'une section du mouvement (ils seront bientôt rejoints par C.-A. Millette et les docteurs J.-B. Prince et J. Bourgoin) louent un appartement situé au-dessus de la loge; les locaux de celle-ci sont alors situés dans l'édifice de *La Patrie*, au coin de Sainte-Catherine et de l'Hôtel-de-ville. Ils pratiquent des ouvertures dans le plancher et y placent « des cornets de gramophones munis de stéthoscopes qui permettent de tout entendre clairement, même jusqu'au tic-tac de la pendule de la salle des séances[170] ». Peu après, une lettre anonyme parvient à la loge; elle suggère d'intervenir pendant le congrès eucharistique de façon à le discréditer. Les « chevaliers du plafond », comme les appelle *Le Pays*, sont au poste pour la tenue du 11 février 1910 que Millette suit de son poste d'observation :

> Je déclare que j'étais présent à la tenue de la loge L'Émancipation, le 11 février, lorsque le complot dirigé contre les prêtres et qui devait être mis à exécution lors du congrès eucharistique fut ourdi.
>
> Après quelques minutes de discussion, un membre de la loge se leva et déclara qu'il avait un projet capable de ruiner le congrès eucharistique. Pendant ce temps de fêtes religieuses, disait-il, les collèges et les maisons d'éducation regorgeront de prêtres; il s'agirait d'en attirer un certain nombre, sous de fausses représentations, dans une maison malfamée et de les faire ensuite coffrer en forçant la police à faire une descente dans cet endroit[171].

Et le « membre de la loge » aurait ajouté «que la question avait déjà été mise à l'étude par les FF∴ Larose et Grandchamp, ajoutant qu'on s'assurerait même des services d'un photographe[172] ». Un comité de maçons, constitué de Grandchamp, Beauchemin, Larose et Francq aurait été chargé d'étudier la question[173]. À la tenue du 11 mars, toujours selon Millette, « le F∴ Francq a demandé où on en était avec le complot. On lui a répondu qu'il serait dangereux pour la loge de le mettre à exécution[174].» De son côté, Adelstan Le Moyne de Martigny, lorsqu'il témoignera à l'enquête de l'hôtel-de-ville, décrira ainsi la séance de février :

> Je ne puis appeler cela un complot. Cependant, on a parlé de quelque chose d'analogue à ce que vous dites. On a dit que si on faisait une descente dans les maisons louches pendant le congrès eucharistique, on y pourrait prendre des tas de curés[175].

À un avocat qui lui demande si le projet est sérieux, il répond :

> Mais voyons donc, vous ne l'avez pas cru vous-mêmes. Mais vous savez le Canadien aime à faire des badinages. Deux sujets surtout l'amusent, le prêtre et le policier. Il n'est guère de gens parmi les dévots qui ne blaguent un peu

leur curé au cercle ou quelquefois en famille. Ce soir-là, quand Larose présenta la chose, Francq, qui n'est pas un latin, qui est un étranger, le prit au sérieux. Il s'emballa et fit un discours violent pour s'opposer à ce projet en l'air [...] McEvoy, qui est un violent, fit une sortie tout aussi intempestive et qui parut blesser Francq. Alors moi, j'ai dit quelques mots pour ramener les choses au point[176].

Les deux versions ne concordent que sur un point : la question fut envisagée à la loge et sans doute à la suite de la réception de la lettre anonyme, et même s'il n'est pas fait mention de celle-ci dans les textes cités plus haut. Mais qu'en est-il exactement ? Sans doute les archives de l'A.C.J.C. permettraient-elles de voir clair dans l'affaire si le dossier consacré à la franc-maçonnerie n'avait disparu. Seule demeure l'entrée au catalogue[177]. Une chose est sûre : la loge ne disposait pas de moyens lui permettant d'attirer les membres du clergé, en nombre considérable, dans une maison de prostitution. Et si cela avait été, elle n'aurait pu résister à la violence des représailles catholiques. Les maçons savaient d'expérience qu'ils gagnaient à passer inaperçus. D'ailleurs, dans une lettre confidentielle et par là digne de foi, Marcil écrit au G.O.D.F. : « Je puis vous donner ma parole de franc-maçon que, jamais, nos frères canadiens n'ont pris part à une telle conspiration[178]. » De toute façon, si la question avait été discutée sérieusement, elle aurait été consignée dans le livre d'architecture. Et Lemieux, qui devait s'en emparer, n'aurait sans doute pas manqué d'utiliser le document tant à l'enquête qui devait suivre que dans sa plaquette de dénonciation. Comment aurait-il pu laisser passer semblable aubaine ?

Que penser de cette affaire ? Les membres de l'A.C.J.C. ont voulu tendre un piège aux maçons afin de les discréditer. L'envoi de la lettre anonyme suit de si près la location de l'appartement situé au-dessus de la loge qu'on peut y voir plus qu'une coïncidence. Elle avait pour but d'orienter la discussion dans le sens que l'on sait. Mais elle ne provoqua que les réactions décrites par Martigny. Il serait plus exact de parler d'un complot catholique contre la maçonnerie plutôt que d'un complot maçonnique contre le congrès eucharistique. Les « chevaliers du plafond » restèrent sur leur faim. Mais les répercussions de l'affaire furent si considérables qu'à la fin les victimes en furent les maçons.

Par une lettre anonyme, encore une, Millette met au courant de la « conspiration » le maire de Montréal, Thomas Guerin, un Irlandais catholique, président de l'Association patriotique des Irlandais et intime de Monseigneur Bruchési[179]. Et comme deux employés civiques appartiennent à L'Émancipation, l'inspecteur de police Grandjean et le docteur Louis Laberge, directeur des services de santé, Guerin saute sur l'occasion pour ouvrir une enquête. Le 28 juillet 1910, commence une sorte de chasse aux sorcières qui se poursuivra jusqu'au mois d'août. Plusieurs maçons sont appelés à la barre dont Laberge, Grandchamp, Martigny, Beauchemin, Bleau et Marcil. Ils sont interrogés sur leurs appartenances, voire sur leurs convictions. On leur pose des questions du genre de celles-ci : « Croyez-vous en Dieu ? » ou « Croyez-vous à l'enfer[180] ? » L'enquête devait tourner court en novembre 1910 car, à la suite d'une requête du docteur Marcil qui a évité la prison de justesse, elle est jugée *ultra vires* par la Cour supérieure[181]. Mais cette victoire juridique ne calme pas la population et ne met pas un terme aux interventions publiques. Déjà, depuis septembre, la Commission des écoles catholiques avait entrepris à son tour d'enquêter sur son personnel[182]. Et Lemieux, toujours le même, a pris l'initiative d'une autre affaire qui se déroule en même temps que celle qui vient d'être évoquée.

Le 8 avril 1910, vers 23 h 20, le secrétaire de la loge, le peintre Ludger Larose, qui vient de descendre du tramway, au coin des rues Sherbrooke et Prudhomme — il rentre d'une tenue — est assailli par quatre étudiants du collège Sainte-Marie, A.-J. Lemieux, ses frères Adélard et Aldaï, ainsi que Armand Mongeau. Saisi à la gorge, Larose se voit braquer un revolver entre les deux yeux et se fait dire « de ne pas essayer d'appeler au secours ni de s'enfuir sous peine de se faire brûler la cervelle[183] ». A.-J. Lemieux lui ordonne de lui remettre tout ce qu'il possède, c'est-à-dire 82 $ ou 83 $, un canif, un porte-feuille contenant un chèque de 479,50 $, des billets de concert et de tramway, une grammaire allemande, une enveloppe avec des reçus, sans compter le livre d'architecture et d'autres documents de la loge[184]. Martigny décrit ainsi l'affaire à Vadécard :

> À seule fin de vous renseigner sur notre situation, je vous apprendrai que les cagots ont, l'autre soir, arrêté et dévalisé N∴F∴ secrétaire, à la suite d'une Ten∴ et lui ont enlevé tous ses papiers ainsi que 450 francs entre autres, la liste des membres qu'ils vont sans doute publier. Plusieurs d'entre nous vont sans doute perdre leur gagne-pain du coup[185].

Avant le début de l'enquête de l'hôtel-de-ville, soit le 25 mai, Lemieux publie une brochure qui s'intitule *La loge∴ L'Émancipation*[186] et qui se fonde sur les documents pris à Larose. Que contient-elle ?

La préface se veut menaçante comme la conclusion. On y trouve des affirmations du genre de celle-ci :

> Je tiens à assurer le lecteur que, le jour où l'on m'intentera une poursuite judiciaire, on me fournira l'occasion d'accumuler la plus formidable preuve qui ait jamais été faite à l'appui d'accusations portées contre une secte. Lorsque ces preuves seront fournies, nos francs-maçons ne mentionneront plus l'affaire Léo Taxil[187].

Ou encore :

> Si les membres de L'Émancipation ne trouvent pas ces détails suffisants, je pourrai rendre public le petit complot, monté contre les membres du clergé

(ils comprennent ce que je veux dire), que l'un d'eux imagina pour faire éclater quelque scandale pendant les fêtes du congrès eucharistique. Je démontrerai (si ce n'est pas déjà fait) de quel bois se chauffent nos émancipés[188].

Tandis que le texte de la plaquette résume les tenues des 8 octobre, 12 novembre, 26 novembre, 10 décembre, 24 décembre 1909 et 14 janvier 1910, et décrit les funérailles civiques du docteur P.-S. Côté, le 26 décembre 1909[189]. Lemieux rapporte à sa façon les réflexions et commentaires des maçons sur divers sujets, fait part de leurs projets et ambitions, et en profite pour divulguer le nom des membres de la loge de façon à renseigner le public.

Larose ne connaît pas ses agresseurs. Mais un jour qu'il entre dans une librairie pour faire l'achat de la brochure de Lemieux, il reconnaît ce dernier dans le vendeur[190]. Il le dénonce et, peu après, les membres de la loge, quelques anglophones ainsi que le premier vice-président du G.O.D.F., le F∴ Boulay[191], interviennent pour que le coupable soit mis en accusation. Comme l'écrit Martigny à Vadécard le 26 mai 1910, « si la loge relevait de l'obédience de la Grande loge du Québec, les procédures auraient été immédiatement prises par crainte de la réaction des milieux anglophones[192] ». Finalement, l'enquête aura lieu le 8 août 1910. Et, en attendant son procès, Lemieux entreprend une tournée de conférences sur l'affaire. Des citoyens de Montréal réagissent contre cette façon d'agir et ils vont même jusqu'à faire circuler une requête qui est remise au chef de police de la ville :

> Depuis quelques temps les citoyens de Montréal et des villes environnantes sont les témoins du plus abominable spectacle qui soit. Un jeune homme du nom de A.-J. Lemieux, sous le coup d'une accusation criminelle, raconte au cours d'une série de conférences, comment il parvient à surprendre les délibérations de la loge L'Émancipation et à dévaliser, à l'instar des voleurs de grands chemins, le secrétaire de cette société[193].

Lemieux n'aurait pas fait montre d'une pareille imprudence s'il n'avait disposé de puissants appuis.

Le premier procès, qui débute en septembre, achoppe sur un vice de procédure qui, selon le juge Saint-Pierre, « a été commis de propos délibéré[194] ». Il en est de même du second, à la fin de novembre. Et le troisième, prévu pour le 2 mars, ne commence que le 24 du même mois[195]. L'inculpé, qui a choisi un procès devant jury[196], avoue son méfait tout en niant avoir volé autre chose que les papiers de la loge. Il ajoute que le revolver n'était pas chargé. Ces affirmations sont corroborées par les complices. Puis, la victime entendue, le juge Joseph Lavergne, dans son adresse au jury, outrepasse pratiquement ses prérogatives en tenant des propos qui constituent déjà un jugement contre Lemieux. *Le Devoir*, qui ne peut être suspecté de sympathie à l'endroit de Larose, les résume ainsi :

Sa seigneurie fut très catégorique dans sa charge aux jurés. Il explique que ce n'est pas le procès de L'Émancipation qu'ils auront à juger mais celui de Lemieux accusé d'avoir assailli Larose et de lui avoir enlevé des documents. Or, Lemieux n'avait pas le droit d'en agir ainsi. Notre religion ne nous a pas été imposée à coups de pistolet. Elle nous fut enseignée au contraire avec douceur et mansuétude.

Le juge Lavergne a appuyé M° Walsh au sujet de l'impression que causerait sur les autres peuples un verdict de non-culpabilité dans la présente cause. Nous passerons pour des fanatiques. Sa seigneurie montre qu'on a voulu faire le procès de Larose.

Et cependant celui-ci n'était qu'un témoin de la couronne, et, comme tous les témoins, avait droit à des égards. L'acte de Lemieux est répréhensible car ce n'est permis à personne de prendre le bien d'autrui, ne fût-ce que pour une minute. Lemieux n'avait donc pas le droit de voler les documents qu'il a volés. De plus, l'agression de Lemieux aurait pu avoir des suites très graves. On a vu des personnes, attaquées par surprise, mourir quelques instants après des suites d'une syncope provoquée par l'émotion trop violente.

Le juge a terminé sa charge par ces paroles : « Si vous êtes des honnêtes gens, vous ne pouvez que rendre un verdict de culpabilité[197]. »

Et pourtant, Lemieux est acquitté, comme si, pour les jurés, la religion devait primer la justice. *Le Pays* titre : « On peut être voleur et dévôt. Ce que signifie l'acquittement de Lemieux[198]. » Le même journal s'interroge également sur l'institution du jury : « La question du jury. La justice n'est pas une loterie. Une marionnette dont quelques cabotins tirent les fils[199]. » Quelques semaines avant le procès, Marcil avait confié :

À propos du vol de documents, Lemieux doit comparaître en cours le 2 mars 1911.

Inutile de vous dire que les feuilles cléricales vont encore ressasser leurs vieux thèmes de : sus à la franc-maçonnerie ! et que pour quelques semaines nous aurons à subir des assauts; nos noms seront placardés. On va tenter de soulever la vindicte publique contre nous [...]

S'il existe une justice, comme nous pouvons le croire, nous aurons le grand plaisir de voir notre dénonciateur prendre la route du pénitencier. La gent cléricale va mettre tout en œuvre pour empêcher cette condamnation, essayer de corrompre les jurés, circonvenir le juge, afin de faire mettre en liberté ce voleur de grand chemin, mais nous, de notre côté, nous avons travaillé pour qu'il soit condamné comme il mérite et que justice lui soit rendue.

Car si la Cour d'assises remettait en liberté cet ignoble personnage, la lutte, que nous aurions à soutenir par la suite, serait terrible[200].

Les craintes de Marcil sur le fonctionnement des institutions judiciaires n'étaient que trop fondées. À cause du jugement, les « cléricaux », comme on les appelle, jouissent maintenant d'une sorte d'impunité. Et ils en remercient le ciel. C'est ainsi que le cercle Saint-Paul de l'Alliance nationale de Grand-Mère fait chanter une messe d'action de grâces[201].

Si les initiatives des membres de l'A.C.J.C. sont assez spectaculaires, elles s'inscrivent dans un vaste mouvement d'intolérance qui s'est intensifié dès l'été de 1910. Marcil écrit, le 5 août de cette année-là :

La Franc-Maçonnerie française à l'Or∴ de Montréal traverse en ce moment une période critique et il est difficile de dire jusqu'à quel point nos ennemis vont mener leur campagne de haine et de mensonges. Nous vivons dans une atmosphère de calomnies les plus basses et les plus viles; la population est ameutée contre nous et, par toutes sortes de moyens, on tâche et on s'efforce de susciter contre nous les colères de la foule ignorante et encore sous la crainte du démon. Dans les milieux très catholiques, on soulève les bas instincts de la populace, avec le faux prétexte qu'à une séance tenue le 11 février dernier, la loge L'Émancipation aurait adoptée une résolution tendant à faire conduire les prêtres dans des maisons louches, où ils seraient arrêtés. Ce complot, ourdi par nos adversaires mêmes, est mensonger du commencement à la fin, et, je puis vous donner ma parole de franc-maçon que, jamais, nos frères canadiens n'ont pris part à une telle conspiration. On veut nous anéantir, on veut forcer un chacun de nous à laisser le pays, à se séparer, à se disperser et pour ces gens qui, à leur dire, ne veulent que le bien-être et la sauvegarde de l'Église, tous les moyens sont bons pour arriver à leurs fins et ces individus qui réclament, pour eux, le monopole de l'honnêteté — ne reculent pas devant les mensonges les plus grossiers et les plus vils — pour nous faire perdre l'estime du public. Devant les déclarations qui ont été faites devant la commission d'enquête, présidée par le maire irlandais et catholique; devant le parti pris des commissaires; devant les basses menées de nos rivaux, l'esprit du public est fortement monté contre nous, et j'ai bien peur que la justice ne soit de nouveau prostituée par ces mêmes individus[202].

Dans la même lettre à Vadécard, il raconte qu'on a même voulu l'emprisonner :

[...] on voulait me faire goûter un peu de la prison, et n'eût été un bref d'injonction, émané de la Cour supérieure, ce soir, au lieu de vous écrire bien paisiblement dans mon bureau, je serais au poste de police[203].

Quelques jours plus tard, soit le 9 août, c'est autour de Martigny de se plaindre :

Vous qui avez traversé les jours sombres des fiches, vous pouvez vous faire une idée de notre position, à nous, sous le coup de la terrible vague de persécution cléricale qui passe sur nous en ce moment. Je ne veux pas vous ennuyer de plaintes et de jérémiades[204].

Comme dans les pays totalitaires, les maçons sont étroitement surveillés. La lettre qui suit fournit des détails fort révélateurs sur la situation qui prévaut :

Nous avons toute raison de croire (nous sommes avertis) que nos lettres seront ouvertes au bureau de poste, où fourmillent les agents de l'archevêque. Pour cette raison, nous vous faisons adresser nos lettres des États-Unis et nous vous prions de nous adresser les vôtres de la manière suivante :

M. George OLIVER,
Bank of Montreal
Montréal, Canada

À l'intérieur, une autre enveloppe adressée : *For M. J.-A. Bleau.* Au-dessous, le nom de celui à qui la lettre sera adressée, et à qui Bleau la remettra[205].

Les maçons dénoncés perdent leur emploi :

> Je dois vous dire que nous traversons en ce moment une période de terreur blanche. Les gens les plus inoffensifs soupçonnés de maçonnerie sont jetés sur le pavé, sans pitié. [...] Nous augurons des résultats heureux de cette vague de misères, car ce serait bien le diable que ces gens, ainsi maltraités, ne se révoltent pas contre un aussi révoltant abus d'autorité. Et notez que toutes ces exécutions sont faites par ordre du clergé à la suite de dénonciations anonymes ou de simples soupçons. Mais, en attendant, la situation est plus que déplorable pour un grand nombre de nos FF∴ et pour le lycée, dénoncé du haut de la chaire. C'est ainsi que notre F∴ Langlois a été renvoyé comme directeur du journal *Le Canada*[206].

Bien des citoyens en vue sont accusés d'accointances avec la maçonnerie. On s'adonne même au jeu des conjectures :

> À vrai dire, j'ai fini moi-même par m'intéresser à ce petit jeu de société qui consiste à supputer le nombre probable des frères à Montréal tant parmi les juges, les avocats, les notaires et les fonctionnaires publics, que parmi les journalistes et les marchands. Les opinions sont là-dessus, les plus contradictoires[207].

Il n'est pas de meilleure façon de perdre ses ennemis que de laisser entendre qu'ils ont été initiés ! En outre, les maçons sont l'objet de toutes sortes d'interventions à l'intérieur de leurs familles. Arthur Buies avait dénoncé semblables pratiques dans ses *Lettres sur le Canada*.

À l'époque où sont formulés ces témoignages, la loge est en sommeil depuis quelques mois déjà. Le 30 mai 1910, à la suite de la publication de la brochure de Lemieux, et avant même que celui-ci ne subisse son procès, Marcil écrit au G.O.D.F. :

> Vous ne sauriez croire dans quel état de désolation nous sommes tous plongés à cause de ces événements. La loge L'Émancipation s'est aussitôt mise en sommeil, seules les lumières, composant un comité permanent, en dirigeront les destinées en attendant des jours meilleurs[208].

Un mois plus tard, Martigny n'analyse pas différemment la situation. Dans une lettre à Vadécard, il mentionne que, après les événements du printemps, les membres de la loge qui n'avaient pas donné leur démission,

> dans une réunion appelée en hâte, [...] décidèrent de mettre la L∴ en sommeil, et de confier toutes choses et toute autorité à un comité composé des anciens vénérables, et dit « comité des anciens[209] ».

Et il ajoute que, le 13 juin 1910, il fut décidé de brûler tous les papiers[210]. Il formulera la même affirmation lors de l'enquête de la ville de Montréal. Mis au courant des événements, le secrétaire du G.O.D.F. écrit :

> C'est avec peine que le Conseil de l'ordre a appris que votre Loge avait décidé de suspendre ses travaux. Il ne peut que regretter vivement la disparition d'un atelier qui lui avait maintes fois donné des preuves de dévouement et d'attachement au Grand Orient de France. Espérons des jours meilleurs et formons le vœu que ce sommeil soit de courte durée dans l'intérêt même des idées de tolérance, de liberté et de justice que vous avez toujours si vaillamment défendues.
>
> C'est du fond du cœur que je vous adresse, TT∴ CC∴ FF∴ mon salut fraternel et cordial[211].

Ce témoignage mérite d'être retenu. D'autant plus qu'il clôt l'histoire de la loge. Les « cléricaux » auraient-ils cessé leurs attaques plus tôt, s'ils avaient su leur victoire ? Sans doute pas, car ils désiraient également écraser les membres de la loge.

L'affaire Lemieux, comme les enquêtes de l'hôtel-de-ville et de la commission scolaire, ont porté un rude coup à L'Émancipation. Pourtant, elles ne sauraient être perçues comme les causes uniques de la mise en sommeil de la loge. Dans leur analyse de la situation, Martigny et surtout Marcil n'hésitent pas à signaler que la loge était minée de l'intérieur. En mars 1910, Marcil met le doigt sur sa principale faiblesse :

> [...] les portes du temple se sont ouvertes avec trop de facilité, et, nous avons admis des profanes qui, avec eux, ont apporté du relâchement dans l'observance des règlements[212].

Quelques années plus tard, il aborde de nouveau la question, et de façon plus explicite encore. Vénérable de Force et courage, il affirme sa volonté de ne pas répéter les erreurs commises :

> Si la loge L'Émancipation a cessé d'exister, c'est surtout à ce laissez-aller, à ce dédain de la constitution, au manque de discipline et à l'admission au sein de l'Atelier, d'éléments indignes. J'ai, au cœur, la grande ambition de faire de la loge Force et courage un véritable foyer d'émancipation, un atelier composé de FF∴ sans peur et sans reproche; je veux m'entourer d'hommes sobres, sincères et honnêtes. Je sais qu'avec de telles ambitions le nombre de nos FF∴ sera toujours restreint, mais cela importe peu, si nous avons la qualité.
>
> ....
>
> Parmi les causes : l'apathie — le manque de discipline, la non-observance de la Constitution — la trop grande confiance en notre force — abus de notre autorité, l'arrivisme d'un trop grand nombre; et le jour où la bombe éclate, ce fut la peur avec son hideux cortège — le manque d'énergie de ceux qui se firent d'eux-mêmes, nos chefs, l'affolement des autres. Nous fûmes les auteurs

de notre dégringolade, et, si notre F.·. Fortier, n'avait lui-même demandé un ordre de cours pour faire cesser cette odieuse enquête, je ne sais quel en aurait été le résultat. C'est pour éviter que de tels faits se renouvellent, non seulement dans 10 ans, mais pas même dans 25 ans, que je vous prie...[213]

Marcil porte sur L'Émancipation un jugement dur mais combien lucide, car il explique pourquoi la loge n'a pas mieux résisté aux attaques. Peu importe le cours des événements, elle était irrémédiablement condamnée. C'est pour réformer la maçonnerie du G.O.D.F. à Montréal que Force et courage venait d'être créée.

Fondée par des maçons de la Grand Lodge of Quebec qui veulent s'impliquer dans leur milieu, la loge L'Émancipation entreprend un combat qui vise à l'instauration des libertés fondamentales dans une démocratie dont le fonctionnement est perverti par des impératifs religieux. Comme bien d'autres associations avant elle, la loge compte imposer ses objectifs par la connaissance. C'est pourquoi elle essaie d'étendre l'instruction à toutes les classes de la société par la transformation du système scolaire et aussi par la diffusion des idées qui ont cours dans les pays évolués de l'Occident. À cette fin, elle participe à la fondation de la Ligue de l'enseignement, lance des journaux et revues comme *Les Débats, Le Combat, La Petite Revue*. Et elle crée la bibliothèque publique du cercle Alpha-Oméga.

La loge disparaît après 14 ans d'existence. Les causes de sa mise en sommeil sont multiples. Les effectifs, qui sont restreints, sont constamment menacés. À l'intérieur, par des querelles et un certain laisser-aller; à l'extérieur, par la Grand Lodge of Quebec qui condamne les loges issues d'obédiences rivales et surtout par un catholicisme redoutable qui ne lésine pas sur les moyens. Comment résister indéfiniment aux attaques lorsqu'elles ne se limitent pas à des échanges verbaux et qu'elles s'apparentent à la répression des pays totalitaires. Des carrières sont brisées et des familles acculées à la misère. En outre, si les objectifs proposés à la population sont nobles, ils manquent de réalisme. L'Émancipation les emprunte à une obédience qui œuvre dans un contexte plus évolué que celui du Québec. Une réforme qui, en France, semble s'inscrire dans le cours normal de l'évolution des choses, risque fort, ici, d'être perçue comme une menée révolutionnaire.

La loge L'Émancipation a lancé certaines idées. Cela n'est pas négligeable. Surtout, elle a appris aux fondateurs de Force et courage que, dans le milieu québécois comme ailleurs, tout projet de réforme doit s'appuyer sur les travailleurs plus que sur les bourgeois. L'échec de L'Émancipation commande un virage. Force et courage l'amorcera.

Force
et courage

LA LOGE FORCE ET COURAGE n'a pas été créée après la mise en sommeil de la loge L'Émancipation comme l'un des fondateurs, le docteur Alfred Marcil, l'a affirmé : « C'est au lendemain de la disparition de la Resp∴ loge L'Émancipation que je fondai l'atelier Force et courage[1]. » Car elle a été constituée avant même cette affaire Lemieux, dont les conséquences nous sont connues.

Le 7 décembre 1909, quatre francs-maçons de la loge L'Émancipation, soit le docteur Alfred Marcil, qui a rencontré le grand maître Vadécard l'été précédent, Henri Desmarais, Paul-G. François et Narcisse Grandchamp[2], se réunissent pour constituer un atelier et demander une constitution symbolique au G.O.D.F. Tandis qu'un cinquième, Louis Hamon, qui se trouve en France[3], intervient directement auprès du G.O.D.F. et lui transmet par la même occasion un dossier sur le cléricalisme au Canada[4]. Le 19 janvier suivant, le G.O.D.F. accorde la constitution symbolique demandée, «pour la loge que vous avez formée à l'O∴ de Montréal sous le titre distinctif de Force et courage[5]». Et l'installation a « lieu le 16 mars 1910, avec toute la pompe et le cérémonial requis pour un si grand événement[6] ». Le G.O.D.F. est représenté par Marcil, qui sera l'inspirateur de la loge, par Henri Desmarais et aussi par Louis Hamon. Tandis que siègent à l'orient Adelstan Le Moyne de Martigny et le vénérable de L'Émancipation[7]. Les officiers sont Alfred Marcil, vénérable, Henri Desmarais, premier sur-veillant puis secrétaire, Louis Hamon, deuxième surveillant, Paul-G. François, orateur puis trésorier, Pierre-A. Grenier, grand expert puis garde des sceaux, Honoré Saint-Martin, trésorier, et Narcisse Grandchamp, secrétaire[8]. Tous jurent d'observer « fidèlement la constitution et le règlement général du Grand Orient de France, suprême conseil pour la France et les possessions françaises[9] ». Et les règlements adoptés sont semblables à ceux de toutes les loges de l'obédience[10].

Le contexte socio-religieux ne se prête guère à semblable fondation. L'Église veille toujours. L'Émancipation a été la cible de bien des attaques et l'assaut final se prépare. Marcil est au courant. Avant même l'installation de la loge, soit le 24 janvier 1910, il confie à Vadécard, dans une lettre qui traite de « l'effervescence hystérico-cléricale » :

> On accuse tout le monde de faire partie de la franc-maçonnerie et, dans la fièvre à la poursuite de cet invisible, on pousse la candeur jusqu'à accuser de fervents catholiques de faire partie de cette association[11].

Il ajoute même que, depuis huit jours, toutes les assemblées politiques commencent par ces mots : « À bas les juifs et les francs-maçons[12] ». Mais Marcil et les autres fondateurs sont confiants. Cette fois, ils misent sur la classe ouvrière de même que sur le caractère outrancier des attaques antimaçonniques. À ce sujet, Marcil écrit :

> À force de vouloir ameuter l'opinion contre nous, les cléricaux commencent à paraître très ennuyeux aux ouvriers qui détiennent les votes, et, d'avance, nous sommes assurés, que le 2 février prochain le clergé canadien recevra de la franc-maçonnerie son premier soufflet, et nous le voulons retentissant [...].
> Cette tempête, cette fureur antimaçonnique, a produit ceci de bon; c'est que le peuple canadien s'habitue maintenant à entendre prononcer le mot franc-maçon sans se signer aussitôt, comme autrefois; il devient familier avec le mot[13].

Lors de l'installation de l'atelier, le 16 mars, Marcil revient sur la question sans toutefois faire montre du même optimisme. — Son allocution est reproduite en annexe. — Les élections municipales, qui se sont déroulées entretemps, ont montré que ses espoirs ne sont pas fondés; il les qualifie lui-même de « véritable désastre » :

> De tous côtés — depuis 6 mois — on n'entendait que des cris de haine; que les vociférations de la presse cléricale en délire; des dénonciations se faisaient dans différents milieux; le clergé soulevait contre les francs-maçons — avec plus d'acharnement encore qu'autrefois — les préjugés et les aboiements de son troupeau; partout on assistait à une lutte méchante et sournoise; nos frères maçons, découragés, fatigués, pourchassés dans les journaux, livrés à la vindicte publique; le manque de solidarité, de fraternité maçonnique; la diversité des éléments mis en place pour nous combattre; l'insuccès d'une lutte, engagée sans union, sans une cohésion de nos forces; la crainte, un peu fictive, des biens matériels ruinés, anéantis par nos ennemis; toutes ces choses réunies contribuèrent à placer la franc-maçonnerie dans un état de marasme inquiétant[14].

En somme, les fondateurs de 1910, comme ceux de 1896, se sont fourvoyés dans leur analyse de la situation qui n'a jamais été favorable à la maçonnerie. Et, tout au cours de 1910, elle va se dégradant. À la fin de cette année-là, les maçons n'auraient osé répéter le geste posé le 24 décembre 1909, lors des funérailles du docteur Côté, « mort en libre- penseur » et « trop malade pour être initié[15] », car il avaient alors défilé avec 400 parents et amis :

> Le tout s'est passé dans l'ordre le plus parfait et nous avons défilé sous les yeux d'une population peu habituée, il est vrai, à voir un tel spectacle, mais qui est restée bien paisible, et le fait a paru tellement extraordinaire[16].

La loge se rendra à l'évidence et elle se manifestera désormais par des publications et par des rassemblements destinés à de petits groupes d'élus.

En dépit de tous ces avatars, Marcil demeure optimiste. Certains échecs lui arrachent bien des « paroles de découragement[17] ». Mais il continue d'espérer dans le rôle bienfaisant de l'action :

> J'ai tellement confiance, M∴ T∴ C∴ F∴ au succès de notre cause que c'est un peu cet espoir qui m'a retenu. Je sais fort bien que ce n'est pas nous, les pionniers, qui en retireront les premiers bénéfices, mais qu'importe, il nous faut nous battre, et j'ai la certitude que nous finirons par vaincre. Je ne m'illusionne pas, la tâche est rude et difficile, nous avons de nombreux obstacles à surmonter — il faut arriver à détruire chez nous d'abord nos sentiments d'égoïsme injustifiable, et puis, la peur de quelques-uns; le vulgaire arrivisme de certains autres. Il nous faut surtout nous débarrasser de cet odieux exclusivisme, qui a fait ici au Canada, de la franc-maçonnerie, une sorte de retraite fermée, un club où de rares élus pouvaient entrer. On a trop oublié que, pour être bon et dévoué maçon, il n'était pas nécessaire d'être un pur Canadien et qu'un Juif — un Belge — etc., pouvait lui aussi être utile à la propagation de nos idées[18].

Marcil ne raisonnerait pas de cette façon si, chez lui, la cause ne passait avant l'homme. Telles sont les dispositions d'esprit de celui qui est l'inspirateur de Force et courage et qui, à ce titre, devra lutter contre vents et marées.

À peine fondée, Force et courage fait part à L'Émancipation de sa volonté de fraterniser, par delà les divergences, comme cela se doit entre maçons d'une même obédience :

> Tous nous désirons être liés à vous par les liens de la fraternité la plus sincère et la plus loyale. En vrais maçons, nous souhaitons et voulons le triomphe de la maçonnerie universelle, nous voulons, nous aussi, contribuer de toutes nos forces à bâtir le temple d'une humanité, plus fraternelle, plus heureuse ! Laissant de côté toute animosité et toute rancune personnelle[19].

Sans doute les lumières de L'Émancipation reçoivent-elles l'appel favorablement. Elles ne semblent voir que les préoccupations communes aux deux loges. Bientôt apparaîtra ce qui les sépare vraiment.

Après la mise en sommeil de L'Émancipation, plusieurs maçons de cette loge, qui avaient été initiés dans des loges anglo-saxonnes, songent à se faire admettre à Force et courage. Si, à cause de leurs convictions — ou ils sont croyants ou ils ont conservé une certaine nostalgie de la foi — ils ne se sont pas perçus comme des marginaux à L'Émancipation, ils renoncent pour la plupart à leur projet car ils se retrouveraient à Force et courage parmi des agnostiques et des libres-penseurs militants. Lemieux a précisé les convictions des membres de la loge[20] et ses affirmations sont corroborées par le fils d'un des membres de celle-ci, Marcel Henry[21], de même que par Marcil qui affirme ouvertement sa volonté de « planter sur notre sol, le drapeau de la Libre-Pensée[22] ». Plus loin, Marcil invoque son «titre de libre-penseur et d'athée[23]». Et ces maçons de L'Émancipation ne peuvent sympathiser avec ceux de Force et courage. Aussi, ils demanderont leur admission ou leur réadmission à la Grand Lodge of Quebec, et ils feront preuve d'agressivité à l'endroit de Force et courage. Marcil, qui entretient une correspondance suivie avec le G.O.D.F., confie à Vadécard en 1913 :

> Pendant ces deux années j'ai eu à lutter contre toutes sortes d'obstacles dont les plus pénibles étaient suscités par les anciens frères de la loge l'Émancipation. Une bonne partie de nos frères sont entrés dans les loges anglaises, et, plutôt que de nous aider, ils se sont efforcés de nous ruiner et de déprécier notre œuvre[24].

Marcil avait déjà écrit, à propos de ces transfuges, qu'ils avaient préféré « se donner aux Anglais, se préoccupant peu de la grandeur des principes qu'ils délaissaient, et croyant trouver, au sein des loges anglaises, un semblant de bien-être matériel[25] ». Mais ce mouvement est encore provoqué par des orientations sociales jugées trop radicales.

Dans son allocution pour l'installation de l'atelier, Marcil a surtout énoncé des principes. Il affirme, entre autres :

> Notre but, c'est l'action, ayant pour inspiration le vrai, pour règle, la justice et, pour effet, le bien des hommes. Un vaste champ est ouvert à notre activité, à nous d'y jeter les bonnes semences et de bien surveiller surtout la moisson. Soyons vrais et dans notre conduite et dans nos principes; laissons-nous guider par la stricte raison et par la justice. On a bien plus d'amis qu'on ne croit, quand on parle pour la raison et pour la justice. Il semble qu'il y ait d'un bout du monde à l'autre, une espèce d'entente tacite entre tous ceux que la nature a doués d'un bon cœur et d'un bon esprit. Pour peu qu'un homme, qui expose le vrai, en rencontre un autre qui le comprenne, leurs forces sont décuplées. Instruisons-nous, que tous profitent du travail et de l'observation d'un chacun; développons notre intelligence par la lecture des grands écrivains libres-penseurs; soyons studieux et travailleurs, car ce n'est que par l'étude des grands principes, qui ont amené l'ère glorieuse de la Révolution et le triomphe de la Raison, que nous pourrons réussir à faire comprendre à nos compatriotes que, pour être honnête et bon citoyen, il n'est pas nécessaire d'être sous la férule du clergé[26].

Trois ans plus tard, dans une lettre à Vadécard, il reformule, ou à peu près, les mêmes idées :

> Nous voulons faire de notre atelier un cercle d'études philosophiques, plutôt qu'une antichambre de politiciens, nous voulons nous efforcer de bien connaître le but de la franc-maçonnerie, d'étudier des moyens d'action et surtout la faire mieux connaître et mieux apprécier. Nous voulons nous armer pour la lutte et en sortir victorieux. C'est avec ces idées d'espérance en l'avenir, que je vous écris pour vous demander de bien vouloir continuer à nous aider de vos fraternels conseils et de vos sages avis, de nous enseigner la vraie route à suivre et, surtout, s'il arrive que nous manquions en quoi que ce soit aux règlements, de nous le dire[27].

Un programme aussi général autoriserait bien des interprétations si l'on ne connaissait les préoccupations de Marcil et ses initiatives en faveur du monde ouvrier. Ce n'est pas sans raison qu'il veut situer la loge dans l'est de Montréal[28]. D'ailleurs, les maçons le savent maintenant d'expérience : la réforme de la société ne peut pas venir des membres des professions libérales qui, étant passés par les collèges classiques, n'éprouvent plus d'inquiétudes puisqu'on leur a enseigné une fois pour toutes la Vérité. Plutôt, elle doit venir des ouvriers qui sont plus réceptifs aux idées nouvelles parce qu'ils sont désireux d'améliorer leur sort. C'est ce que l'histoire européenne a enseigné. Aussi, la loge compte des travailleurs dont quelques-uns joueront un rôle dans le développement des unions ouvrières ainsi que des bourgeois qui, comme c'est parfois le cas à l'époque, se sentent obligés de s'impliquer parce que la situation du prolétariat les afflige. Cette orientation sociale, comme les convictions religieuses, ont effrayé les moins avancés des anciens membres de L'Émancipation et mené à l'opposition que l'on sait.

En outre, Marcil n'est pas d'un commerce facile. Le zèle et la bonne foi rendent souvent insupportable. C'est pourquoi, en 1920, les maçons qui ont appartenu à L'Émancipation, à l'exception de Marcil et de Hamon, ont tous quitté la loge. Marcil doit faire ce constat :

> Soutenu par un enthousiasme qui ne s'est pas encore ralenti, j'ai combattu tous les jours, n'ayant en vue que de faire prospérer et grandir l'atelier que je venais de fonder sous vos auspices. Des membres fondateurs, seuls votre Vén∴ F∴ Hamon et moi, nous sommes restés et cependant nous avons continué à jeter la bonne semence[29].

Et il aurait pu ajouter que plusieurs des démissionnaires, par dépit, ne sont pas restés inactifs.

La documentation conservée au G.O.D.F. dans le fonds Force et courage ne permet pas d'établir une liste complète des maçons de la loge ni de dresser un tableau statistique, année par année, des adhésions et des départs. Plus on avance dans le temps, plus elle est fragmentaire. Les renseignements sur tel ou tel maçon sont souvent incomplets. C'est pourquoi les considérations qui suivent ne se fondent pas toujours sur la totalité des maçons retracés.

Le tableau II permet de voir que les foules ne se pressent pas aux portes du temple. Marcil, qui ne veut pas répéter les erreurs qui ont porté préjudice à L'Émancipation, n'effectue pas le recrutement à la légère. Il confie à Vadécard, le 22 décembre 1913 :

> Inutile de vous dire que nous faisons notre recrutement avec toutes les précautions possibles, nous nous entourons du plus grand secret et nous nous efforçons de faire un travail sérieux[30].

L'année suivante, il écrit au même :

> Il est vrai qu'on me fait souvent le reproche d'être trop rigide, trop sévère dans l'application des règlements généraux, mais j'ai, devant les yeux, l'expérience du passé; si la loge L'Émancipation a cessé d'exister, c'est surtout à ce laisser-aller, à ce dédain de la constitution, au manque de discipline et à l'admission au sein de l'atelier d'éléments indignes[31].

C'est ainsi qu'on relève, en 1910, une seule initiation; aucune, les deux années qui suivent; puis, quatre en 1913, trois, en 1914, six en1915, une en 1917. Se produit une recrudescence entre 1919 et 1926; puis le mouvement s'inverse. Tandis que la courbe des affiliations est plutôt erratique. Une seule radiation se produit, soit celle de l'un des fondateurs, Narcisse Grandchamp, qui passe du côté des « persécuteurs » de crainte de perdre son emploi à la police de Montréal :

> J'ai malheureusement la douleur de porter à votre connaissance le cas d'un de nos frères fondateurs, le F∴ Grandchamp qui, par crainte de perdre sa position, s'est conduit en lâche. Je vous ferai parvenir sous peu tout ce qui concerne cet individu[32].

Quant aux 19 maçons démissionnaires, ils expliquent qu'ils veulent quitter Montréal pour fuir la persécution ou encore pour trouver du travail. Ce nombre ne comprend pas les anciens membres de L'Émancipation qui n'acceptent pas les orientations sinon le radicalisme de la loge. En dépit de ces départs, les effectifs de la loge augmentent régulièrement par des affiliations et des initiations. Un certain rythme de croissance se maintient. Sauf que les élus eussent pu être plus nombreux.

Les maçons de la loge sont canadiens en très grande majorité, soit 48 sur 76. Les autres sont français (19), belges (trois), américains (deux). On compte également un Autrichien, un Mauricien, un Italien et un Roumain. Les affiliés ont été initiés à L'Émancipation (22), aux Cœurs-Unis (trois), à La Clémente Amitié cosmopolite de New York (un), à L'Amitié fraternelle de Bourg-en-Bresse (un), à L'Intimité d'Aix-les-Bains (un), à Simplicité et constance de Lyon (un) et à Union et travail de Lens (un). Ceux qui ont

TABLEAU II

Mouvement par année des affiliations, initiations, démissions et radiations

Année	Affiliations	Initiations	Démissions	Radiations	Total
1910	9	1		1	9
1911	2				2
1912	1				1
1913	4	4			8
1914		3	1		2
1915		6	2		4
1916		3			3
1917		1	1		0
1918	1				1
1919	3	6			9
1920		4			4
1921	1	4			5
1922					
1923	1	4	5		0
1924	4	2	3		3
1925		1			1
1926		2			2
1927					
1928					
1929					
1930					
1931		1			1
1932		1			1
1933		1			-1
	26	44	12		54

À ce tableau, il faut ajouter sept autres démissions qu'il est impossible de dater.

été initiés en France ont sans doute émigré au Canada à la recherche d'un travail. Leur démarche n'a rien à voir avec la maçonnerie. Et tous les autres maçons d'origine étrangère ont été initiés au Canada. Comme dans le cas de L'Émancipation, les maçons de Force et courage sont issus de la campagne plus que de la ville (33 contre 13). L'âge moyen des initiés au grade d'apprenti est de 34 ans, ce qui est fort jeune. Les cas extrêmes ont 22 et 62 ans. Quarante-huit maçons atteignent la maîtrise et quatre, le 18e degré, soit celui de Chevalier Rose-Croix. La durée du cursus, d'apprenti à maître, est de 33 mois, ce qui est assez court, selon Oswald Wirth qui fait autorité à Force et courage.

Comme dans le cas de L'Émancipation, la classification des maçons en métiers et professions demeure relative, certains d'entre eux ayant occupé successivement des emplois fort divers. Les regroupements qui suivent éclairent quand même sur la composition et l'orientation sociale de la loge. Elle compte neuf membres des professions libérales (quatre médecins, deux comptables, un avocat, un notaire, un ingénieur), 12 hommes d'affaires (deux industriels, un banquier, un directeur de banque, un président de compagnie aérienne, un importateur, quatre négociants, un bijoutier et un restaurateur), un homme politique (maire, député puis sénateur), quatre journalistes, trois artistes (deux musiciens et un peintre), sept fonctionnaires (deux employés civiques, un directeur de police, deux huissiers, un inspecteur des fruits, un fonctionnaire des douanes), un professeur d'université, deux syndicalistes et 32 gens de métiers (un chef d'atelier à *La Patrie*, un typographe, un photograveur, un publiciste, un sténographe, trois dessinateurs dont un en mécanique, un technicien en mécanique, trois mécaniciens, un charpentier de navires, un métallo (« charpentier en fer »), deux menuisiers, un vendeur, deux commis, deux tailleurs dont un en fourrure, deux bouchers, un cuisinier, deux mouleurs, deux jardiniers, un cordonnier, un chauffeur, un conducteur de tramway, un aviculteur). Cette liste montre que, de L'Émancipation à Force et courage, s'est produit un glissement des professions libérales vers les corps de métiers. Les préoccupations sociales des fondateurs en sont à l'origine. Bien des travailleurs ont pensé que certains membres de la loge désiraient aider la classe sociale à laquelle ils appartenaient. Ils ne se sont pas trompés.

La loge Force et courage a été créée et a fonctionné dans un contexte hostile, à la fois rejetée par la religion catholique et par les loges d'obédience britannique. C'est dire son isolement. Si L'Émancipation avait pu résister aux attaques de 1910, deux loges du G.O.D.F., susceptibles de sympathiser, auraient coexisté à Montréal. Comme ce ne fut pas le cas, Force et courage se retrouve aussi isolée que L'Émancipation l'avait été, avec des problèmes semblables, sans espoir de soutien ni du Canada ni des États-Unis. Et les rapports avec le G.O.D.F. laissent à désirer. De 1911 à 1913, la loge est abandonnée par l'obédience qui ne donne pas suite à ses demandes. Arthur Noël de Tilly, qui est chargé de déplorer la situation auprès du grand maître, s'exécute mais de bien timide façon; il ose à peine émettre l'hypothèse que le courrier a pu être intercepté par le clergé à moins qu'il ne se soit égaré[33] . — Lorsque L'Émancipation s'était trouvée dans une situation semblable, Adelstan de Martigny avait exprimé ses griefs de façon non équivoque. — Les rapports reprendront sans que l'obédience ne se soit expliquée sur son silence.

En outre, la loge ne peut guère faire valoir ses opinions lors des convents. Entre 1911 et 1938, elle n'y est représentée que par Paul-G. François qui s'y rend en 1911[34] et par Louis Hamon qui, de 1918 à 1921, se trouve en France « mobilisé et employé à la reconstruction dans la région dévastée[35] ». Les maçons français qu'elle délègue comme J.-E. Bon,

« membre actif de la loge Renaissance, Or∴ de Paris que plusieurs de nos FF∴ connaissent et estiment[36] », en dépit de leur bonne volonté, connaissent trop mal le contexte québécois pour pouvoir prendre les intérêts de la loge.

Dans une lettre adressée au G.O.D.F. en 1918, le secrétaire de la loge, Fernand Marrié, fait remarquer ce qui suit à propos du petit nombre de chevaliers Rose-Croix montréalais :

> Actuellement, quatre de nos FF∴ sont 18ᵉ et ils le sont parce qu'ils ont pu se rendre à Paris se faire conférer ce grade. Comme la majorité d'entre nous ne pourra jamais aller à Paris, nos moyens pécuniaires ne nous le permettant pas, ce n'est que par exception que nous pourrons avoir d'autres 18ᵉˢ parmi nous. Démocratiquement parlant, nous serait-il permis de trouver quelque peu étrange le fait qu'une question d'argent mette le plus grand nombre d'entre nous dans l'impossibilité de dépasser le 3ᵉ degré ?
>
> Les FF∴ auxquels il est fait allusion plus haut sont les FF∴ Marcil, Hamon, Fortier et Pinsonneault. Ce sont des anciens, ceux-là, et qui sont tout à fait dignes de l'honneur que vous leur avez fait en les recevant R∴ C∴. Mais il en est d'autres à notre humble avis, dont les mérites pourraient être pris en sérieuse considération. Ce sont les FF∴ Grenier, Francq, McAvoy, Dubois, Bourdon et Delville qui ont respectivement à leur crédit, 9, 7, 7, 4, 4, et 4 ans de maîtrise, et dont la conduite et les travaux d'émancipation parmi notre population, entrepris maintes fois au détriment de leurs intérêts personnels, sont dignes de tous les égards. Nous sommes d'autant plus convaincus de l'exactitude de cet avancé que nous travaillons ici, vous ne devez pas l'ignorer, dans des conditions extrêmement difficiles, voire même pénibles quelquefois.
>
> Nous n'avons pas, bien entendu, la sotte prétention de compter beaucoup dans la fédération, mais nous comptons, quoi qu'il arrive, faire toujours et tout notre devoir[37].

Pourquoi cette intervention ? Marrié n'est pas sans connaître l'existence de l'article 90 du Règlement général du G.O.D.F. qui permet à un maçon de se voir conférer le 18ᵉ degré à distance, sans participer à la cérémonie. La loge s'en est prévalu en 1914 en faveur de Fortier et de Pinsonneault qui se l'étaient vu conférer par le chapitre Les Amis bienfaisants et les vrais amis réunis, Vall∴ de Paris[38]. Mais, à travers cette volonté de récompenser des maçons méritants, en perce une autre, soit celle de créer un chapitre qui puisse rompre l'isolement :

> Ne croyez-vous pas qu'il serait possible de créer parmi nous, trois ou quatre R∴ C∴ de façon à nous permettre de fonder un chapitre sans qu'il faille absolument aller à Paris ?
>
> Cela donnerait, nous en sommes persuadés, beaucoup de « stimulant » à notre organisation et ne manquerait pas, pour l'avenir, de produire les plus heureux effets en vue de la propagation de la maçonnerie française au Canada[39].

Peu importent les détours pris, le G.O.D.F., qui ne semble pas comprendre la situation des maçons montréalais, ne donne pas suite à la requête de Marrié, car il se contente de rappeler les dispositions de l'article 90 qui autorisent les exceptions à la règle :

> En réponse à votre pl∴ (datée du 1er février et parvenue au G.O.D.F. le 12 mars), j'ai la faveur de vous informer que, pour la création de chapitres, la loi maç∴ a prévu le cas qui vous occupe.
>
> L'article 90 du Règlement général peut être appliqué en l'espèce ! Vous n'avez qu'à faire vos propositions, pour le 18e degré, dans les conditions prévues par les articles 78 et 79, de les envoyer au Chap∴ Les Amis bienfaisants et les Vrais Amis réunis, Vall∴ de Paris, qui compte dans son sein plusieurs membres de votre loge.
>
> Ainsi saisi, ce chapitre, par application des dispositions de l'article 90, sollicitera du conseil de l'Ordre l'autorisation de conférer le 18e degré, par délégation, aux FF∴ que vous aurez régulièrement proposés.
>
> Puis, dès que vous compterez à Montréal au moins sept Chev∴ R∴ C∴ membres d'une loge et d'un chapitre du G∴ O∴ , vous pourrez réaliser votre projet de création d'un chapitre[40].

Si Marrié n'ose pas revenir à la charge — une seconde démarche serait tout aussi inutile que la première —, il se permet néanmoins de souligner certains inconvénients reliés à la procédure suggérée. Selon lui, l'administration fait preuve de lenteur et les brefs ne sont délivrés qu'après des requêtes du genre de celle-ci :

> Les FF∴ Francq, Bourdon et moi-même n'avons pas encore reçu notre bref de R∴ C∴ bien que nous ayons fait tout ce qu'on nous a demandé pour cela et que nous ayons été avisés de notre réception, par correspondance. S'il y a encore quelques formalités à remplir, qu'on veuille bien nous en aviser. Tout ce que nous demandons, c'est de connaître votre situation exacte dans cette affaire-là, c'est de savoir où nous en sommes. Voilà tout. Nous ne sommes pas, les uns ni les autres, à la recherche d'un titre ou d'une distinction quelconque par vanité ou par snobisme. Notre situation à tous trois nous paraît quelque peu équivoque sous ce rapport et rien ne nous plairait tant que de la tirer au clair définitivement. Ne pensez-vous pas que nous sommes en droit de vous soumettre ces quelques observations[41] ?

Après dix ans d'existence, la loge Force et courage finira par compter sept chevaliers Rose-Croix, sans qu'un chapitre ne soit créé. Elle demeurera seule et unique de son obédience jusqu'à sa mise en sommeil.

Poussée par les mêmes motifs, ou plutôt déplorant toujours la solitude qui est la sienne, la loge décide de formuler d'autres suggestions au G.O.D.F. et de prendre l'initiative d'un mouvement de rapprochement avec la maçonnerie britannique. Peu avant la fin de la guerre, alors que fraternisent, sur les champs de bataille, Français et Anglais, les francs-maçons de Force et courage croient le moment venu d'effectuer un rapprochement entre les obédiences séparées. Le 28 septembre 1917, Fernand Marrié écrit dans ce sens au G.O.D.F. :

Voudriez-vous également aux mêmes conditions, c'est-à-dire contre rem-
boursement, nous procurer, autant que faire se pourra, tous les documents
relatant les tentatives faites en vue de rapprocher la Gde L∴ d'Angleterre du
G∴ O∴ depuis la rupture jusqu'à nos jours. C'est un sujet qui soulève ici
beaucoup d'intérêt et une documentation quelconque nous permettrait de nous
renseigner avec précision sur l'état d'esprit qui a présidé à toutes les tentatives de rapprochement entre les deux puissances maç∴[42].

Un mois plus tard, il fait tenir au G.O.D.F. la résolution suivante :

Nous avons l'honneur de vous informer qu'au cours de sa tenue du 25 cou-
rant, la L∴ Force et courage a adopté le vœu suivant :
« La L∴ émet le vœu
Que le G∴ O∴ de France
Étant donné le lien qui unit actuellement les FF∴ sous l'obédience de la
G∴ L∴ d'Angleterre et du G∴ O∴ de France sur les champs de bataille de
l'Europe.
Exprime l'espoir que tous les efforts seront tentés en vue d'amener un rap-
prochement entre ces deux grandes puissances maçonniques. »
En vous communiquant ce qui précède, nous prenons la liberté de formuler
cet autre vœu; c'est que vous voudrez bien en prendre note[43].

En formulant cette requête, qui se termine par une impertinence, la loge
mise sur le jeu des alliances politiques[44].

Comme le rapprochement suggéré ne se fait pas, Force et courage
décide de prendre des initiatives auprès des loges Les Cœurs-Unis et
Dénéchaud de la Grand Lodge of Quebec. Selon Marrié, celles-ci comptent
alors 350 membres « qui sont tous canadiens-français[45] ». C'est ainsi que,
le 19 octobre 1920, le vénérable des Cœurs-Unis, Mastaï Pagnuelo, est
invité à une tenue. Selon l'usage, il est « reçu sous la voûte d'acier et
salué par une triple et chaleureuse batterie[46] ». Le vénérable de Force et
courage, Alexandre Bourdon, l'accueille ainsi :

Notre tenue revêt un caractère solennel particulier par suite de la présence
parmi nous d'un hôte distingué dans la personne [?] et nous nous rendons
compte que sa visite est un événement exceptionnel dans l'histoire de la [?] à
Montréal, et qu'elle est appelée à avoir une grande répercussion sur la nature
des relations entre [?] de la maçonnerie universelle[47].

Puis il en vient au sujet de ses préoccupations :

Les grands problèmes de l'existence et de l'immortalité de l'âme, affirmés
par le C. de 1847, ont été rejetés par celui de 1877, comme contraires à la
tolérance sans laquelle rien ne saurait subsister. Ces affirmations dogmatiques, bases des religions qui dominent le monde sans le convaincre, après
s'être fourvoyés parmi nous, ont entraîné après elle et ont installée en
maîtresse parmi nous la défiance. Je dirai même la haine. Mais les obédiences étrangères le savent comme nous. Nous n'interdisons pas à un frère
de croire, nous lui demandons seulement de monter encore plus haut dans le

domaine des connaissances humaines pour ne voir que le progrès et le bien-être de l'humanité. Nous lui demandons de travailler avec nous à faire sortir du chaos des anciennes erreurs et à faire rayonner la pure vérité[48].

Suit un éloge des œuvres de la maçonnerie française. Ensuite, Pagnuelo se prononce « en faveur de la reprise des relations frat∴ entre la Grande Loge d'Angleterre et le G∴ O∴ de France ». Et il ajoute

que sa L∴ doit célébrer très prochainement le 50ᵉ anniversaire de sa fondation et qu'il profitera de cette occasion exceptionnelle pour plaider cette reprise des relations devant les dignitaires de la G∴ L∴ de Québec qui assisteront à cette séance[49].

Les deux vénérables sont sincères dans leur volonté de rapprochement, mais ils ne sont pas les maîtres de la situation.

L'année suivante, Charles E. Holmes, un membre de la loge Dénéchaud qui exerce par ses écrits une influence considérable, est également reçu par Force et courage. Marrié décrit ainsi la tenue :

Nous sommes heureux de vous informer que, au cours de notre tenue du 18 courant [janvier 1921], nous avons reçu la visite du F∴ Charles Holmes, de la L∴ Dénéchaud de cette ville. Cette L∴ comme celle des Cœurs-Unis, dépend de la Grande Loge de Québec, laquelle est sous l'obédience de la Grande Loge d'Angleterre. Le F∴ Holmes, dans son At∴ se livre au même travail de « rapprochement » que le F∴ Pagnuelo aux Cœurs-Unis. Tous deux sont actifs, entreprenants et nous attendons beaucoup de leurs efforts combinés.

Dans une très intéressante allocution, le F∴ Holmes nous a rappelé l'historique de sa L∴ qui compte actuellement plus de cent Canadiens français. Il se dit confiant dans le résultat des démarches qu'il a faites et qu'il poursuit en ce moment, conjointement avec le F∴ Pagnuelo, pour nous faire obtenir le « droit de visite » dans les deux LL∴ précitées. Il ne va pas, nous a-t-il dit jusqu'à une reconnaissance officielle, mais il escompte, tout au moins, une approbation tacite.

Comme « entrée en matière », il se pourrait que notre Orat∴ soit l'hôte de la L∴ Dénéchaud lors des prochaines agapes mensuelles de cette dernière[50].

Les francs-maçons de la loge souhaitent bien que s'effectue le rapprochement entre les obédiences. Mais celui-ci ne sera pas possible tant qu'ils maintiendront leur position dogmatique, d'une façon irréductible. À l'époque où s'effectuent les tentatives décrites plus haut, Marrié écrit que l'obligation de croire va à l'encontre de la science moderne. Et il ajoute : « Tout credo est l'immobilisation illicite de la pensée[51]. » D'ailleurs, deux ou trois loges de la diaspora ne pouvaient provoquer entre les obédiences un rapprochement qui ne s'est toujours pas fait et que, de part et d'autre, on ne semble pas souhaiter.

C'est sans doute à la suite de l'échec de toutes ces initiatives que Fernand Marrié formule une proposition pour le moins surprenante en suggérant de favoriser « l'éclosion à Montréal des loges de la G∴ L∴ de F∴

[Grande Loge de France] sous prétexte de transition entre les idées de la G∴ L∴ de Québec et celles du G.O.D.F.[52] ». Fondée en 1895, c'est-à-dire près de 20 ans après la condamnation du G.O.D.F., la Grande Loge de France s'inscrivait dans la tradition déiste de la maçonnerie[53]. — Cette obédience ne devait créer une première loge au Québec qu'en 1983. — Encore une fois, le G.O.D.F. ne semble pas voir le problème qui est à l'origine de la suggestion de Marrié. Il réduit celui-ci à une question de rites :

> Nous comprenons fort bien les raisons qui empêchent nos FF∴ canadiens d'adopter complètement les principes de la Maçonnerie du G∴ O∴, mais favoriser l'éclosion à Montréal d'ateliers de la Grande Loge de France, sous prétexte de transition entre les idées de la Maç∴ anglaise et les nôtres, nous paraît un procédé peu efficace et peu conforme aux intérêts de notre Ordre.
>
> Si le rite écossais doit permettre à nos FF∴ canadiens sans rien changer à leur habitude de se débarrasser peu à peu des préjugés séculaires, point n'est besoin pour eux de s'adresser à la Grande Loge de France, car notre Grand Orient possède le rite écossais, plusieurs de nos ateliers travaillent dans ce rite, d'autres cumulent les deux[54].

En somme, les tentatives de rapprochement effectuées auprès des loges Dénéchaud et Les Cœurs-Unis, comme aussi auprès du G.O.D.F., restent sans lendemain et l'isolement de Force et courage se maintiendra inchangé.

Comme tous les réformateurs, les membres de Force et courage ont compris qu'ils ne peuvent exercer d'influence sur la société s'ils ne disposent des moyens de le faire. C'est pourquoi ils participent à la fondation d'un journal, *Le Pays*, continuent d'animer le cercle Alpha-Omega qui deviendra l'Institut du Canada français puis le cercle Renaissance, et publient des manifestes qui font connaître les objectifs poursuivis. Sauf que, dans un milieu aussi fortement dominé, il ne suffit pas d'exprimer ses idées, il faut également discréditer l'autorité qui les condamne. Tel est le seul recours possible là où le dialogue n'est pas permis. Les membres de L'Émancipation n'avaient pas procédé autrement.

La loge n'est encore qu'un vague projet lorsque *Le Pays* est lancé. Cet hebdomadaire, qui paraît du 15 janvier 1910 au 3 décembre 1921, est fondé par « un groupe important de citoyens de Montréal » et ses collaborateurs sont « des libéraux, mais des libéraux dans le sens le plus exact de ce terme[55] ». Par là, il faut entendre des radicaux qui jugent trop modérée la politique du gouvernement. À partir de 1920, il appartiendra à des francs-maçons de Force et courage. C'est ce qu'affirme Fernand Marrié[56] quoique cette prise de contrôle ne soit pas annoncée dans les pages du journal et ne modifie en rien ses orientations. Au début, la rédaction relève d'une équipe, sans doute animée par Godfroy Langlois (15 janvier 1910 - 6 mai 1916); elle est ensuite confiée à un disciple de Langlois, Roger Valois (6 mai 1916 - 24 mars 1917)[57], puis à une équipe (31 mars

1917), à Omer Chaput (7 avril 1917 - 11 août 1917), à une équipe (18 août 1917 - 11 mai 1918), à Arsène Bessette (8 mai 1918 - 13 septembre 1919) puis encore à une équipe (20 septembre 1919 - 3 décembre 1921). Le prospectus se veut modéré. On y lit, par exemple :

> *Le Pays* sera le porte-parole de tous les vrais libéraux [...]. *Le Pays* défendra la politique de progrès intellectuel et social contre les coalitions d'intérêts et les entreprises des arrivistes.
>
> Il est temps que, dans notre pays, l'on travaille à ouvrir l'esprit de la population aux idées de progrès social, d'indépendance intellectuelle et de démocratie égalitaire.
>
> La tâche, la suprême tâche des libéraux en ce pays doit être d'arriver par la diffusion des idées, par l'action successive des lois, par l'énergie à la lutte du bien social, à une plus grande somme de liberté intellectuelle et de bien-être moral[58].

Il ne s'agit que d'énoncés de principes suffisamment généraux pour ne pas troubler les lecteurs. Et les articles des premiers numéros sont conçus de la même façon. Question de stratégie. Marrié confie à Vadécard :

> Par les premiers numéros qui sont très modérés, il ne faut pas juger de ceux qui suivront. Afin de ne pas trop ameuter l'opinion, nous avons pensé qu'il valait mieux être un peu modéré, afin d'habituer les lecteurs petit à petit, nous réservant de porter les coups un peu plus tard[59].

Le Pays poursuit un combat que l'on connaît, soit celui du développement intellectuel de la société québécoise par l'instruction obligatoire au primaire, par la gratuité des cours et des manuels. Et, ce qui est nouveau par rapport au discours de la Ligue de l'enseignement, il recommande l'uniformisation des manuels et il s'attaque à la formation dispensée dans les collèges classiques[60]. Ce programme, qui est sans cesse reformulé entre 1910 et 1921, avait été exprimé dans un discours de Godfroy Langlois à l'assemblée législative, lequel avait été reproduit sous le titre de « La doctrine libérale », dans le numéro du 26 mars 1910 du *Pays*[61]. Sauf que *Le Pays* ne suit pas Langlois dans son projet de création d'une bibliothèque publique où se retrouveraient toutes les grandes œuvres, indépendamment de leurs orientations. Il préfère s'attaquer à la censure et aussi à la Bibliothèque Saint-Sulpice où elle est rigoureusement appliquée[62]. En politique, *Le Pays* s'en prend aux libéraux déviants et aux castors qui hésitent ou refusent d'appliquer le programme traditionnel du parti libéral. De là, des attaques nombreuses contre *Le Devoir*, *La Vérité* et *L'Action,* qui deviendra *catholique*.

Le Pays est assez mal reçu. Marcil écrit au G.O.D.F. le 24 janvier 1910 :

> Je me fais un devoir et un plaisir de vous faire parvenir, par ce même courrier, les deux premiers numéros du journal *Le Pays*, notre nouvel organe. Sa venue a créé une véritable sensation et toute la meute cléricale est aux abois. De ce temps-ci, la lutte la plus ardente, la plus méchante, la plus vile, la plus vindicative, est faite contre tous les frères canadiens-français[63].

Le Pays ne laisse pas indifférentes non plus les autorités religieuses. C'est pourquoi Monseigneur Bruchési le condamne le 25 septembre 1913, « considérant donc que *Le Pays* est de nature à nuire gravement aux intérêts religieux et à causer un mal réel, surtout au sein de la jeunesse[64] ».

Afin d'attirer des lecteurs, la direction du *Pays*, au moment où elle passe entre les mains de la loge, songe à s'assurer la collaboration de journalistes français. Marrié écrit en ce sens au G.O.D.F. :

> Quelques membres de notre At∴ viennent de prendre la direction et le contrôle exclusifs du journal hebdomadaire *Le Pays*, seul organe « avancé » que nous ayons ici, par comparaison bien entendu, avec le reste de notre presse moyennageuse.
>
> Nous allons utiliser cet organe à la diffusion de nos idées. Pourriez-vous nous aider dans cette tâche ? Tout d'abord, il faudrait trouver parmi nos FF∴ journalistes de Paris, un écrivain « d'avant-garde » qui consente chaque semaine, à nous envoyer une « chronique parisienne » d'environ une colonne et demie au maximum, chronique qui serait d'un intérêt général, mais surtout traitée au point de vue politique et économique, pour contrebalancer les effets de vos journaux cléricaux et réactionnaires qui, seuls, sont reproduits ici par nos journaux de langue française tous sous la férule du clergé.
>
> Il va de soi que ce F∴ serait rétribué par nous à raison de (...) somme que nous le prions de fixer lui-même en nous adressant son premier article.
>
> D'autre part, indépendamment de ce collaborateur en quelque sorte attitré, peut-être pourriez-vous nous en trouver d'occasionnels qui, pour « la cause », nous enverraient des articles et des documents intéressants.
>
> Nous nous ferons toujours un devoir et un plaisir de publier tout ce que le G∴ O∴ voudra bien nous faire parvenir dans l'intérêt de l'Ordre.
>
> Comme nous voulons tirer du *Pays* tout ce qu'il peut donner dans cette propagation de nos idées, nous vous serions obligés de ne pas trop tarder à nous trouver ce correspondant et, d'une matière générale, à nous aider pour faire du *Pays* un journal aussi intéressant que possible.
>
> Vous pourriez m'adresser tout document relatif au *Pays*, y compris les articles de diverses sources qu'il s'agira de publier[65].

La réponse du G.O.D.F. ne se fait pas attendre. Le secrétaire écrit :

> Je me suis empressé de communiquer la teneur au F∴ Marcel Huart, journaliste, membre du Conseil de l'Ordre, qui m'a paru tout particulièrement qualifié pour vous servir de correspondant. Je le prie, s'il lui est possible d'accepter cette tâche, de se mettre directement en rapport avec vous.
>
> D'autre part, le F∴ Hemmer-Schmidt, secrétaire du conseil de l'Ordre, conseiller général de Seine-et-Oise, s'est vivement intéressé à votre entreprise et a immédiatement entamé des démarches en vue d'en favoriser le succès. Il ne manquera pas de vous écrire[66].

La collaboration se limita sans doute à quelques textes consacrés à des écrivains français. Les vérifications sont difficiles à cause de l'utilisation de pseudonymes. Et la réponse du G.O.D.F. ne parvint que quelques mois avant la disparition du *Pays*.

Toujours aux mêmes fins, la loge songe également à doter *Le Pays* d'un feuilleton :

> Nous avons résolu de commencer la publication, en feuilletons de romans à thèse tombés dans le domaine public ou d'ouvrages d'avant-garde d'un ordre plus sérieux aussitôt que nous pourrons nous procurer les ouvrages voulus. Pourriez-vous, à cet égard, nous en expédier quelques-uns que nous pourrions aussi reproduire sans « crainte » d'en être empêchés par la Société des droits d'auteurs. Nous vous en laissons le choix et vous pourrez en débiter le compte de notre At∴. Il va sans dire que nous serions aussi disposés à reproduire tout ouvrage non encore tombé dans le domaine public, à la condition que nous puissions, par votre puissant intermédiaire, obtenir un permis de publier de l'auteur ou de l'éditeur selon le cas[67].

Encore là, l'initiative est trop tardive. D'ailleurs, un feuilleton aurait-il permis d'attirer des lecteurs et de nécessaires abonnements ? Sans doute pas. *Le Pays* est voué à une disparition plus ou moins rapide. Il a été condamné par l'Église comme aussi par toute la presse bien pensante. C'est à peu près cette situation qu'illustre l'un des rédacteurs, Arsène Bessette, quand, dans *Le Débutant*, il décrit la réaction du catholique *L'Intégral* à l'endroit du libéral *Populiste* :

> Le ministre prit sur son secrétaire une petite feuille que lui avait apporté le dernier courrier de Québec, contenant, en première page, un article marqué au crayon rouge, et leur expliqua qu'il s'agissait d'une attaque très violente contre le gouvernement, à cause de son entrée dans le ministère. C'était *L'Intégral*, qui prétendait que l'honorable Vaillant [propriétaire du *Populiste*] faisait partie du groupe avancé, rêvant de démolir nos saintes maisons d'éducation où régnait le Christ, nos collèges donnant une instruction supérieure à celle donnée dans les pays les plus éclairés d'Europe, pour les remplacer par des écoles laïques. L'auteur de cet article citait en même temps un passage de l'un des plus beaux discours du député de Bellemarie, dans lequel il réclamait pour le peuple plus d'instruction, plus de justice et plus de liberté. Un homme qui avait eu l'audace d'employer son talent, incontestable, à répandre de pareilles erreurs, méritait la réprobation publique, au lieu d'être élevé au poste d'aviseur de Sa Majesté[68].

En outre, *Le Pays* met de l'avant un ordre des valeurs qui est inacceptable à ses lecteurs, car il revendique pour les travailleurs alors qu'il est destiné à des bourgeois. Aussi devait-il disparaître le 3 décembre 1921. À partir de cette date, les francs-maçons de Force et courage, les libéraux radicaux et, plus généralement, ceux qui s'accordent avec leur époque, ne peuvent plus diffuser leurs idées dans le grand public. L'univers de la presse est désormais dominé par les seuls journaux bien-pensants.

Si la loge Force et courage diffuse d'abord ses idées par *Le Pays*, elle ne néglige pas non plus les autres moyens qui sont à sa disposition. C'est ainsi qu'elle publie des circulaires. La seule qui nous soit parvenue, la troisième, s'intitule *La Paix mondiale et la franc-maçonnerie. Régime futur de la Turquie et de l'Arménie*[69]. Son auteur, Fernand Marrié, y exprime ses sympathies pour le socialisme. Après avoir évoqué la solidarité des peuples et non des gouvernements « qui s'arrogent le droit de penser, de parler », il écrit :

> Tant que, d'une manière générale, les gouvernements ne seront pas plus représentatifs de la volonté populaire qu'ils le sont aujourd'hui, même en nos républiques, qui demeurent, quoiqu'on dise, des foyers de pestilence ploutocratique; tant que la diplomatie secrète ou mi-secrète ne sera pas radicalement rayée de l'organisation sociale; tant que l'entretien d'une soldatesque mercenaire, ruineuse pour les contrées qui la subissent, aura pour principal objet — avoué ou non — de sauvegarder quelques « gros intérêts » particuliers qui n'ont pas hésité, jusqu'à présent, à mettre leurs fortunes mal acquises bien au-dessus du sang de leurs compatriotes; tant que les dirigeants actuels des nations pourront impunément, s'appuyant sur des textes légaux démodés, imposer à la masse du peuple des mesures tendant à restreindre la liberté individuelle de chacun dans l'intérêt des seigneurs modernes de la féodalité argentière; tant que, enfin, l'internationalisme intégral ne sera pas inculqué dans les jeunes cerveaux des hommes de demain, on ne pourra guère espérer de paix mondiale digne de ce nom[70].

Il s'agit d'un texte qui, destiné à un large auditoire, trahit souvent, à travers l'évocation des événements, en l'occurrence le massacre des Arméniens par les Turcs, les préoccupations humanitaires et socialisantes du G.O.D.F..

À partir de 1920, la loge compte également sur la diffusion de certains ouvrages commandés au G.O.D.F.; ils sont destinés à la bibliothèque de l'Institut du Canada et aussi aux francs-maçons eux-mêmes. Car elle a décidé :

> 1° de donner à chaque nouvel initié « trois » volumes quelconques, mais de nature à développer son sens moral et intellectuel.
> 2° d'en donner « cinq » à tout nouveau comp∴.
> 3° d'en donner « sept » à tout nouveau M∴.[71].

L'auteur de la lettre, Marrié, ajoute :

> Nous croyons que ces dispositions n'ont rien de contraire au règlement gén ∴. et qu'elles contribueront, dans une certaine mesure, à meubler le cerveau des nôtres les mettant ainsi à même de mieux s'armer pour la lutte des idées[72].

C'est encore à l'intention des maçons que la loge s'abonne au *Quotidien*, au *Merle blanc*, au *Crapouillot*, au *Progrès civique*, aux *Cahiers des droits de l'homme*, à la *Revue mondiale*, à *Clarté*, à *L'Humanité*, à *Rappel* et à *Ère nouvelle*. — En 1924, elle annule ses abonnements aux trois dernières publications. — Mais la loge songe également au grand public. Comment expliquer autrement l'achat de 500 exemplaires de *Idées mortes, idées vivantes* d'Albert Bayet[73] ? D'ailleurs, elle diffuse des brochures de propagande émanant de l'obédience :

> Pourriez-vous aussi nous envoyer d'autres brochures de propagande que le contre-catéchisme ? Comme nous avons déjà eu par deux fois un assez grand nombre de cette brochure, nous pensons qu'il serait opportun d'avoir quelque chose de nouveau (nouveau pour ici, bien entendu)[74].

Tels sont les textes sur lesquels la loge fonde ses espoirs.

Quelques maçons font également preuve d'initiatives personnelles en signant de leur nom, ou le plus souvent de pseudonymes, nombre d'articles publiés dans les journaux et les périodiques les plus divers. Les plus prolifiques sont sans doute Fernand Marrié et Gustave Francq dont la carrière sera évoquée plus loin. Le premier se préoccupe de politique internationale, de questions économiques et du statut des ouvriers[75], et le second, des unions ouvrières.

Si *Le Pays* et les autres publications dont il vient d'être question s'adressent aux masses, les esprits plus avancés ne sont pas négligés non plus. Le cercle Alpha-Oméga, fondé le 5 février 1909 par la loge L'Émancipation, poursuit son existence sans que ses orientations soient modifiées. Mais, comme les réunions sont de plus en plus espacées et attirent de moins en moins de membres, se manifeste une volonté de renouvellement. Fernand Marrié, qui est chargé d'étudier la question, rédige un rapport qui est présenté à l'assemblée générale du 2 juin 1912. On y lit ce qui suit :

> Quelques membres du cercle, avec l'appui de quelques amis du dehors, ont constitué une association littéraire et artistique intitulée Institut du Canada. Cette société vient d'obtenir son incorporation par charte municipale délivrée ces jours-ci et ses statuts semblent répondre à l'idéal intellectuel et moral de la plupart d'entre nous.
> Aussi avons-nous pensé que, dans les circonstances, la façon la plus avantageuse de trouver la solution du problème délicat des réformes dont nous avons déjà parlé le 25 février dernier, résidait entièrement dans ces 2 points : 1° Dissolution du cercle Alpha-Oméga. 2° Transfert de l'actif du cercle à l'institut sous conditions que les membres en règle du cercle soient considérés et officiellement reconnus membres en règle de l'institut par les fondateurs dudit institut.
> De la sorte, étant donné le but philanthropique de l'Institut du Canada, nous ne nous écartons nullement de notre ligne de conduite habituelle et nous grossirons les rangs d'une jeune association qui compte déjà, en dehors de notre groupe, de précieuses sympathies[76].

La suggestion de Marrié allait dans le sens des vœux de la majorité des membres présents puisque la résolution suivante est adoptée à la même réunion :

Proposé par Monsieur E.-R. Bouchard

Secondé par Monsieur Nap. Therreault

Que l'actif du cercle Alpha-Oméga, comprenant : une somme de 10,79 $, libre de toute dette, une armoire vitrée, servant de bibliothèque, des livres appartenant à ladite bibliothèque, et quelques articles de bureau,

Ainsi qu'une grande table de bois et six chaises, plus deux cadres, avec portraits de Camille Flammarion et de Francisco Ferrer, soit donné de plein gré, et à l'unanimité des membres présents, à l'Institut du Canada, récemment incorporé par la ville de Montréal, et ce, aux conditions suivantes :

1° Que le don soit agréé par l'Institut du Canada.

2° Que toutes les personnes présentes, membres en règle du cercle Alpha-Oméga, deviennent, par le fait, membres en règle de l'Institut à condition que lesdits membres s'engagent à observer les statuts de l'Institut et à y payer régulièrement leurs contributions.

3° Que l'Institut du Canada soit une société ayant pour but le relèvement moral et l'émancipation intellectuelle et matérielle des Canadiens français.

4° Que l'Institut du Canada s'engage à ne pas donner l'acte ci-dessus lors de la dissolution à d'autre société [?] par le même idéal[77].

Ainsi, cet institut, qui se distingue de l'Institut démocratique canadien de T.-D. Bouchard et Maurice d'Hont, devient dépositaire des biens du cercle. Il poursuivra les mêmes objectifs tout en fonctionnant différemment. Qu'en est-il exactement de cet organisme ?

L'Institut du Canada, une « société littéraire et artistique », a été incorporé à Montréal le 20 mai 1912[78]. Ses objectifs sont définis non dans le Règlement, mais dans un « discours de bienvenue, lu en assemblée générale lors de la réception de nouveaux membres à l'Institut du Canada ». On y relève ce passage :

Notre programme est tout d'étude, de libre discussion et de relèvement moral, en même temps que la mise en pratique des sentiments de la plus étroite solidarité. Et lorsque nous vous avons admis parmi nous, messieurs et chers collègues, nous étions persuadés que vous donneriez à ce programme votre adhésion la plus complète. À vous, maintenant, de nous prouver par des paroles et des actes que nous ne nous sommes pas trompés.

L'application suivie, étudiée et raisonnée de la solidarité humaine, tel est le point culminant de nos aspirations, et nous faisons appel à toute votre conscience d'hommes libres pour nous permettre d'y parvenir au plus tôt[79].

Dirigé par un comité de neuf membres, l'institut est ouvert à « toute personne sans distinction de sexe ». Les candidats, qui doivent remplir une demande d'admission contresignée par deux membres, sont soumis à une enquête menée par le comité de réception, lequel est formé de trois membres. Si l'examen est jugé satisfaisant, « le président invite le candidat à la prochaine réunion obligatoire où a lieu la réception officielle et définitive ». Sinon le comité lui fait subir un « nouvel examen pour s'assurer de sa sincérité, et ne l'admettre définitivement qu'ensuite ». Pendant ces réunions, qui se tiennent le premier et le troisième lundi de chaque mois, sont constitués des comités de discussion qui soumettent des rapports à l'assemblée; et ceux-ci sont discutés en plénière. Contrairement à ce qui se faisait au cercle Alpha-Oméga, tout exposé est banni. En sorte que l'Institut du Canada tente de favoriser le développement intellectuel et moral de ses membres non par l'enseignement, mais par des échanges et le prêt de volumes. Pendant combien de temps l'Institut a-t-il fonctionné ? On ne sait. Chose sûre, il est à son tour remplacé par le cercle Renaissance qui est fondé le 29 décembre 1921.

Quoique les Règlements ne le précisent pas, le cercle Renaissance revient à la formule du cercle Alpha-Oméga, c'est-à-dire au régime des conférences. La seule qui nous soit parvenue porte sur « l'avenir physique des races humaines ». L'auteur, le docteur Alexandre Bourdon, met de l'avant la théorie de l'eugénisme[80]; le G.O.D.F., qui prend connaissance du texte, formule le commentaire suivant :

> Causerie intéressante pouvant servir d'introduction à une étude plus complète de l'eugénisme, mais ne renfermant aucune donnée nouvelle ou peu connue[81].

Le texte de Bourdon, comme les planches et les travaux qui nous sont parvenus, montrent que les maçons ne formulent pas d'idées originales; celles-ci sont empruntées à des travaux publiés en France. Sauf que, dans le contexte québécois, elles semblent nouvelles, voire révolutionnaires.

Comme les sociétés qui l'ont précédé, le cercle Renaissance compte sur les échanges de volumes pour promouvoir ses idées. Fernand Marrié décrit ainsi les moyens mis de l'avant :

> Nous venons de fonder, sous les auspices du cercle Renaissance, une bibliothèque circulante destinée à émanciper les prof∴ de notre entourage. Nous nous adresserons exclusivement, bien entendu, à l'élément canadien-français et nous attendons beaucoup de ce nouveau genre de propagande si nous pouvons disposer un nombre de volumes suffisant. Nous comptons qu'il nous faudra un minimum de 2 000 volumes pour effectuer un travail effectif.
>
> Nous possédons bien déjà quelques centaines de volumes, mais la plupart de ceux-ci sont des ouvrages philosophico-scientifiques à peu près hors de la portée de la mentalité des gens que nous voulons atteindre [...]
>
> P.-S. - Il nous faudrait surtout des romans sociaux, areligieux, scienti-fiques, philosophiques ou anticléricaux dans leur tendance[82].

Si l'on en juge par le catalogue, la demande de Marrié ne trouvera pas tellement d'échos. En sorte que le cercle ne disposera guère que de la bibliothèque de l'Institut qui avait été celle du cercle Alpha-Omega. Au cours des années, elle s'était enrichie d'ouvrages qui ne répondent pas aux vœux formulés par Marrié. Car, pour une large part, elle continue d'être constituée d'essais. Lorsque le cercle aura cessé d'exister, à une date qui ne nous est pas connue, elle sera logée chez un des membres de la loge, Édouard Henry, qui maintiendra un service de prêts. Au dire de son fils, c'était un moyen de susciter des « vocations[83] ».

Telle est brièvement évoquée, faute de documents, l'histoire du cercle Renaissance et de toutes les autres sociétés par lesquelles la loge a tenté de faire passer ses idées dans un public choisi et aussi d'effectuer son recrutement. Tandis que *Le Pays* s'adressait à un public plus vaste.

Il va de soi que la loge ne peut se contenter de mener des croisades, c'est-à-dire de tenter de convertir à ses vues les « infidèles », par le truchement de publications et de sociétés dispensatrices de la « bonne nouvelle ». Elle doit protéger les convictions de ses membres et des sympathisants comme elle doit préparer la relève. C'est pourquoi, même après la disparition de la Ligue de l'enseignement, elle poursuit la lutte pour l'obtention d'un système laïque d'enseignement. À cet égard, on sait le rôle du *Pays*. Surtout, elle maintient, par la générosité de ses membres, ce lycée de jeunes filles sur lequel on ne sait à peu près rien. À son sujet, Marcil fait remarquer en 1910 :

> En agrandissant le champ de notre institution, nous en apprécierons que plus sa valeur; ce sera un puissant stimulant pour nous tous, afin d'unir nos efforts, pour faire grande et prospère, notre institution « Le Lycée de jeunes filles ». C'est une œuvre, que nous devons avoir à cœur de voir prospérer et je connais trop votre dévouement à la cause qui nous est chère, pour ne pas compter sur votre générosité[84].

Le lycée tint le coup pendant combien d'années ? En 1914, la loge est très attentive à la rumeur de fondation d'une « école purement laïque » destinée aux Français et aux Canadiens. Le projet tarde à se réaliser. Cinq ans plus tard, le secrétaire de Force et courage écrit à J.-E. Bon :

> Au cours de l'année 1914, le bruit a couru, au Canada, que le Gouvernement français devait subventionner une école purement laïque à Montréal, école spécialement destinée aux enfants des Français établis dans ce pays. [...] Mais on pense aussi que cette école pourrait recevoir les petits Canadiens, ce qui serait très important au point de vue français. A-t-il été fait quelque chose dans cet ordre d'idées ?

> ....

> Le secrétaire de cette loge dit aussi qu'un profane de ses amis est prêt à faire cadeau du terrain nécessaire à la fondation « d'un établissement éducationnel laïque[85] ».

La loge souhaite-t-elle que cette école laïque remplace un lycée de jeunes filles disparu ou moribond ? On ne saurait le dire. Une chose est sûre; ces initiatives devaient obliger le haut clergé montréalais à réagir en favorisant la fondation d'un collège classique pour jeunes filles; ce sera l'école d'Enseignement supérieur qui deviendra le collège Marguerite-Bourgeoys, en 1926[86]. À l'époque, il préférait diriger celles-ci vers les instituts familiaux où l'accent était mis sur les tâches domestiques.

Pour compléter ce tableau des œuvres de Force et courage, il importe d'aborder l'histoire d'une autre institution qui est moins reliée à la loge que la Ligue de l'enseignement et que le lycée de jeunes filles. Il s'agit de l'Hôpital français. Sans doute, on ne retrouve pas, parmi les fondateurs, de maçons en règle avec la loge — il y en a cependant dans le conseil d'administration —, mais plutôt d'anciens maçons comme François Le Moyne de Martigny et Gonzalve Désaulniers ainsi que des esprits libéraux qui favorisent l'instauration d'une société laïque. Quant à la suggestion de créer cet hôpital, elle est d'abord venue, le 17 février 1901, du journal *Les Débats* qui émane de L'Émancipation. En somme, par le jeu des influences, l'hôpital tire ses origines de la maçonnerie.

Le 6 juin 1919 se réunissent chez le docteur François Le Moyne de Martigny, rue Sherbrooke, le docteur A. Brisset des Nos, Paul Villard, Gonzalve Désaulniers, J.-A. Beaudry et H. Panneton. Ils entendent discuter d'un projet de fondation d'hôpital qui est ainsi décrit dans les minutes du conseil d'administration :

> Cet hôpital serait fondé sur les bases les plus larges et serait essentiellement français, c'est-à-dire que les malades indigents de la colonie française y seraient admis d'urgence et de préférence à toute autre personne. La plus grande tolérance religieuse serait établie en principe, toutes les croyances y étant respectées au même degré. L'hôpital admettrait des malades indigents et autres. Les ressources seraient créées par des souscriptions et des subventions publiques et privées. L'hôpital serait avant tout un hôpital français; le conseil d'administration serait composé en majeure partie de personnes de nationalité française, en règle avec les lois civiles et militaires de leur pays. Le président, l'administrateur général et le secrétaire seraient toujours de nationalité française[87].

Un bureau provisoire est constitué, qui comprend également L.-A. Herdt[88]. À la deuxième réunion, le 22 juillet, une charte, rédigée par Désaulniers et Villard, est soumise au comité. Des pressions exercées par le milieu clérical font qu'elle ne recevra sa sanction qu'en janvier 1920. Les parrains en sont Ernest Choquette et Amédée Monet[89]. L'hôpital, qui est situé dans les locaux de l'ancien hôpital Saint-Denis du docteur Brisset des Nos, pourra recevoir de 10 à 15 malades indigents plus 15 malades solvables, les seconds couvrant les frais des premiers; ainsi, « l'hôpital subviendrait [...] à ses besoins ». De plus, des médecins, spécialistes et chirurgiens, offrent leurs services à titre gratuit[90]. Mais encore faut-il trouver de quoi défrayer le coût du réaménagement qui s'élève à 1 145 $[91].

Plusieurs des personnes approchées refusent de souscrire sous prétexte qu'il s'agit d'un hôpital français, c'est-à-dire laïque. On relève dans le procès-verbal du 12 août 1919 :

> M. Beaudry fait remarquer que plusieurs Canadiens qui souscriraient volontiers comme gouverneurs à vie de l'hôpital hésitent à le faire pensant à tort que le futur hôpital serait essentiellement un hôpital laïque où les malades ne pourront avoir aucun secours religieux. M. Seurot fait remarquer qu'en effet certaines personnes semblent être effrayées du nom même de l'hôpital qui, pour elles, est synonyme d'opposition à tout ce qui peut revêtir un caractère religieux[92].

D'où les précisions qui suivent :

> Après une discussion générale, il est absolument décidé par tous les membres présents que l'Hôpital français doit être ouvert à tous sans distinction de croyances; qu'il doit être impartial et assurer à tous ceux qui le désirent les secours de la religion qu'ils professent; les visites des prêtres, pasteurs, rabbins ou autres représentants des diverses religions étant parfaitement libres et laissées aux désirs des malades ou de leurs familles. L'idée présidant à l'organisation de cet hôpital, suivant en cela l'exemple français et celui des grands hôpitaux de Montréal, tels que le General Hospital et le Royal Victoria, est de ne placer cette institution sous l'égide d'aucune religion, quelle qu'elle soit, mais d'en assurer l'impartialité la plus grande[93].

Il est également décidé que deux des membres du comité, soit Brisset et Vennat, « iront faire ensemble une visite à Mgr Bruchési, archevêque de Montréal, pour lui expliquer le but de l'hôpital et l'idée de libéralité et de générosité qui doit présider à ses destinées[94] ». Brisset et Vennat demanderont également à l'archevêque « de désigner un prêtre de son diocèse, de préférence M. l'abbé Richard, ancien aumônier militaire français, qui pourrait être appelé à l'hôpital pour les visites qui pourraient être nécessaires[95] ». Plus tard, le comité devait encore inviter Mgr Bruchési à l'ouverture de l'hôpital[96]. Peine perdue, le prélat ne saurait être séduit par « l'idée de libéralité[97] » qui a présidé à la fondation de l'hôpital. En dépit de l'attitude de Mgr Bruchési et de certains journaux comme *Le Canada*[98], l'Hôpital français ouvre quand même ses portes le 4 septembre 1919.

Même si l'institution est soutenue par des particuliers français et québécois comme Arthur Bonneville, J.-D. Richard, Napoléon Désautels, C.-P. Beaubien, J.-E. Fontaine et Joseph Fortier, ainsi que par des associations françaises comme la Société des Alsaciens-Lorrains, la Société des Vétérans et la Mutuelle française, les ressources financières sont insuffisantes. Des concerts bénéfices sont vainement organisés. C'est pourquoi, le 10 mars 1921, le comité décide de ne plus accepter que cinq indigents au lieu des 10 ou 15 prévus[99]. Et on pense bientôt à corriger la situation financière en confiant la direction de l'hôpital à une communauté religieuse :

> Le docteur de Martigny est autorisé à faire des démarches officielles auprès d'une communauté religieuse dans le but de conférer avec ces dames sur la possibilité de leur confier la direction matérielle de l'hôpital[100].

Le projet ne se concrétisera pas avant que ne soient à nouveau évoqués, lors de l'assemblée du 7 janvier 1926, les motifs justifiant la venue des religieuses. C'est, comme il est écrit dans le procès-verbal,

> 1° parce que beaucoup de malades le réclament,
> 2° parce que la discipline sera plus sévère,
> 3° parce que la tenue de l'hôpital et la régie interne bénéficieront de l'esprit d'ordre et d'économie des Dames religieuses[101].

N'était sans doute pas étrangère à cette nouvelle orientation l'évolution religieuse de François Le Moyne de Martigny comme aussi le rôle de l'aumônier catholique auquel s'était adjoint un autre sulpicien, Étienne Blanchard, qui s'est surtout fait connaître par ses travaux sur la langue française. Leur action à eux deux s'était fait sentir très tôt. Ne relève-t-on pas, dans le procès-verbal du 17 mars 1923, que « l'absolue direction spirituelle était depuis toujours censurée par les Révérends Messieurs Richard et Blanchard, Sulpiciens de la paroisse Saint-Jacques ». Les Dominicaines sont d'abord approchées par l'intermédiaire, ironie du sort, d'un célèbre pourfendeur de maçons, le dominicain Thomas-Cyrille Couët, auteur de *Bas les masques. Étude anti-maçonnique*[102].

Finalement, les religieuses de Saint-François-d'Assise consentent « à prendre la direction de l'Hôpital français » qui devient l'hôpital français Sainte-Jeanne-d'Arc, du nom du couvent de Vallée-Jonction d'où proviennent les religieuses[103]. Il deviendra l'hôpital Sainte-Jeanne-d'Arc le 5 mars 1928. Et une autre communauté en prendra la charge. C'est ainsi que se termine l'histoire laïque de cet hôpital.

Après cette date, la loge *Force et courage* ou encore des membres de celle-ci ont-ils créé d'autres journaux ou des institutions du genre du lycée et de l'Hôpital français ? Nul document ne permet de le supposer.

La loge, dont les membres sont animés de préoccupations sociales, va tenter d'exercer son influence sur le monde ouvrier. — C'est toute la question des origines du syndicalisme québécois qu'il faudrait aborder ici. — Et elle le fait, non par des actions qui l'engagent en tant que corps, mais plutôt par le truchement de certains de ses membres comme Fernand Marrié, Édouard Henry et Gustave Francq.

Au moment de la fondation de *Force et courage*, en 1910, « s'enracinaient les quatre principaux courants qui marqueront, par la suite, l'histoire du mouvement syndical au Québec[104] ». Deux de ceux-là rejoignent les idéaux des membres de la loge. Il s'agit du courant américain «qui, à partir de

1902, domine le Congrès des métiers et du travail du Canada (CMTC) après en avoir expulsé les tenants d'un syndicalisme canadien autonome, sous la pression de l'American Federation of Labor (AFL)[105]. L'auteur de l'*Histoire du mouvement ouvrier* précise :

> Au Québec, ce courant s'incarne surtout dans le Conseil des métiers et du travail de Montréal (CMTM), qui regroupe plus des trois quarts des adhérents des unions internationales[106].

Tandis que l'autre, qui est le courant national canadien, tente de contrer l'influence américaine. En 1902, il est à l'origine du Congrès national des métiers et du travail du Canada (CNMTC) « qui deviendra, en 1908, la Fédération canadienne du Travail (FCT) et, en 1927, le Congrès pancanadien du Travail, en fusionnant avec la Fraternité des cheminots, elle-même exclue du CMTC[107] ». Nos francs-maçons adhèrent à laquelle de ces deux tendances ? Si les carrières de Henry et de Marrié n'ont pas été étudiées, celle de Francq a fait l'objet de plusieurs travaux susceptibles de nous éclairer.

Bruxellois d'origine, Gustave Francq[108] a étudié au collège Saint-Philippe de Tournai. Il débarque au Canada en 1887, à l'âge de seize ans. Trois ans plus tard, après avoir appris à Québec le métier de typographe, il va l'exercer à Montréal, à *La Presse*, à *La Patrie* et au *Canada*. Son adhésion à l'Union des typographes (local 145) marque le début de son action syndicale. Après un séjour à Lowell puis à Bruxelles, il revient à Montréal en 1900 et il fonde la Mercantile Press qui devient la Mercantile Printing. En 1904, il participe à la réorganisation du parti ouvrier du Québec. Il y occupe le poste de secrétaire. Il lance en 1906 un journal éphémère, *Vox populi*, qui est l'organe du CMTM et, deux ans plus tard, *L'Ouvrier*, qui se porte à la défense du parti ouvrier aux élections provinciales dans Hochelaga (1908). Il est élu en 1909 à la présidence du Conseil des métiers et du travail de Montréal. En 1916, il fonde *Le Monde ouvrier,* dont il assume la direction. Cette publication, qui devient l'organe des unions internationales, du CMTM et du parti ouvrier, se préoccupe surtout du bien-être de la population et de la santé, du salaire minimum et du coût de la vie, des conditions de travail et des accidents industriels, du statut de la femme et de la prostitution, de l'école obligatoire et de la gratuité des manuels scolaires, des cours pour les adultes et des bibliothèques publiques. — *Le Monde ouvrier* exprime bien les préoccupations qui sont celles de la loge et du G.O.D.F. — En 1917, Francq est exclus de l'Union des typographes pour s'être prononcé en faveur de la conscription. La même année, il songe à fonder un parti socialiste du type du parti travailliste britannique. En 1919, il publie *Bolchévisme ou syndicalisme, lequel ?* et il fait partie de la délégation canadienne à la Conférence internationale du travail de

Berne. Directeur de la Commission du salaire minimum des femmes en 1925, puis président de la Commission du salaire minimum en 1940, il meurt en 1952. Du fait de ses origines étrangères qui l'avaient poussé à se prononcer pour la conscription, et aussi à cause des orientations du G.O.D.F., il a préféré les syndicats internationaux aux nationaux.

Perçu comme un libéral par les uns et comme un socialiste par les autres, Gustave Francq a d'abord été un démocrate. La cité idéale, à laquelle il rêve, se fonde sur un dialogue harmonieux entre le capital et le travail. Et cela, grâce au rôle temporisateur des unions ouvrières et de partis semblables au parti socialiste britannique. Il écrit :

> Le but du mouvement syndical, c'est de faciliter un rapprochement entre le capital et le travail et de faire cesser, autant que faire se peut, l'antagonisme qui, malheureusement, existe encore trop souvent entre ces deux groupes importants de l'activité industrielle[109].

C'est pourquoi, au Canada comme dans toutes les autres démocraties, la révolution n'a pas sa raison d'être. Dans le bolchévisme, il ne voit que le résultat « d'un système qui trop longtemps a enrichi le petit nombre et appauvri le grand nombre[110] ». D'ailleurs, il redoute la dictature du prolétariat, car celui-ci est « d'autant plus dangereux qu'il est ignorant, d'autant plus cruel qu'il n'a jamais connu autre chose que la violence[111] ». Chez Francq, ce contrat social, qui se double d'une profession de foi dans la connaissance, tire son origine de son expérience personnelle auprès des travailleurs, de l'enseignement de la révolution russe dont il a rapidement vu les excès et les carences, de ses appartenances syndicales comme aussi d'une maçonnerie, celle du G.O.D.F., qui a pensé concilier le social et le politique par la fondation du parti socialiste. Par ses positions, Francq montre bien que l'idéal social de *Force et courage* se confond avec celui du CMTC. À tel point qu'on ne saurait préciser par quoi il fut d'abord marqué si l'on ne savait que les débuts de son action syndicale sont antérieurs à son initiation. Marrié raisonne de la même façon. Et sans doute aussi Henry. On conçoit mal que celui-ci ait pu appartenir à la même loge que les précédents tout en se réclamant d'un autre idéal.

Si la loge se sent isolée et privée de toute influence à l'extérieur comme à l'intérieur, elle tient quand même à ce que le G.O.D.F. reconnaisse ses efforts, ne serait-ce qu'en honorant ses membres les plus méritants. C'est pourquoi elle réclame pour eux le grade de Rose-Croix. La première requête, en faveur de Hamon, est formulée dès le 8 novembre 1910[112]. En 1918, Marcel Hamon, Joseph Fortier et Lucien-Henri Pinsonneault sont admis[113]. En 1919, elle intervient en faveur de Gustave Francq, Alexandre Bourdon et Fernand Marrié :

Nous croyons devoir vous informer par le même courrier, que nous adressons au chap∴ *Les Amis bienfaisants et les vrais amis réunis* une demande officielle d'admission pour les FF∴ dont les noms suivent : Gustave Francq, Alexandre Bourdon, Fernand Marrié. Cette demande est accompagnée de toutes les pièces justificatives ainsi que des métaux nécessaires. Dans ces conditions nous supposons qu'on ne devrait apporter aucun retard à la réalisation de notre demande. Aussi, toute démarche de votre part tendant à accélérer l'octroi de nos brefs sera, croyez-le bien, grandement appréciée par tous les membres de la L∴ Force et courage[114].

On peut penser que la demande a été agréée. Mais aucun document ne permet de l'affirmer. Et nul chapitre n'a été créé.

Ou encore, considérant que le G.O.D.F. et la Troisième République ont partie liée, la loge réclame la Légion d'honneur pour certains des siens. Les noms de Adelstan Le Moyne de Martigny et de Godfroy Langlois, qui attend depuis plusieurs années, sont mis de l'avant le 30 mai 1910[115]. Nouvelle requête le 21 juillet 1910. Cette fois s'ajoute aux précédents le nom de Ledermann du consulat de France à Montréal[116].

Les interventions ont parfois un autre but qui procède de la même perception des rapports existant entre le G.O.D.F. et la Troisième République. Si la Légion d'honneur équivaut à une sorte de reconnaissance officielle, elle ne devrait pas être décernée aux ennemis de la France et du G.O.D.F. Dans les cas douteux, la loge aimerait être consultée. Dans une longue lettre adressée au grand maître, Marrié expose son point de vue :

Il a été porté à notre connaissance que le F∴ Henri Grivel, ch∴ R∴ C∴ de Paris, se multiplie, depuis quelque temps pour faire obtenir la croix de la légion d'honneur à MM. F. de Martigny, G. Désaulniers, Villars et Brisset des Nos, tous habitant Montréal. Les deux premiers maç∴ , partant, peuvent et doivent être considérés comme des « hors-la-loi ». Quant aux deux autres individus, dont les tendances n'ont rien de maç∴ , ce sont deux prof∴ qui ne méritent certainement pas que le G∴ O∴ comme corps, ou un maç∴, à titre individuel, s'occupent d'eux sous le prétexte de leur faire conférer une distinction honorifique quelconque.

Il est pour le moins « étrange », pour ne pas dire plus, que le F∴ Grivel déploie autant de zèle en faveur de ces individus sans avoir, au préalable, pris ses renseignements à la « seule source » où il aurait pu les puiser avec certitude, c'est-à-dire notre At∴ Il est inadmissible, en effet, qu'on puisse « nous ignorer » en pareille circonstance, car nous demeurons, au moins jusqu'à nouvel ordre, les seuls représentante du G∴ O∴ au Canada. Le F∴ Grivel sait cela, sans aucun doute. Alors, d'où vient qu'il met ses bons offices à la disposition de gens que nous connaissons bien mieux que lui et sur lesquels nous aurions été très heureux de lui fournir tous les renseignements voulus[117].

L'année suivante, c'est au tour de Marcil de revenir à la charge :

Pendant des années, nous avons multiplié nos pas et démarches, afin d'obtenir pour deux de nos frères, cette décoration qu'ils méritent à plus d'un titre.

Jamais nous n'avons pu réussir, et, aujourd'hui, des individus que nous avons chassés de nos temples comme individus, obtiendront par l'influence maçonnique, par le travail d'un frère, cette croix qu'ils ne méritent pas et qu'ils n'auront obtenue que par le mensonge et l'achat d'une conscience[118].

Quelques mois plus tard, il écrit encore :

Un franc-maçon [Grivel] a-t-il le droit de dévouer son énergie et son influence en faveur des ex-frères, expulsés de la franc-maçonnerie ou de profanes, ennemis déclarés de nos idées ? Peut-il le faire sans déroger à l'honneur et à la discipline maçonnique[119] ?

Au fait, que reproche-t-on à ces quatre personnages qui continuent à souscrire à l'idéal de la laïcité ? Ne viennent-ils pas de fonder l'Hôpital français ?

Après cette prise de position, Marcil explique pourquoi il s'oppose aux candidatures de François Le Moyne de Martigny, de Gonzalve Désaulniers, de Paul Villard et de Brisset des Nos. Sur le premier, il écrit :

Le premier sur la liste est l'ex-frère François de Martigny, ancien membre de la Resp∴ loge L'Émancipation, et rayé des listes de l'atelier, en 1904, pour défaut de paiement. C'est cet individu, qui fut cause, que notre Vén. F∴ Adelstan de Martigny — son frère — alors qu'il était à l'article de la mort — terrassé par la paralysie — fut assisté par un prêtre pour pouvoir faire croire à tous qu'il s'était converti. C'est pour cet homme indigne qui, lorsqu'il était commandant de l'hôpital Saint-Cloud, obligeait ses officiers à assister à la messe le dimanche; c'est à ce triste sire qui, obligé de laisser Paris dans les 24 heures, après avoir comparu devant une cour martiale, où il fut condamné, laissa derrière lui une malheureuse fille, qu'il avait mise enceinte — sans aucune ressource et dans le plus profond abandon; c'est pour un tel individu que le F∴ Grivel, si dévoué et qu'il réclame la légion d'honneur — et cela connaissant la plupart des faits que je vous soumets. Il est vrai, que notre F∴ Grivel a envers Martigny, la reconnaissance du ventre, car, pendant que vous vous serriez la ceinture d'un cran, lui, Grivel faisait bonne chaire, aux dépens de l'hôpital Saint-Cloud, sur les victuailles, que lui faisaient parvenir son ami, qui appartenaient cependant à nos malheureux blessés[120].

Les griefs formulés à l'endroit de Désaulniers sont d'un autre ordre :

Le deuxième s'appelle Gonzalve Désaulniers. Ce dernier a appartenu à la loge L'Émancipation jusqu'à sa mise en sommeil. Lors des événements qui se sont déroulés en 1910, événements tragiques s'il en fut et auxquels nous vous avons fidèlement tenus au courant, l'ex-frère Désaulniers, tout en criant bien fort qu'il n'avait jamais appartenu à la franc-maçonnerie, qu'il avait élevé ses enfants dans la religion catholique, s'empara avant de partir, du tronc de la veuve, sans y avoir été autorisé[121].

Les deux autres personnages dénoncés n'ont jamais appartenu à la maçonnerie. Voici ce que Marcil en dit :

Le troisième porte le nom de Villard; c'est un ministre protestant français, de la secte des méthodistes. Ennemi juré de tout ce qui porte un nom canadien-français, stipendié par les Anglais pour détruire l'influence française au Canada, directeur d'un établissement scolaire où le français ne s'enseigne pas, mais en est même banni. Il n'a de français que le nom et, si cela ne lui rapportait pas, il s'empresserait de le changer.

....

Le quatrième s'appelle Brisset des Nos; lui a comme spécialité de bâtir, à ses frais, des usines à miracle, des églises où l'on vénère les viscères de la divinité[122].

Que penser de ces dénonciations formulées par un homme honnête, mais que la situation exaspère ? Car il existe sur cette question des honneurs et des décorations, un contentieux qui remonte à l'époque de L'Émancipation.

Tout en continuant de croire et de favoriser les idéaux de la maçonnerie — on sait son rôle dans la fondation de l'Hôpital français —, Le Moyne de Martigny avait quitté la loge L'Émancipation pour des raisons qui ne nous sont pas parvenues. À cause des dissensions et des disputes dont elle fut le théâtre ? Sans doute pas. Plus probablement parce qu'il avait renoué avec le catholicisme au point qu'il avait fait en sorte que son frère Adelstan, qui était la gloire de la maçonnerie montréalaise — il avait été admis au 30e degré —, reçoive les derniers sacrements sur son lit de mort. Cette intervention lui avait sans doute valu de solides inimitiés et avait peut-être provoqué la démarche de Marcil. Quant aux allégations qui ont trait au séjour dans la région de Paris durant la première guerre mondiale, elles ne sont pas vérifiables faute de documents. A-t-il fait des dons de vivres à des amis, a-t-il trafiqué comme c'est souvent l'habitude en temps de guerre ? En outre, a-t-il abandonné une jeune femme enceinte ? Cela est possible, mais on ne saurait le vérifier. Et à quoi tient cette condamnation par une cour martiale qui l'aurait obligé à s'enfuir ? Il est dommage que Marcil se soit contenté de formuler des accusations sans apporter de preuves. Une chose est sûre : si De Martigny laissa l'hôpital de Saint-Cloud, ce ne fut pas pour s'enfuir de la France, comme un déserteur, mais parce qu'il avait été muté à l'hôpital de Compiègne. Et l'on imagine assez mal qu'il ait été décoré par la France peu d'années après avoir été condamné en cour martiale, comme le soutient Marcil.

Désaulniers est mal perçu par les membres de la loge qui lui reprochent d'agir en poltron en ne ratant aucune occasion de renier ses anciennes appartenances maçonniques. Marcil a bien décrit son comportement dans la lettre citée plus haut. On sait d'une autre source que, contraint de défiler avec les membres de L'Émancipation lors des funérailles civiques du docteur P.-S. Côté, le 24 décembre 1909, il avait profité de la première occasion, soit le passage d'un tramway, pour s'esquiver[123]. En outre, Marcil accuse le futur juge de la Cour supérieure d'avoir volé le « tronc de la veuve », c'est-à-dire les oboles qu'à la fin de chaque tenue, les maçons versent pour les bonnes œuvres de la loge. Marcil ne signalerait pas l'affaire s'il n'en était sûr; d'ailleurs, elle avait été rapportée au G.O.D.F. Les accusations portées contre les deux autres ne relèvent pas du même ordre; elles ne portent pas atteinte à leur intégrité. Villard est accusé d'être anti-Canadien français et Brisset des Nos, de construire des églises. — La famille Brisset des Nos avait favorisé l'installation à Montréal des Pères du Saint-Sacrement. — Mais, pour Marcil, comme pour les maçons de la loge, la France ne devrait honorer que ceux qui favorisent sa langue, sa culture et les idéaux laïques qui sont le fondement de la république. En somme, la France ne devrait retenir, parmi les candidats aux honneurs, que ceux qui sont dignes d'être initiés ! De plus, ce n'est sans doute pas un hasard si les quatre personnages mis en cause comptent justement parmi les fondateurs de l'Hôpital français. Dans cette affaire, les francs-maçons se sont senti lésés car ils avaient été les instigateurs de ce projet qui leur avait échappé.

En dépit des propos de Marcil sur les quatre personnages qui précèdent, le G.O.D.F. ne donne pas satisfaction à la loge. Et cela, sous prétexte que Grivel n'est pas intervenu en tant que franc-maçon :

> Nous avons la faveur de vous informer que, dans sa dernière réunion, le Conseil de l'Ordre a eu connaissance de vos pl∴ du 31 janvier et du 1ᵉʳ février (reçues le 19 et le 20 février), concernant les démarches faites par le F∴ Grivel en vue de faire accorder des distinctions honorifiques à un certain nombre de vos compatriotes, maçons ou profanes.
> Le F∴ Grivel, entendu, a reconnu avoir fait des démarches en faveur des Canadiens qui lui paraissaient, par les services rendus, dignes des distinctions qu'il avait sollicitées pour eux.
> Il affirme, énergiquement que ses démarches ont été faites au titre profane, qu'il n'a pas demandé l'intervention de la Maçonnerie (aucune sollicitation dans ce sens n'est, en effet, parvenue au Grand Orient), et qu'en les faisant, il n'a même pas excipé de sa qualité de maçon.
> Dans ces conditions, le Conseil n'a pu que prendre acte des déclarations du F∴ Grivel et déclare l'incident clos[124].

L'histoire se répète. Pas plus que *L'Émancipation*, Force et courage ne réussit à infléchir les décisions du G.O.D.F. L'affaire fait prendre conscience à la loge de ses limites, voire de son manque quasi total d'influence. Et pourtant, elle continue d'intervenir comme si elle était écoutée !

Dans la correspondance qu'elle échange avec le G.O.D.F., la loge ne se prive pas de faire part de ses commentaires ou de ses vœux sur des questions touchant à la religion, à la politique ou encore à l'obédience; pour être disparates, ces interventions trahissent des orientations que l'on connaît déjà. Ou encore, elle fait part d'événements que la rue Cadet pourra utiliser. En voici quelques exemples.

À la mort d'Adelstan Le Moyne de Martigny, en 1917, Marcil écrit :

Nous avons la douleur de vous faire part du décès de notre très cher et regretté F∴ Adelstan de Martigny, 30ᵉ, survenu le 15 courant à 7 h. 25 du matin en l'Hôtel-Dieu de Montréal. Nous lui avons prodigué nos soins les plus empressés jusqu'au dernier moment. Malheureusement, comme le défunt avait négligé de régler, dans son testament, l'ordonnance et la nature de ses obsèques, les « guetteurs de mort » purent s'emparer du corps (qui était en l'état comateux depuis plusieurs jours) et administrèrent ainsi un cadavre, non sans laisser dire qu'ils avaient confessé et converti notre F∴ , ce qui est un mensonge abominable, mensonge dont la grossièreté ne décèle que trop clairement l'origine.

C'est grâce à la complicité d'un des frères du défunt, le chirurgien François de Martigny, que la profanation put s'accomplir. Mais foi de maç∴ nous pouvons vous assurer que le F∴ de Martigny, avant qu'il tomba dans le coma, n'eut pas une pensée et ne dit pas une parole qui eurent pu être interprétées comme un reniement des convictions philosophiques qui furent la principale caractéristique de toute sa vie.

Aussi, considérons-nous que la mémoire de ce F∴ doit nous rester chère, et que nous pouvons sans la moindre hésitation, la rappeler souvent au meilleur souvenir de tous nos FF∴ canadiens présents et à venir[125].

En 1924, Fernand Marrié fait part de l'adoption, selon le rituel maçonnique, du petit-fils de Joseph-Godfroy Blanchet :

Nous avons la faveur de vous informer qu'à notre tenue du 10 courant notre At∴ a adopté comme filleul le petit-fils de notre T∴ C∴ F∴ [Joseph-Godfroy] Blanchet.

Antérieurement à cette résolution, dix de nos membres s'étaient rendus à la demeure du nouveau-né et là, en présence de la mère, qui avait au préalable donné son consentement, nous avons procédé à une petite cérémonie au cours de laquelle quelques discours de circonstance furent prononcés. Nous souhaitons de la sorte une frat∴ bienvenue au nouvel arrivant dans la vie et promirent protection à la mère et l'enfant.

Nous voudrions maintenant commémorer cet événement unique au pays, par un document quelconque et un objet souvenir que nous confierions à la mère, document et objet qui seront remis à notre filleul quand il atteindra sa dix-huitième année[126].

En guise de réponse, le G.O.D.F. fournit la précision demandée :

[...] en pareilles circonstances, les loges ont l'habitude d'offrir aux intéressés une médaille gravée à leur nom, accompagnée d'un petit diplôme dans le genre de ceux que je puis vous communiquer sous ce pli[127].

Ces échanges permettent de tracer, de façon fragmentaire cependant, la petite histoire de la loge. Mais celle-ci ne se limite pas à la relation de ce qui la touche de près.

Passant de la loge au milieu, Force et courage demande au G.O.D.F. de faire connaître par les journaux l'affaire de l'abbé Adélard Delorme qui est accusé de l'assassinat de son frère[128]. Et cela parce que *Le Pays* ne peut l'exploiter; il a cessé de paraître ! Le 18 mars 1922, un dossier complet est adressé au G.O.D.F.[129]. Marrié écrit :

> Vous devez déjà avoir été informé que l'abbé Adélard Delorme était maintenant détenu sous l'inculpation du meurtre de son frère Raoul. Son procès est commencé depuis mardi dernier. Je vous adresse ci-inclus le compte rendu des séances du tribunal qui ont eu lieu jusqu'à présent. Je vous enverrai, fidèle aux instructions du Conseil de l'Ordre, les rapports des séances qui suivront.
>
> L'opinion générale, ici, c'est que le prêtre ne sera pas condamné s'il passe devant un jury. D'autre part, les autorités religieuses locales font l'impossible pour « acheter » la justice et éviter ainsi la condamnation d'un des leurs. Réussiront-elles, on ne sait encore. Cependant, il est probable que l'inculpé ne sera pas pendu, même s'il est trouvé coupable[130].

Nouvel envoi de documents le 29 mars :

> Selon les instructions du Conseil de l'Ordre, je vous adresse ci-inclus les derniers rapports concernant l'affaire Delorme.
>
> Vous voyez que l'affaire suit sont cours, en dépit des efforts du clergé, grâce à l'élément anglais d'ici qui entend que l'accusé ne soit pas soustrait à la justice.
>
> À plus tard pour des développements ultérieurs sur cette cause retentissante.
>
> S'il se peut, faites-moi parvenir ceux de vos journaux qui commenteront cette affaire du meurtre[131].

En dépit de l'intérêt manifesté, le G.O.D.F. ne semble pas avoir exploité les renseignements fournis par la loge. On n'en trouve nulle trace dans les publications maçonniques ou para-maçonniques de l'époque.

Jusqu'à quel moment, la loge Force et courage devait-elle fonctionner ? La documentation est pratiquement inexistante à partir de 1923. Dans l'introduction de cette étude, des hypothèses ont été émises. Et les témoins qui pourraient pallier la carence des archives ont disparu. Sans doute a-t-elle été emportée par la guerre. C'est l'hypothèse la plus plausible. D'autant plus que le G.O.D.F. lui-même, et presque toutes les loges de l'obédience en territoire métropolitain, cessèrent alors toute activité. Celle de Montréal a dû suivre leur exemple. Autrement, elle aurait été livrée à elle-même.

Après la mise en sommeil de Force et courage, il faudra attendre plus de 30 ans avant que ne soit créée une autre loge du G.O.D.F. à Montréal. C'est un cas assez exceptionnel que celui de Force et courage succédant à L'Émancipation sans période de rupture. Car, pendant trop longtemps, au Québec, les mouvements de contestation, qui sont éphémères, sont apparus et ont disparu sans solution de continuité, c'est-à-dire comme autant de phénomènes isolés les uns des autres. Ainsi ne naissent pas les traditions de pluralisme qui sont à l'origine et qui animent les vraies démocraties.

Si la loge Force et courage n'a pas été en butte à des déchirements comme cela avait été le cas à L'Émancipation, et si elle a connu une relative stabilité, elle a vu le jour à une période qui n'était guère favorable à son développement. Car elle a été victime de l'opposition de la Grand Lodge of Quebec, qui a accueilli les transfuges de L'Émancipation, et à une sorte d'indifférence du G.O.D.F., qui n'agréait pas ses requêtes. Sans compter qu'elle a œuvré dans un milieu hostile. Pour mieux mobiliser et conditionner ses phalanges, l'Église a, à nouveau, exagéré le péril maçonnique qui était quasi inexistant compte tenu du nombre et des moyens des maçons. Les publications que la loge destinait au grand public n'ont connu qu'une diffusion restreinte. *Le Pays* n'a pas réussi à survivre. Les sociétés qu'elle a créées ne semblent pas avoir attiré des foules et la bibliothèque publique, par ses orientations, risquait de rebuter les non-initiés. La loge n'a pas été plus heureuse avec le lycée de jeunes filles qu'elle prit en charge en 1910.

Mais si Force et courage a poursuivi les idéaux religieux, politiques et sociaux de L'Émancipation, elle s'est préoccupée bien davantage du sort des travailleurs. C'était sa raison d'être. Quelques maçons de L'Émancipation, du moins ceux qui sont à l'origine de Force et courage, ont compris que les réformes ne pouvaient venir que de la base. Pour eux, la classe ouvrière, à cause de ses besoins, était plus réceptive aux idées nouvelles que la bourgeoisie qui avait été domestiquée dans les collèges classiques. En tant que corps, la loge ne s'est pas engagée dans cette voie. Mais certains maçons le firent, qui exercèrent une profonde influence dans l'élaboration des grandes centrales syndicales. On connaît le rôle de Gustave Francq. Quand l'histoire des mouvements ouvriers aura été complétée, on se rendra également compte de l'apport d'un Fernand Marrié et d'un Édouard Henry. Avec ces maçons, qui appliquèrent la politique sociale du G.O.D.F., une évolution s'est produite. Force et courage ne s'est pas contentée de poursuivre l'œuvre entreprise par L'Émancipation. La contestation compte désormais sur une autre force, soit celle des travailleurs.

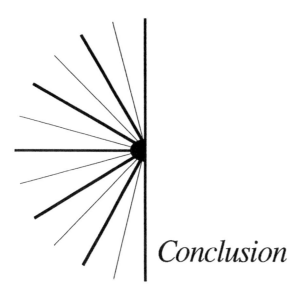

Conclusion

APRÈS L'ÉCHEC de la Révolution de 1837, qui marque la fin d'un vaste projet démocratique, le clergé s'est peu à peu emparé du pouvoir dans le milieu francophone en puisant ses justifications dans la doctrine ultramontaine. C'est ainsi que s'est développée une mentalité réactionnaire pour ne pas dire rétrograde, qui a prévalu pendant plus d'un siècle.

De l'Institut canadien au Refus global, différents groupes contestent cet état de fait. Pour la plupart, ils sont constitués d'intellectuels et d'artistes qui ne se réclament d'aucun mouvement international mais qui, attentifs à ce qui se passe à l'extérieur des frontières, tentent d'ajuster leur milieu sur l'Occident libéral et surtout sur la France qui leur sert de norme. À moins d'être nyctalope, celui qui a entrevu la lumière s'accommode assez mal de l'ombre. Toute proportion gardée, et comme l'écrivait Bernanos : « Aux hommes qui ont lu Marx et Lénine, il est comique d'offrir en trépignant de ferveur l'encyclique *Rerum novarum*[1] ». Bien sûr, tous ces réformateurs n'ont probablement pas pris connaissance des théories marxistes qu'ils n'auraient pu admettre. Mais ils ont suffisamment lu et observé pour deviner les bienfaits et le rôle, dans une société démocratique, des libertés fondamentales que les théologiens d'ici leur refusent.

Si les deux loges rappellent d'autres mouvements, ne serait-ce que par la conformité des objectifs, elles en diffèrent également. Leurs effectifs sont moins élitistes; ils se recrutent non dans un seul milieu mais dans toutes les classes de la société. La proportion des travailleurs est encore plus grande à Force et courage qu'à L'Émancipation. Et elles sont moins isolées car elles peuvent compter sur une obédience qui leur apporte son concours dans la mesure où le lui permet la situation géographique et politique. Quoique le G.O.D.F. n'ait pas toujours compris les problèmes des maçons d'outre-mer. Et, à cause du contexte québécois qui est fort différent de celui de la France, les deux loges ont dû miser sur des moyens auxquels l'obédience n'a plus tellement recours en France, soit ceux de la subversion qui discrédite.

Les membres des deux loges n'ont pas formulé, dans des textes théoriques, le projet de société qu'ils entendaient promouvoir et qui était plus socialisant dans le second cas que dans le premier. Ont-ils cru que cela n'était pas nécessaire, puisque toute contestation trahit une certaine conception des choses et qu'ils n'ont pas caché leur admiration pour la France de la Troisième République ? Peut-être. Mais leur action vise moins le système politique lui-même, qui est démocratique, que l'autorité ultramontaine qui le domine. Cette situation appelle surtout des dénonciations. De façon non équivoque cependant, ils ont exprimé leurs vues sur une question donnée, celle de l'éducation, à cause de l'importance qu'ils lui accordent. À la suite de bien des penseurs, depuis le xviiie siècle, ils ont cru que ceux qui ont reçu une bonne formation, au sens où les maçons l'entendent, peuvent, comme si cela allait de soi, promouvoir l'instauration d'une société idéale. Si elle n'est pas nouvelle, l'idée n'est pas démodée puisque la connaissance est encore à l'origine des renouveaux essentiels.

Dans quelle mesure les francs-maçons de Montréal ont-ils espéré imposer leurs vues ? Bien malin qui pourrait répondre. Mais ils ne se seraient pas engagés comme ils l'ont fait, ils ne se seraient pas exposés à la persécution s'ils n'avaient beaucoup attendu des vertus de l'action. Ce qui ne veut pas dire qu'ils en aient escompté des résultats immédiats. Ils savaient d'expérience que l'existence d'un individu et celle d'une nation n'obéissent pas aux lois d'une même physiologie et que, par rapport à leur courte vie, les changements sociaux leur seraient posthumes, si changements il y avait. Connaissant le contexte, leur conduite témoigne-t-elle d'un optimisme excessif ? Répondre à la question, c'est se demander si les membres des deux loges, comme ceux de tous les autres mouvements contestataires, ont joué un rôle dans cette transformation de la société québécoise qui s'amorce après la seconde guerre mondiale.

La brigade des maçons québécois du G.O.D.F. était bien insignifiante par rapport aux forces réunies des archevêques et des évêques de la province. Si ceux-ci parlèrent de péril maçonnique, soutenus en cela par toute la presse ultramontaine, ce fut pour mieux mobiliser et motiver leurs troupes. Mais il ne faut pas mésestimer non plus les vertus de la contestation, si réduits soient les moyens mis en œuvre. Qui peut prévoir à long terme le destin d'une idée, surtout dans un contexte qui sera ébranlé par deux guerres mondiales. Leurs efforts n'ont sans doute pas été inutiles.

Les projets de réforme scolaire, comme aussi de création de bibliothèques tels que formulés par les maçons, ont choqué en leur temps. Maintenant qu'ils ont été appliqués, ils apparaissent comme le fondement même du système d'enseignement. Curieux retour des choses, à la vérité, car ce sont les idées du clergé d'alors qui, aujourd'hui, semblent incongrues. Le droit à la dissidence est admis. Et le syndicalisme est perçu comme un facteur essentiel d'apaisement dans l'univers social. Face à ce renversement dans l'ordre officiel des valeurs, l'historien se garde de conclure. Il se contente d'enregistrer le jugement de la collectivité d'aujourd'hui qui est plus définitif que le sien propre.

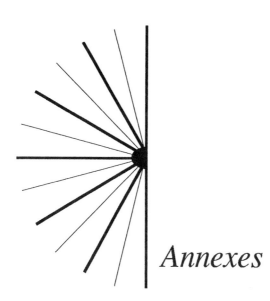

Annexes

Dictionnaire des francs-maçons
de l'Émancipation et
de Force et courage

Fiche signalétique type

NOM, PRÉNOM
1. Adresse
2. Lieu et date de naissance
3. Lieu et date de décès
4. Occupation
5. Date et loge d'initiation aux grades :
   a - apprenti
   c - compagnon
   m - maître
6. Fonctions à la loge
7. Affiliation
8. Radiation ou démission
9. Notes biographiques
10. Sources

Dans le cas de la correspondance échangée entre les loges de Montréal et le G.O.D.F., la source précise la date de l'envoi puis la localisation (G.O.D.F., fonds l'Émancipation ou Force et courage), la date de la réception et le numéro du dossier. Parfois manquent l'un ou l'autre ou les deux derniers renseignements.

ANDRIQUE, ALPHONSE
1. 852, rue Baldwin, Tétreaultville
2. Marquise, Pas-de-Calais, 19 mars 1875
4. Mouleur
5. *a* - 17 juin 1919 (F. et C.)
   c - 16 novembre 1920 (F. et C.)
   m - 13 septembre 1921 (F. et C.)
10. G.O.D.F., F. et C., 15084.

AUBIN, JOSEPH-PHILIAS
1. 50, avenue Christophe-Colomb; 70, rue de Brébeuf, Montréal
2. Montréal, 2 mars 1876
3. 16 novembre 1936
4. Huissier, puis directeur de l'Association des huissiers
5. *a* - 23 février 1916 (F. et C.)
   c - 25 janvier 1917 (F. et C.)
   m - 24 janvier 1918 (F. et C.)
6. Grand expert, 1918 et 1919; vénérable
9. On affirme que, plutôt que d'effectuer des saisies chez les miséreux, il préférait verser de sa poche les sommes réclamées.
10. G.O.D.F., F. et C., 25 février 1915, 2179, 2182, 2667, 213925.

BEAUCHEMIN, ALBERT-PIERRE
1. 463, rue Oxford, Montréal
2. Sorel, 14 septembre 1860
4. Sténographe à la Cour d'appel
5. *a* - 1902 (L'É.)
   c - 1903 (L'É.)
   m - 1905 (L'É.)
   Secrétaire
6. Affiliation à Force et courage, 22 novembre 1924
7. Démission de L'Émancipation, 23 mars 1910
8. G.O.D.F., F. et C., 60638; Anonyme, « Les accusations de M. C.-A.
10. Millette », dans *Le Devoir*, 29 juillet 1910.

BEAUCHESNE, ARTHUR
Peu de renseignements nous sont parvenus sur le cursus maçonnique de ce personnage. Le 10 mai 1902 et le 14 mai 1902, il signe en tant que maçon du G.O.D.F. un rapport sur le comportement du consul Kleczkowski. Ce rapport est acheminé au G.O.D.F. par le vénérable Godfroy Langlois. Le 14 janvier 1910, selon A.-J. Lemieux, il fait partie d'un comité créé par L'Émancipation.

Fils de Léonidas-Émile-Arthur Beauchesne et de Caroline-Oliva Lefebvre de Bellefeuille, Arthur Beauchesne est né à Carleton le 15 juin 1876.

Bachelier ès lettres de l'Université de Montréal (1897), il est successivement journaliste à *La Minerve* (1897), secrétaire de Chapleau (1898), journaliste à *The Gazette* (1898). En 1899, il participe à la fondation du *Journal* et travaille également au *Star*, à *La Presse* et au *Journal* où il occupe le poste de rédacteur en chef. Pour *Les Débats*, une publication anti-cléricale, il rédige un article sur Mᵍʳ Bruchési et les écoles du Manitoba (1903). L'année suivante, il collabore au journal *Le Combat* qui a remplacé *Les Débats* au moment de sa mise à l'index. Membre fondateur de la Ligue de l'enseignement, il rédige, contre Henri Bernard, l'auteur de *La Ligue de l'enseignement. Histoire d'une conspiration maçonnique à Montréal* (Notre-Dame-des-Neiges-Ouest, s. é., 1903, 110 p.) un texte intitulé « La fameuse conspiration maçonnique qui n'a jamais existé »; il ne réussira pas à le faire publier. Greffier de la Chambre des communes de 1925 à 1949 et auteur d'un volume de procédure, il meurt en 1959.

Curieux homme que ce Beauchesne qui collabore à des journaux conservateurs en même temps qu'il s'attaque au clergé dans des publications anticléricales et participe à la fondation de la Ligue de l'enseignement.
10. G.O.D.F., L'Émancipation, 14 mai 1902, 8011; 17 octobre 1904, 16824; A.-J. Lemieux, *La Loge : L'Émancipation*, Montréal, *La Croix*, 1910. Gary Levy, « La vie de Beauchesne », dans la *Revue parlementaire canadienne*, vol. 8, nº 1, 1985, p. 12-16; vol. 8, nº 2, 1985, p. 11-15.

BEAUGRAND, HONORÉ
1. Montréal
2. Lanoraie, 24 mars 1848. Au moment de son affiliation à L'Émancipation, Beaugrand donne « Montréal, 24 mai 1848 ».
3. Montréal, 7 octobre 1906
4. Homme de lettres, journaliste, fondateur de plusieurs journaux dont *La Patrie*
5. *a* - 3 juin 1873 (King Philip, Fall River)
   c - 9 septembre 1873 (King Philip)
   m - 21 octobre 1873 (King Philip)
7. Affiliation à L'Émancipation, le 18 mai 1897
8. Démission, le 16 décembre 1897
9. Fils de Marie-Louis-Honoré Beaugrand et de Marie-Josephte Marion, Honoré Beaugrand naît à Lanoraie le 24 mars 1848. Il effectue ses études secondaires au Séminaire de Joliette (1859-1863), combat au Mexique dans les armées de l'empereur Maximilien (1865-1867), puis passe en France où il demeure deux ans. Après un séjour à la Nouvelle-Orléans et au Mexique où il joue le rôle d'interprète, il s'installe à Fall River (1871) où il épouse Éliza Walker, à la Saint Paul's Methodist Church (1873). Le couple aura deux enfants, Rodolphe (1874-1874)

et Estelle (1881-1918). En 1873, s'amorce sa carrière de journaliste. Il fonde l'*Écho du Canada* (1873) dont il se départit en 1875. En même temps, il met sur pied l'*Union canadienne-française* (1873) qui est dénoncée par le clergé, puis l'*Association Montcalm* (1874). En 1875, Beaugrand lance à Boston *La République* dont la publication se poursuit bientôt à Fall River. C'est dans le numéro du 26 janvier 1878 qu'il précise ses opinions politiques et religieuses :

> Nous allons faire un plaisir énorme au *Protecteur* car nous allons lui faire l'honneur de répondre catégoriquement à ses questions de manière à ce que son digne propriétaire puisse se servir de nos réponses pour soulever contre nous les préjugés religieux de ses abonnés.
>
> Eh bien, cher *Protecteur*, redites-le à vos abonnés.
>
> 1. Nous sommes franc-maçon et même franc-maçon très avancé.
> 2. Nous sommes libéral très avancé.
> 3. Nous sommes l'admirateur enthousiaste des principes de la Révolution française et partisan de la déclaration des droits de l'homme.
> 4. Nous marchons et nous en éprouvons un immense orgueil sous l'étendard du Progrès et de la Civilisation.
> 5. Nous sommes admirateur et partisan des principes politiques de MM. Grévy, Simon et Gambetta.
> 6. Nous croyons et nous pratiquons ce que bon nous semble, parce que la constitution américaine ne connaît pas de religion d'État.
>
> Êtes-vous contents, saints apôtres de la rédaction ? Maudissez-nous sur toutes les gammes, fourbissez vos tonnerres, lancez vos excommunications [...]

En 1878, Beaugrand s'installe à Ottawa où, de mars à septembre, paraît *Le Fédéral*. À Montréal, en octobre 1878, il fonde *Le Farceur* qui paraît de 1878 à 1879 et de 1883 à 1884; et puis *La Patrie*, le 24 février 1879. Ce journal d'information, qui exprime les grands thèmes du libéralisme — d'où les condamnations du clergé — devait faire la fortune de Beaugrand. Officier d'Académie (1883), chevalier de la Légion d'honneur (1885), il est élu maire de Montréal (1885). À partir de 1886, il entreprend de voyager. On le retrouve au Colorado et surtout en France. À Paris, où il passe très souvent l'hiver, il fréquente le club La Marmite où il rencontre Eugène Viollet-le-Duc, Frédéric Mistral, Ferdinand de Lesseps, Pierre Savorgnan de Brazza et Jules Hetzel, fils. En 1888, il effectue un tour de la Méditerranée et, en 1892, un tour du monde. Candidat défait aux élections provinciales (1890), il se retire de la vie active. En 1897, il se départit de *La Patrie*. Et il décède à Montréal le 7 octobre 1906. Sa femme lui survit jusqu'en 1934.

En 1875, Beaugrand avait publié en feuilleton dans *La République* le roman *Jeanne la fileuse. Épisode de l'émigration franco-canadienne aux États-Unis*. Dans ce roman, qui connaîtra quatre autres éditions en feuilleton et trois en volume, Beaugrand rompt avec la production du roman de mœurs de l'époque, qui privilégie le sédentaire (cultivateur et colon) au détriment du nomade (voyageur et forestier). Plutôt, il décrit des esprits indépendants et dynamiques qui, soucieux d'assumer leur destin personnel et celui de la nation, prennent leur avenir en main, ce qui les oblige souvent à s'exiler dans les Pays-d'en-Haut ou encore en Nouvelle-Angleterre. C'est pourquoi ses personnages partent pour mieux revenir, s'expatrient pour mieux s'installer ensuite au pays natal. Avant d'être capitaine, il faut être matelot ! Chez lui, il n'y a pas opposition entre les deux états, mais plutôt complémentarité. Ainsi concilie-t-il, aux fins du bonheur sur la terre, les impératifs du patriotisme et les avantages d'une existence bourgeoise. Voilà à quoi visent Pierre Montépel et, avant lui, Beaugrand lui-même. Dans ce roman, un ordre des choses, bourgeois, s'est substitué à un ordre des choses religieux et ultramontain.

10. Bibliothèque nationale (Paris), Rés. F.M.^{2}-140; Roger Le Moine, « Introduction à *Jeanne la fileuse. Épisode de l'émigration franco-canadienne aux États-Unis*. Édition préparée et présentée par Roger Le Moine », Montréal, Fides, 1980, p. 7-51.

BERGER dit BAYER, CHARLES

1. Coin des rues Craig et Saint-Lambert, Montréal
2. Mons, Belgique, 13 février 1851
4. Avocat et docteur en droit
5. *a* - 11 août 1896 (L'É.)
   c - 22 septembre 1896 (L'É.)
   m - 3 juin 1897 (L'É.)
6. Orateur, 1897; vénérable, 1900; représentant au convent, 1900
10. G.O.D.F., L'Émancipation, 7 juin 1900; 22 mars 1902; Bibliothèque nationale (Paris), Rés. F. M.^{2} - 140.

BESSETTE, ARSENE

1. Montréal
2. Saint-Hilaire-de-Rouville, 20 décembre 1873
3. Montréal, 21 juin 1921
4. Journaliste, romancier, inspecteur à la compagnie Montreal Tramway
9. Fils de Moïse Bessette et de Valérie Lapalme, il commence ses études secondaires au collège Sainte-Marie-de-Monnoir. Les ayant abandonnées faute de moyens, il entreprend une carrière de journaliste, d'abord à *La Patrie* (1898) puis au *Canada français* (1901) et à *La Presse* (1917). Il est rédacteur du *Pays* du 8 mai 1918 au 13 septembre 1919. En 1904, il fait jouer *Les Pantins*, une comédie en un acte. Et, en 1914, il publie un roman, *Le Débutant*, dans lequel il reprend l'analyse de

la société québécoise faite par les membres de L'Émancipation, en même temps qu'il formule le projet de réforme qu'ils ont mis de l'avant par le truchement de leurs publications et de sociétés comme la Ligue de l'enseignement. Par là, *Le Débutant* apparaît comme la seule œuvre romanesque d'inspiration maçonnique de la littérature québécoise. Est-il utile de rappeler qu'à l'époque l'obédience du G.O.D.F. se préoccupait de l'élaboration de la cité nouvelle au point de négliger la dimension initiatique de la maçonnerie. À cette tendance, Bessette n'échappe pas. À sa mort, dans un texte consacré à Marie Le Franc, Gabriel Nadeau écrit que Bessette aurait laissé « un recueil de nouvelles et de tableaux de la vie canadienne *Modernités* ». Et il ajoute que la romancière française fut « attirée au Canada par une correspondance romanesque avec un bellâtre journaliste du nom d'Arsène Bessette, qui, en la voyant, refusa de l'épouser ». Et il précise dans un texte qui, en dépit des inexactitudes, demeure un témoignage :

Arsène Bessette fut surtout journaliste. Mais le 28 avril 1904 il avait fait jouer une comédie en un acte, *Les Pantins*, au Théâtre National et, dix ans plus tard, il publia un roman « de mœurs du journalisme et de la politique dans la province de Québec », *Le Débutant*, roman, disait-il, « qui n'a pas été écrit pour les petites filles ». Cet ouvrage était orné de son portrait d'après un fusain de Joseph Saint-Charles, exécuté au temps où Bessette « poursuivait la Chimère tout en faisant, dans les journaux, le triste métier de reporter ». Franc-maçon, il fut membre de la loge L'Émancipation. À sa mort il était rédacteur du *Canada français* de Saint-Jean et laissait en manuscrit un recueil de nouvelles et de tableaux de la vie canadienne, *Modernités*. « Grand et robuste garçon, avec une figure sympathique », écrit Albert Laberge. Lui aussi, il aimait la Nature, mais pas à la manière de Marie Le Franc. « Son plaisir, dit encore Laberge, était de partir avec un fusil à l'automne et de s'enfoncer dans les bois pour faire la chasse. »

Marie Le Franc nous dit, dans *Grand-Louis l'Innocent*, que son personnage était une réincarnation. Était-il une réincarnation d'Arsène Bessette ? Devant la maison de Grand-Louis, sur la plage de Bretagne, Ève rêve à des âmes du Nord. Et d'entre elles un froid visage se dégageait, qui les personnifiait toutes. « Elle avait rapporté de l'étranger la statue de glace et de neige, pour la placer dans la lande... C'était l'âme du Nord revenue sur la terre pour expier. Celui qui là-bas, dans les pays blancs, se faisait un orgueil de sa culture, qui en parlait comme d'un champ que l'on engraisse et dont on tire profit, revivait dans le simple d'esprit. » L'amour de jadis n'était pas mort. « Ève se rappelait comment ils s'étaient séparés. Il n'y avait pas eu de scène. Il lui annonça qu'il venait d'être chargé par le Gouvernement d'une tournée d'inspection des avant-postes de pelleteries... Le voyage durerait un an... Son côté sportif et aventureux le tentait... Il annonçait ce départ extraordinaire à Ève comme s'il se fût agi d'une partie de chasse en fin de semaine... Le coup fut atroce... Elle ne le revit plus. »

10. Madeleine Ducrocq-Poirier, « Postface » au *Débutant*, Montréal, 1977, p. 261-283; A.-J. Lemieux, *La Loge∴ L'Émancipation*, p. 30; Gabriel

Nadeau, « Avant-propos de (...) » , dans Marie Le Franc, *Lettres à Louis Dantin, Cahiers Louis Dantin*, n° 4, Trois-Rivières, Les Éditions du Bien public, 1967, p. 9-19.

BLANCHET, JOSEPH-GODFROY
1. 597, rue Saint-André, Montréal
2. Québec, 6 mars 1881
4. Dessinateur en mécanique
5. *a* - 10 février 1921 (F. et C.)
8. Démissionnaire
10. G.O.D.F., Force et courage, 2624, 193426.

BLEAU, JOSEPH-ADONIS
1. 3, rue Winnipeg, Montréal
2. Montréal, 7 février 1867
4. Gérant de banque (coin Sainte-Catherine et Papineau)
5. *a* - 12 octobre 1904 (L'É.)
   c - 18 mai 1905 (L'É.)
   m - 7 février 1906 (L'É.)
6. Premier surveillant (1915)
7. Affiliation à Force et courage, 18 mars 1912
8. Démission le 27 octobre 1917 : « Observations : « Motifs exclusivement personnels » , assure-t-il. Nous croyons pouvoir affirmer que ce dém∴ nous reviendra, car il a toujours été un excellent Fr∴ Maç∴ »
10. G.O.D.F., Force et courage, 16413, 1873, 7163.

BOIVIN, JEAN-BAPTISTE
1. Montréal
2. Saint-Hyacinthe, 18 janvier 1863
4. Bijoutier et opticien
5. *a* - 22 septembre 1886 (Les Cœurs-Unis)
   c - 27 octobre 1886 (Les Cœurs-Unis)
   m - 16 décembre 1886 (Les Cœurs-Unis)
6. Hospitalier, 1897
7. Affiliation à L'Émancipation, 28 juillet 1896
8. Démission, 2 décembre 1897
10. Bibliothèque nationale (Paris), Rés. F. M.^{2}-140; F. M. Élection du vénérable, 1897-1900; G.O.D.F., L'Émancipation, 14 janvier 1897.

BOUCHARD, TÉLESPHORE-DAMIEN
Bouchard aurait appartenu aux loges L'Émancipation et Force et courage si l'on se fonde sur les affirmations de A.-J. Lemieux et sur le témoignage de Marcel Henry. Il aurait été radié de Force et courage pour avoir profité de la maçonnerie à ses fins propres.

2. Saint-Hyacinthe, 20 décembre 1881

3. Montréal, 13 novembre 1962

9. En même temps qu'il poursuit des études à l'académie Girouard et au Séminaire de Saint-Hyacinthe qui lui vaudront un baccalauréat ès lettres, il collabore à *La Patrie* et à *La Presse*. Puis il passe à *L'Union* dont il devient le directeur (1902) et le propriétaire (1903). En 1912, ce journal devient *Le Clairon*. Échevin (1905-1908), puis greffier (1908-1912) et maire de Saint-Hyacinthe (1917-1930, 1932-1944), il joue parallèlement un rôle sur la scène provinciale. Élu député libéral en 1912, 1916, 1923, 1927, 1931, 1935, 1936 et 1937, il occupe le poste d'orateur substitut (1928-1930) puis d'orateur (1930-1936). Ministre des Affaires municipales, de l'Industrie et du Commerce dans le cabinet Taschereau (1935-1936), ministre des Affaire municipales et des Terres et Forêts dans le cabinet Godbout (1936), chef de l'opposition officielle (1936-1939), ministre des Travaux publics dans le cabinet Godbout (1939) puis, de la Voirie (1939-1944). Nommé sénateur en 1944. Bouchard a occupé des postes importants dans nombre d'associations comme la Chambre de commerce de Saint-Hyacinthe et l'Institut démocratique canadien. Il a publié ses mémoires en 1960.

10. Rencontre avec Marcel Henry, fils d'Édouard Henry; A.-J. Lemieux, *La Loge* : *L'Émancipation*, p. 30; *Répertoire des parlementaires québécois*, Québec, 1980, p. 67-68.

BOURCHEIX, FR.

1. 8, rue Labelle, Montréal

2. Orces, Puy-de-Dôme, 22 mars 1880

4. Jardinier chez Dupuis-Ferguson

5. *a* - 18 novembre 1817 (F. et C.)

   c - 21 décembre 1920 (F. et C.)

   m - 13 septembre 1921 (F. et C.)

10. G.O.D.F., F. et C., 11542, 15084.

BOURDON, ALEXANDRE

2. Laprairie, 7 novembre 1874

4. Médecin, gynécologue dans le quartier Saint-Henri

5. *a* - 22 novembre 1908 (L'É.)

   c - 28 septembre 1909 (L'É.)

   m - 18 septembre 1913 (F. et C.)

6. Orateur (1917); vénérable (1918, 1920)

7. Affiliation à Force et courage, 10 février 1913

8. Démission

   G.O.D.F., F. et C., 16413, 2179, 1746, 377, 42766, 193426.

BOURGOIN, THOMAS
1. 474, rue de Champlain
2. Saint-Arsène, 27 septembre 1879
4. Boucher
5. *a* - 24 avril 1919 (F. et C.)
   c - 16 novembre 1919 (F. et C.)
8. Démission, 13 novembre 1923 : « se désintéresse de notre mouvement ».
10. G.O.D.F., F. et C., 4291, 45360.

BOYER, GUSTAVE
8. Radiation de L'Émancipation, 10 décembre 1909
10. A.-J. Lemieux, *La Loge∴ L'Émancipation*, p. 13.

BROSSEAU, ALCIBIADE
Proposé à la réunion du 24 décembre 1909 de L'Émancipation.
10. A.-J. Lemieux, *La Loge∴ L'Émancipation*, p. 17.

CARBONNIER, FRANÇOIS
1. 183, rue Amherst, Montréal
2. Roumave, Seine-Inférieure, 14 novembre 1877
4. Chauffeur
5. *a* - 23 septembre 1921 (F. et C.)
10. G.O.D.F., F. et C., 15082.

CHAPOLARD dit DELBÉ, PIERRE
1. 3345, rue Casgrain, Montréal; 450, rue Sainte-Catherine, Montréal
2. Beyrieux, Ain, 11 novembre 1866
3. Août 1936
4. Cuisinier
5. *a* - 1889 ou 1890 (Simplicité et constance, Lyon)
   c - 1901 (Simplicité et constance)
   m - 1902 (Simplicité et constance)
6. Grand expert, 1920; vénérable
7. Affiliation à Bienfaisante amitié de Lyon puis à Force et courage, le 27 mars ou le 3 mai 1919.
   « Affilié par la suite [de son initiation aux trois grades] à la L∴ Bienfaisante Amitié, O∴ de Lyon, puis à Force et courage où il fut réintégré après un sommeil de 12 ans environ. Était, au moment de son entrée à Force et courage, dûment muni de son dip∴ de m∴ et de son cordon. »
10. G.O.D.F., F. et C., 4920, 377, 193426, 213925.

CHAPUT, OMER
4. Journaliste à la *Tribune* de Sherbrooke et au *Star* de Montréal
8. Démission de L'Émancipation en 1904

10. Anonyme, « Les accusations de M. C.-A. Millette » , dans *Le Devoir*, 2 août 1910.

CHARBONNEAU, ALDÉRIC
1. Montréal
2. Saint-Martin, 12 février 1871
4. Conducteur de tramway
5. *a* - 27 novembre 1908 (L'É.)
   c - 22 octobre 1909 (L'É.)
   m - 8 mars 1911 (F. et C.)
7. Affiliation à Force et courage, le 10 ou le 15 janvier 1911
8. Démission en février ou au début de mars 1915. Marcil écrit au G.O.D.F., le 15 mars 1911 : « Notre F∴ Charbonneau, affilié à notre atelier, le 15 janvier 1911, part lui aussi en compagnie de notre F∴ Desmarais. Employé des Tramways, il fut souvent victime des idées religieuses et du fanatisme de ses compagnons de travail. »
10. G.O.D.F., F. et C., 11371, 6106.

CHARLEBOIS, GASTON
1. Montréal
2. Montréal, 12 mars 1871
4. Comptable
5. *a* - 20 janvier 1899 (L'É.)
10. Bibliothèque nationale (Paris), Manuscrits, Rés. F. M.²-140.

CHARLIER, ÉDOUARD
4. Directeur des *Débats* où il succède à Paul de Martigny et à Louvigny de Montigny.
9. Vers 1903, alors qu'il appartient à L'Émancipation, il est « poursuivi par un jésuite pour un libelle publié dans *Les Débats* » .
10. G.O.D.F., L'Émancipation, 27 juin 1904.

CHERRIER, ARTHUR-ALCIDE
1. 494, rue Henri-Julien, carré Saint-Louis
2. Longueuil, 26 janvier 1865
4. Banquier, agent de change, prêteur
5. *a* - 1906 (L'É.)
   c - vers 1907 (L'É.)
   m - vers 1909 ou 1910 (L'É.)
6. Trésorier et membre du comité des finances de L'Émancipation
7. Affiliation à F. et C., 14 octobre 1924
10. G.O.D.F., F. et C., 60638, 193426; A.-J. Lemieux, *La Loge∴ L'Émancipation*, p. 26, 30.

CHRÉTIEN-ZAUGG, JOSEPH-ALDÉRIC-AVILA
1. 182, rue Saint-Denis, Montréal
2. Montréal, 28 septembre 1865
4. Médecin
5. *a* - 11 novembre 1896 (L'É.)
8. Démission, 12 septembre 1899
9. Chrétien-Zaugg a étudié à Paris; il s'y trouve au moment de la réception donnée par Honoré Mercier, le 31 mars 1891, et lors du banquet offert en l'honneur de ce dernier le 16 avril.
10. Bibliothèque nationale (Paris), Manuscrits, Rés. F. M.²-140, G.O.D.F., L'Émancipation, 14 janvier 1897; France-Canada, 4 avril et 16 avril 1891.

CLERCX, ÉMILE
1. Montréal
2. Belgique
4. Ingénieur civil, représentant de commerce
5. *a* - 16 juin 1898 (L'É.)
8. Radiation pour faute de paiement, 24 octobre 1899
10. Bibliothèque nationale (Paris), Manuscrits, Rés. F. M.²-140.

CORBEIL, WILFRID
1. 556, rue Plessis, 651, rue de Champlain
2. Rouse's Point, New York, 31 mars 1895 ou 23 juillet 1896
4. Typographe, livreur
5. *a* - 29 septembre 1919 (F. et C.)
   c - 21 décembre 1920 (F. et C.)
   m - 13 septembre 1921 (F. et C.)
10. G.O.D.F., F. et C., 10269, 15084.

CORNU, FÉLIX
1. 36, boul. Saint-Laurent
2. Angers, 13 octobre 1865
3. Montréal, 29 janvier 1934
4. Médecin
5. *a* - 14 mars 1889 (Eddy, Hull)
   c - 11 avril 1889 (Eddy ou Les Cœurs-Unis)
   m - 9 mai 1889 (Eddy ou Les Cœurs-Unis)
6. Premier surveillant aux Cœurs-Unis, 1896; vénérable à L'Émancipation, 1896
7. On ne sait à quelle date Cornu est passé de la loge Eddy à celle des Cœurs-Unis. Il est l'un des requérants à la fondation de L'Émancipation, en 1896.

9. Cornu avait obtenu son diplôme en médecine en 1887 de l'École de médecine de Montréal qui était affiliée à Victoria University (Cobourg, Ontario).
10. G.O.D.F., L'Émancipation, 12 mai 1896; *The Canadian Medical Journal*, vol. 30, mai 1934, p. 578.

COURCHESNE, CHARLES-ÉDOUARD
1. 2792, rue Saint-Hubert; 269, rue Ontario, Montréal
2. Sorel, 24 janvier 1892
4. Employé de la ville de Montréal
5. *a* - 24 février 1915 (F. et C.)
   c - 25 janvier 1917 (F. et C.)
   m - 23 mai 1918 (F. et C.)
6. Grand expert, 1917
8. Démissionnaire
10. G.O.D.F., F. et C., 25 février 1915, 4625, 1746, 193426.

DAZÉ, HENRI
1. Montréal
2. Terrebonne, 19 janvier 1857
4. Médecin
5. *a* - 15 avril 1884 (Saint George, Montréal)
   c - 20 mai 1884 (Saint George)
   m - 17 juin 1884 (Saint George)
6. Secrétaire, 1899 et 1900
7. Affiliation à L'Émancipation, 27 octobre 1896
8. Radiation pour défaut de paiement, mars 1902
10. G.O.D.F., L'Émancipation, 14 janvier 1897; Bibliothèque nationale (Paris) Rés. F. M.²-140, F. M. Élection du vénérable, 1897-1900.

DÉCARY, ARTHUR
1. Montréal
2. Montréal, 2 décembre 1865
4. Pharmacien
5. *a* - 9 mars 1897 (L'É.)
   c - 3 juin 1897 (L'É.)
   m - 23 juillet 1897 (L'É.)
10. Bibliothèque nationale (Paris), Manuscrits, Rés. F. M.²-140.

DÉRY, LOUIS
1. 47, avenue Christophe-Colomb, Montréal
2. Saint-Hilaire-de-Rouville, 9 janvier 1846
4. Inspecteur des fruits pour le gouvernement
5. *a* - (L'É.)

c - (L'É.)

m - (L'É.)

« Appartenant en dernier [1910] à la L'∴ Émancipation, d'où il se retira fort honorablement pour éviter d'acrimonieuses discussions avec un autre F∴ pour des motifs de famille qui n'avaient rien à voir, ni de loin, à notre ordre. »

« Les archives de l'É∴ ayant disparu, nous n'avons pu obtenir de l'affilié les dates de ses réceptions aux divers grades mais tous les fondateurs de F∴ & C∴ sont d'accord pour certifier que le F∴ Déry était M∴ dans l'É∴ lorsqu'il quitta il y a environ une dizaine d'années. »

Le F∴ Déry n'a pu, non plus, produire son diplôme de M∴ Sa mémoire, à cet égard, n'est pas très sûre, cependant.

Le F∴ Déry a 72 ans, comme vous pouvez le voir. C'est un parfait homme d'honneur et il fera, nous le sommes persuadés, un digne membre de F∴ et C∴

D'après un rapport supplémentaire fourni par le F∴ Déry, la L∴ E∴ semble n'avoir jamais réclamé de diplôme pour ce F∴ bien que ce dernier ait fait tout le nécessaire pour cela. Au surplus, avant son affiliation le F∴ Déry nous a exhibé son liv∴ d'inst∴ au 1er et 2e et 3e deg∴, ainsi que son exemplaire du Reg∴ Gén\ ce qui prouvait que ce F∴ était parfaitement en règle et muni de tous ses documents maç∴ sauf de son dipl∴ Mais cela semble n'avoir dépendu que de la négligence des anciens administrateurs de la L'∴ É∴ » (Ce texte date de 1918.)

7. Affiliation à Force et courage, 1er février 1918

10. G.O.D.F., F. et C., 9187, 2182.

DÉSAULNIERS, GONZALVE

Montréal

1. Saint-Guillaume-d'Upton, 24 juin 1863
2. Montréal, 1934
3. Journaliste, avocat puis juge de la Cour supérieure
4. *a* - 20 janvier 1899 (L'É.)
5. En 1910, il fait partie d'un comité.
6. Gonzalve Désaulniers effectue ses études classiques au collège Sainte-
9. Marie. D'abord journaliste à *L'Étendard* (1883-1889) et directeur de la *Revue canadienne*, il fonde en 1889 le journal radical *Le National*, auquel il collabore jusqu'à son admission au Barreau (1895). Membre de l'École littéraire de Montréal à partir de 1898, il publie en 1930 un recueil de poèmes, *Les Bois qui chantent*, lequel regroupe des textes parus dans diverses publications depuis plus de 40 ans. Il fut le poète d'une nature qui reflète l'activité de l'homme.
10. Bibliothèque nationale (Paris), Manuscrits, Rés. F. M.²-140; Anonyme,

« Un portrait par jour, M. Gonzalve Désaulniers, avocat, poète » , dans *La Patrie*, 8 octobre 1902; Hamel, Hare et Wyczynski, *Dictionnaire pratique des auteurs québécois*, Montréal, Fides, 1976, p. 184-185; A.-J. Lemieux, *La Loge ∴ L'Émancipation*, p. 25.

DESCARRIE, ADOLPHE
Proposé à la tenue de L'Émancipation du 24 décembre 1909
10. A.-J. Lemieux, *La Loge ∴ L'Émancipation*, p. 17.

DESMARAIS, HENRI
1. 2037, rue Sainte-Catherine, Montréal
2. Saint-Hyacinthe, 8 décembre 1878
3. Coderre, Saskatchewan, 21 janvier 1941
4. Médecin
5. *a* - 13 octobre 1905 (L'É.)
   c - 8 juin 1906 (L'É.)
   m - 11 janvier 1907 (L'É.)
6. Premier surveillant à Force et courage, 1910; orateur, 1911
8. Un des requérants lors de la fondation de Force et courage; il signe au procès-verbal d'installation. Démission de Force et courage en 1911. À ce sujet, Marcil écrit au G.O.D.F. le 15 mars 1911 : « La loge Force et courage perd en lui, un frère dévoué et distingué. Toujours à l'avant pour propager les idées de la libre-pensée, il fut un de ceux qui eurent le plus à souffrir du fanatisme clérical. Il part en apportant avec lui tous nos regrets et nos vœux de succès. » Desmarais s'en va pratiquer à Coderre en Saskatchewan.
9. Fils du juge O. Desmarais de la cour supérieure, Henri Desmarais a étudié au séminaire de Saint-Hyacinthe et à l'université Laval de Montréal. Il reçoit son diplôme de médecine en 1904. Il fait partie du corps médical de l'Hôtel-Dieu de Montréal. En 1910, il va s'installer à Coderre, Saskatchewan, où il exerce jusqu'en 1939.
10. G.O.D.F., L'Émancipation, 11 décembre 1909; G.O.D.F., F. et C., 138, 6106, 1911, 7116, 8751; *The Canadian Medical Association Journal*, vol. 44, mars 1941, p. 315.

DION, ÉDOUARD
2. Québec, 17 juillet 1885
4. Tailleur
5. *a* - 20 avril 1920 (F. et C.)
   c - 21 décembre 1920 (F. et C.)
   m - 13 septembre 1920 (F. et C.)
8. Démissionnaire
10. G.O.D.F., F. et C., 9135, 15084, 193426.

DORAY, EUGÈNE
1. Montréal
2. Montréal, 2 juin 1889
5. *a* - 28 octobre 1932 (F. et C.)
8. Démission pour raison de départ : « partir en Colombie britannique ».
10. G.O.D.F., F. et C., 193426, 213925.

DUBOIS, JEAN-BAPTISTE
1. 308, rue Sherbrooke Est; 24, rue Lincoln
2. Gand, 19 janvier 1870
3. Montréal, 4 juillet 1938
4. Violoncelliste
5. *a* - 18 mars 1909 (L'É.)
   c - 15 septembre 1910 (L'É.)
   m - 6 novembre 1913 (F. et C.)
6. Maître des cérémonies à Force et courage, 1915
7. Affiliation à Force et courage, 18 septembre 1913
8. Démission pour désintérêt, 18 octobre 1924
9. Premier prix de violoncelle du conservatoire de Gand, il fait ensuite partie d'un orchestre de variétés et de celui du Théâtre municipal de Gand (1883-1884). Ensuite, il enseigne au conservatoire de cette ville (1885-1891). En 1891, à l'invitation d'Ernest Lavigne, il s'installe à Montréal où il se joint, à titre de directeur adjoint, à l'orchestre du parc Sohmer. Après un bref séjour à Amsterdam, il revient au Canada où il se fixe définitivement (1896). Comme l'écrit Gilles Potvin, « ce fut le début d'une activité intense comme soliste, chambriste, chef d'orchestre et professeur ». On lui doit une théorie élémentaire de la musique. Il se produisit en concert au bénéfice du Lycée de jeunes filles.
10. G.O.D.F., F. et C., 16413, 1873, 57026, 57950; Gilles Potvin, « Dubois, Jean-Baptiste-Alphonse », dans *Encyclopédie de la musique au Canada*, Fides, 1983, p. 289.

DUHAMEL, HENRI-MASSON
1. Montréal
4. Médecin
5. *a* - 25 octobre 1898 (L'É.)
9. Le *Paris-Canada* du 28 février 1891 apporte des renseignements sur les études de Duhamel. Diplômé en médecine de l'Université Laval, il se spécialise ensuite en oto-rhino-laryngologie, d'abord à l'hôpital Notre-Dame, à Montréal, puis en Angleterre, auprès des docteurs Morell-Mackenzie (Saint Thomas Hospital et Grand Hospital de Semon) et finalement en France, auprès des docteurs Lubet-Barbon et Gougenheim

(Lariboisière); il suit les cliniques des docteurs Chatellier, Lubet-Barbon et Martin. Le séjour à Paris durera deux ans, de l'été 1891 à l'été 1892. Duhamel assistera, le 31 mars 1891, à la réception donnée par Mercier puis, le 4 avril, au banquet donné en son honneur.

10. *Paris-Canada*, 28 février 1891 et 18 avril 1891

DUPRÉ, J.-P.

Présenté à la réunion de L'Émancipation du 14 janvier 1910.

4. Avocat
10. A.-J. Lemieux, *La Loge ∴ L'Émancipation*, p. 25.

DUPUIS, F.-X.

1. Montréal
4. Avocat puis juge à la cour municipale de Montréal.
5. *a* - (Antiquity, Montréal)
   c - (Antiquity)
   m - (Antiquity)
7. Affiliation à L'Émancipation, 17 juin 1897
10. Bibliothèque nationale (Paris), Manuscrits, Rés. F. M.²-140; A.-J. Lemieux, *La Loge ∴ L'Émancipation*, p. 30.

DURAND, ALPHONSE

1. Montréal
2. Joliette, 9 juillet 1858
4. Architecte
5. *a* - (Les Cœurs-Unis)
   c - (Les Cœurs-Unis)
   m - (Les Cœurs-Unis)
7. Affiliation à L'Émancipation, 13 avril 1897
8. Démission, 24 octobre 1899
10. Bibliothèque nationale (Paris), Manuscrits, Rés. F. M.²-140; G.O.D.F., F. et C., 193426.

ÉMOND, OSCAR

4. Agent d'immeubles
10. A.-J. Lemieux, *La Loge ∴ L'Émancipation*, p. 9, 30.

FERLAND, ALBERT

1. Montréal
2. Montréal, 23 août 1872
3. Montréal, 1943
   Proposé à une tenue de L'Émancipation le 24 décembre 1909 et refusé le 14 janvier 1910, parce que ses idées s'accordent avec celles du clergé.
9. Fils d'Alfred Ferland et de Joséphine Hogue, Ferland naît à Montréal

le 23 août 1872. Alors qu'il est âgé de douze ans, il suit ses parents en pays de colonisation. L'aventure dure quatre ans. De retour à Montréal, il refuse d'entreprendre des études secondaires. Il travaille dans une épicerie, dans une étude d'avocat, à l'imprimerie Beauchemin et à la fabrique de son père. Puis il enseigne le dessin. Dès 1890, il publie des poèmes dans diverses revues. Trois ans plus tard paraît son premier recueil, *Mélodies poétiques*; il sera suivi de deux autres, *Femmes rêvées* (1899) et *Le Canada chanté* (1908). Depuis 1895, il participait aux séances de l'École littéraire de Montréal. Il meurt en 1943. Sa poésie, vaguement romantique, est tournée vers la nature et les sujets patriotiques et religieux.

10. Paul-André Bourque, « Mélodies poétiques » , dans le *Dictionnaire des œuvres littéraires du Québec*, vol. 1, p. 478-479; Hamel, Hare et Wyczynski, *Dictionnaire pratique des auteurs québécois*, Fides, 1976, p. 243-244; A.-J. Lemieux, *La Loge∴ L'Émancipation*, p. 17, 25.

FLEURY, ARTHUR
1. 87, rue Saint-André
2. Escrignelles, Loiret, 18 mai 1874
4. Jardinier chez Depuis-Ferguson
5. *a* - 18 mai 1914 (F. et C.)
10. G.O.D.F., F. et C., 11542.

FLEURY, DELVILLE ou FLEURY, JAMET
1. 17, rue Desjardins, Maisonneuve; 470, rue Sainte-Catherine Est, Montréal
2. Saint-Étienne, Loire, 14 septembre 1867
3. Montréal, hôpital Dupont, 17 juillet 1922
4. Artiste lyrique
5. *a* - 28 septembre 1910 (F. et C.)
   c - 14 novembre 1911 (F. et C.)
   m - 18 septembre 1913 (F. et C.)
   « Son casier judiciaire est pur et sans tache. Son livret militaire est en règle. » (30 septembre 1910.)
6. Couvreur, 1913; grand expert, 1915; vénérable, 1921; orateur, 1919
9. Ferdinand Marrié écrit au G.O.D.F., le 17 juillet 1922, que le décès de Delville est « survenu en cette ville, à 2 h 30, ce matin à l'hôpital Dupont à la suite d'une opération pratiquée jeudi dernier, le 13 courant ». Et il ajoute:

Le regretté disparu était un des plus anciens membres de notre At∴ et, il faut le dire, un des plus dévoués à la cause maçonnique en ce pays. Il fut, en effet, reçu à la R∴ L∴ Force et courage le 22 septembre 1910, c'est-à-dire quelques mois seulement après la fondation de cet At∴.

Il laisse une veuve qui fut, tout le temps que dura leur union, la fidèle compagne de ses pensées et de ses actes et à laquelle nous allons apporter, outre les condoléances usuelles, les secours dus à l'âme-sœur de celui qui fut, depuis près de douze années, un honnête citoyen et un parfait maçon.

Ses obsèques, qui seront purement civiles, auront lieu demain, le corps de notre F∴ et ami devant être incinéré.

10. G.O.D.F., F. et C., 679, 16413, 1873, 2667.

FORTIER, ANTOINE-ACHILLE-ÉRIC
1. 744 ½, rue Sherbrooke, Montréal
2. Saint-Clet, 23 octobre 1864
3. Viauville, 19 août 1939
4. Artiste-musicien
5. *a* - 24 avril 1896 (Les Cœurs-Unis)
   c - 26 juin 1896 (Les Cœurs-Unis)
   m - 25 septembre 1896 (Les Cœurs-Unis)
6. Couvreur aux Cœurs-Unis, 1896; premier surveillant à L'Émancipation, 1896; vénérable, 1896
7. Un des requérants lors de la fondation de la loge L'Émancipation, en 1896
9. Fortier commence ses études musicales avec un abbé Sauvé, directeur de la musique au séminaire de Sainte-Thérèse, les poursuit à Montréal avec Guillaume Couture (membre de la loge Les Cœurs-Unis et grand organiste de la Grande loge du Québec) et Dominique Ducharme; et puis, on le retrouve au conservatoire de Paris dans la classe de composition où ses maîtres sont Théodore Dubois (harmonie), Ernest Guimond (composition) et Romain Busine (chant). De retour à Montréal, il enseigne le chant et la composition au couvent des Dames du Sacré-Cœur et à l'institut Nazareth. Puis, il abandonne l'enseignement pour un poste de traducteur au gouvernement fédéral, ce qui ne l'empêche pas de composer. Il a laissé, entre autres, une messe pour quatre voix d'hommes, orgue et orchestre, une marche solennelle et une valse pour orchestre, une méditation pour violoncelle et piano ainsi que des chansons. Dans ses *Papiers de musique*, Léo-Pol Morin a souligné son « inspiration heureuse et fraîche » ainsi que le modernisme de « son écriture souple et élégante » qui rappelle Fauré.
10. Bibliothèque nationale (Paris), Manuscrits, Rés. F. M.² -140. Élect. du vén. 1897-1900; G.O.D.F., L'Émancipation, 12 mai 1896; Charles Girard, « Fortier, Achille » , dans *Encyclopédie de la musique au Canada*, Montréal, Fides, 1983, p. 375; Romain Gour, « Numéro spécial à l'occasion du centenaire de Guillaume Couture (1851-1915) » , dans *Qui ?*, vol. 3, n° 1, septembre 1951.

FORTIER, JOSEPH
1. 210, rue Notre-Dame Ouest, Montréal; 42, rue Churchill, Westmount

2. Saint-Timothée, 27 décembre 1849
4. Fabricant de papier
5. *a* - 22 novembre 1908 (L'É.)
   c - 28 septembre 1909 (L'É.)
   m - 18 septembre 1913 (F. et C.)
   Avant le 12 mars 1918, il a reçu le grade de Chevalier Rose-Croix
   (18e degré) à la loge Les Amis bienfaisants et les vrais amis réunis de
   Paris.
6. Deuxième surveillant à Force et courage, 1915; orateur, 1918; vénérable,
   1919
7. Affiliation à Force et courage, 10 février 1913
10. Bibliothèque nationale (Paris), Manuscrits, Rés. F. M.²-140; G.O.D.F.,
    F. et C., 16413, 1873, 2177, 2179, 2176, 2667; Anonyme, « Un por-
    trait par jour. M. Joseph Fortier, industriel » , dans *La Patrie*, 22 octobre
    1902.

FRANÇOIS, PAUL-G.
1. 60, rue du Parc-Lafontaine
2. Levallois-Perret, 18 novembre 1879
5. *a* - 8 septembre 1905 ou 23 mars 1906 (L'É.)
   c - 22 juin 1906 ou 10 mai 1907 (L'É.)
   m - 8 mars 1907 ou 1er mars 1908 (L'É.)
6. Orateur à Force et courage (1910), délégué au convent (1911), orateur
   (1911)
8. Un des requérants lors de la fondation de Force et courage
10. G.O.D.F., L'Émancipation, 17 décembre 1909, 22 avril 1910; G.O.D.F.,
    F. et C., n° 138, 1911.

FRANCQ, GUSTAVE
1. 303, rue Saint-Denis, 2214, rue Saint-Denis, 230, rue Dorchester Ouest
2. Bruxelles, 17 mars 1871
3. Montréal, 2 janvier 1952
4. Imprimeur, journaliste, syndicaliste
5. *a* - 11 septembre 1908 (L'É.)
   c - 25 juin 1909 (L'É.)
   m - 12 octobre 1910 (L'É.)
6. Hospitalier à Force et courage, 1912; orateur, 1915
7. Affiliation à Force et courage, 21 avril 1910
8. Démission
9. Immigré de Belgique au Canada en 1887, Francq s'implique dans le
   syndicalisme dès l'année suivante à l'occasion de la grève des
   typographes. On le retrouve président du Conseil des métiers et du
   travail de Montréal (1909), vice-président du Congrès des métiers et

du travail du Canada (1910), directeur de la Commission du salaire minimum pour les femmes (1925), puis président de la Commission du salaire minimum (1939). Il participe à la réorganisation du Parti ouvrier (1904), à la fondation de la Fédération provinciale du travail du Québec (1937). Il met sur pied et participe à la rédaction du *Vox populi* (1905), de *L'Ouvrier* (1908) et du *Monde ouvrier* (1916).

10. G.O.D.F., L'Émancipation, 18 juillet 1910, 24 mai 1910; G.O.D.F., F. et C., 21 avril 1910, 1873, 193426; Anonyme, « Gustave Francq : un pionnier », dans *Le Monde ouvrier*, numéro spécial, décembre 1977, p. 6.

FRENCH, ASTON
1. Montréal
2. Montréal, 6 octobre 1895
4. Journaliste
5. *a* - 28 avril 1933 (F. et C.)
10. G.O.D.F., F. et C., 193426.

GAUDET, VICTOR
4. Avocat, inspecteur des postes
10. A.-J. Lemieux, *La Loge∴ L'Émancipation*, p. 12, 29.

GÉLINAS, SÉVÈRE
1. Montréal
2. Montréal, 5 avril 1863
4. Sténographe, traducteur
5. *a* - 5 août 1897 (L'É.)
8. Radiation pour défaut de paiement, 1er février 1899
10. Bibliothèque nationale (Paris), Manuscrits, Rés. F. M.^{2}-140.

GILL, CHARLES
1. Montréal
2. Sorel, 21 octobre 1871
3. Montréal, 1918
4. Artiste-peintre, écrivain
5. *a* - 5 août 1897 (L'É.)
9. Fils du juge Charles Gill et de Delphine Sénécal, Gill effectue ses études classiques au collège Sainte-Marie (1882), au séminaire de Nicolet (1885), puis au collège Saint-Laurent (1886). Ensuite, il suit des cours de Leblond de Brumath. Initié à la peinture par un ami de sa famille, le peintre américain George Forest Bush, il travaille ensuite à Montréal avec William Raphaël et William Brymner puis, à Paris, avec Jean-Léon Jérome. Pendant son séjour en France (1889-1892), il rencontre des écrivains comme Alphonse Allais et Paul Verlaine. À

peine rentré, il retourne à Paris dont il ne reviendra définitivement qu'en 1894. En 1902, il épouse Georgina Bélanger (Gaétane de Montreuil). Professeur de dessin, il rédige des critiques d'art et de littérature pour différents journaux comme *Le Devoir*, *Le Canada* et *Les Débats*. Membre de l'École littéraire de Montréal dont il devient le président en 1912, lauréat du premier concours littéraire de *La Patrie*, il meurt en 1918. L'année suivante paraît un recueil inachevé, *Le Cap Éternité*, composé des fragments d'un poème en plusieurs chants qui aurait repris les grands thèmes de la poésie traditionnelle.

10. Bibliothèque nationale (Paris), Manuscrits, Rés. F. M.^{2}-140; Maximilien Laroche, « Le cap Éternité » , dans le *Dictionnaire des œuvres littéraires du Québec*, vol. 2, p. 182-185.

GIROUARD

4. Avocat d'Arthabaskaville
   Proposé à la tenue du 14 janvier 1910
10. A.-J. Lemieux, *La Loge∴ L'Émancipation*, p. 26.

GIROUX, LOUIS-ALBERT

1. 19, rue Boisseau, Québec
2. Québec, 14 mars 1899
4. Dessinateur
5. *a* - 27 février 1923 (F. et C.)
10. G.O.D.F., F. et C., 36606.

GLOBENSKY, J.-G.

1. Montréal
4. Dentiste
5. *a* - (Loge Hurley, Hurley, Wisconsin)
   c - 27 mai 1896 (Les Cœurs-Unis)
   m - 3 décembre 1896 (Les Cœurs-Unis)
7. Affiliation à L'Émancipation, 9 février 1897
8. Radiation pour défaut de paiement, 1er février 1899
10. Bibliothèque nationale (Paris), Manuscrits, Rés. F. M.^{2}-140.

GRANDCHAMP, NARCISSE

1. 70, rue Dufferin, Montréal
2. Montréal, 9 avril 1879
4. Inspecteur de police
5. *a* - 11 mai 1906 ou octobre 1907 (L'É.)
   c - 25 janvier 1907 ou 1908 (L'É.)
   m - 22 octobre 1908 ou 11 décembre 1909 (L'É.)
6. Secrétaire à L'Émancipation, 1910
7. Un des requérants lors de la fondation de Force et courage

8. Radiation en 1910 ou 1911.

Marcil écrit au G.O.D.F. le 8 novembre 1910 : « J'ai malheureusement la douleur de porter à votre connaissance le cas d'un de nos frères fondateurs, le F∴ Grandchamp, qui, par crainte de perdre sa situation, s'est conduit en lâche [au moment de l'enquête de l'hôtel-de-ville]. Je vous ferai parvenir sous peu, tout ce qui concerne cet individu. »

Le 9 mars suivant, Marcil écrit de nouveau au G.O.D.F. à propos de Grandchamp : « Son nom n'apparaît pas dans la liste récapitulative. Omission volontaire faute d'entente : les uns favorables à l'expulsion définitive, les autres à la radiation... »

Les tenants de la radiation l'emportèrent, ce qui obligea Grandchamp à aller s'expliquer à la loge.

10. G.O.D.F., L'Émancipation, 11 décembre 1909, 22 avril 1910; F. et C., 138, 17712, 4687.

GRENIER, PIERRE-AMABLE

1. 2019, rue Sainte-Catherine Est, Montréal; 97, rue Grant, Longueuil
2. Saint-Césaire, 28 février 1871
4. Dessinateur, tailleur en fourrures
5. *a* - 29 mai 1906 ou 13 septembre 1907 (L'É.)
   c - 8 mai 1907 ou 10 mai 1907 (L'É.)
   m - 26 février 1909 ou septembre 1909 (L'É.)
6. Grand expert à Force et courage, 1910, 1912, 1913; trésorier et archiviste,
8. 1917; trésorier (1918)
   Démission de L'Émancipation pour aller fonder Force et courage, 1909.
10. G.O.D.F., L'Émancipation, 22 avril 1910; F. et C., 138, 679, 5707, 2179, 1746.

GUILLEMOT, RAPHAËL

1. Montréal
2. Saint-Lin
4. Restaurateur
5. *a* - 4 juillet 1899 (L'É.)
10. Bibliothèque nationale (Paris), Manuscrits, Rés. F. M.^{2}-140.

HALDE, RAOUL

1. 91, rue Sainte-Élisabeth; 212, rue Cherrier, Montréal
2. Marieville, 24 novembre 1888
4. Fonctionnaire aux douanes
5. *a* - 23 février 1916 (F. et C.)
   c - 22 février 1916 (F. et C.)
   m - 24 janvier 1918 (F. et C.)

10. G.O.D.F., F. et C., 25 février 1915, 2182.

HALLÉ, CHARLES-JULES
1. 414, rue Saint-François, Québec
2. Saint-Lambert-de-Lévis, 8 juillet 1901
4. Étudiant, ingénieur
5. *a* - 12 ou 27 février 1923 (F. et C.)
9. Fernand Marrié écrit à son sujet au G.O.D.F. : « Le porteur de la présente est le F.·. Jules Hallé, membre de notre At.·., boursier de la Province de Québec; il se propose de passer trois ans en France [1923-1926] en vue de se perfectionner dans ses études de mécanique. Nous l'adressons à vous, pensant que vous voudrez bien le recommander à une ou plusieurs personnes susceptibles de le piloter dans les débuts tout au moins afin de lui faciliter son installation dans un pays où il est, en réalité, tout à fait étranger. »
10. G.O.D.F., F. et C., 36606, 43687, 193426.

HAMON, LOUIS
1. 91, avenue Christophe-Colomb; 126, rue Panet; 209, rue Saint-Jacques
2. Yssimac, Côtes-du-Nord, 7 août 1871
4. Importateur et imprimeur.
5. *a* - 8 décembre 1905 ou 22 novembre 1907 (L'É.)
   c - 12 octobre 1906 ou novembre 1908 (L'É.)
   m - 8 novembre 1907 (L'É.)
   Avant le 12 mars 1918, il a reçu le grade de Chevalier Rose-Croix (18e degré), vraisemblablement à la loge Les Amis bienfaisants et les vrais amis réunis de Paris.
6. Deuxième surveillant à Force et courage, 1910; Premier surveillant, 1912, 1913; vénérable, 1920; représentant au convent de 1918, comme il est « mobilisé et employé à la reconstruction dans la région dévastée ».
8. Démission de L'Émancipation pour aller fonder Force et courage.
9. Hamon est admis à l'honorariat en 1925.
10. G.O.D.F., L'Émancipation, 2 février 1910; F. et C., 1113, 679, 5707, 2177, 2178, 377, 193426, 4689.

HARDY, EDMOND
1. 186, rue Saint-Hubert, Montréal
2. 23 novembre 1854, Montréal
3. 18 septembre 1943, Longueuil
4. Musicien et éditeur de musique
5. *a* - 11 novembre 1896 (L'É.)
8. Démission, 7 novembre 1899
9. Après avoir étudié la musique avec son père, il fonde et dirige l'Harmonie de Montréal (1874) qui se transforme à l'occasion en musique de

régiment. En 1887, il fonde l'Association des corps de musique de la province de Québec. De 1894 à 1895, il est directeur de l'Opéra français de Montréal puis du conservatoire de la Société artistique canadienne (1896-1901). Parallèlement, il tient un commerce d'importation de musique et d'instruments (1885-1925) et il publie l'œuvre de compositeurs comme Alexis Contant, Guillaume Couture, Arthur Letondal et Achille Fortier. Premier président de l'Association protectrice des musiciens de Montréal (1898), il est membre du comité qui met sur pied la Musician's Benevolent Society (1899). Il fonde et dirige l'*Écho musical* (1887-1888). Et, en 1904, il est nommé professeur au Mont-Saint-Louis et directeur du corps musical de la maison, poste qu'il occupe pendant trente ans. Nommé officier d'académie en 1911. Bibliothèque nationale (Paris), Manuscrits, Rés. F. M.².-140; G.O.D.F.,

10. L'Émancipation, 14 janvier 1897; Gilles Potvin, « Hardy, Edmond », dans *L'Encyclopédie de la musique au Canada*, Fides, 1983, p. 439.

HAREL, VICTOR-AMÉDÉE

1. 2264, rue Notre-Dame, Montréal
2. Saint-Rémi, 30 avril 1851
4. Médecin
5. *a* - 24 novembre 1896 (L'É.)
6. Orateur, 1899, 1900
10. Bibliothèque nationale (Paris), Manuscrits, Rés. F. M.².-140; F. M., Élection du vénérable, 1897-1900; G.O.D.F., L'Émancipation, 14 janvier 1897.

HAYDEN, HENRI

1. 632, rue Adam, Maisonneuve; 361, rue Lasalle, Maisonneuve
2. Sorel, 29 août 1864
4. Charpentier de navires
5. *a* - 23 février 1916 (F. et C.)
   c - 25 janvier 1917 (F. et C.)
   m - 24 janvier 1918 (F. et C.)
6. Hospitalier, 1917, 1918; trésorier, 1919; hospitalier, 1920
10. G.O.D.F., F. et C., 25 février 1915, 2179, 2182, 1746, 2667, 377.

HENRY, ÉDOUARD

1. 820, rue Saint-Hubert, Montréal
2. Bruxelles, 10 septembre 1882
4. Charpentier lambrisseur, agent syndical
5. *a* - 8 janvier 1923 (F. et C.)
   c - 21 mai 1925 (F. et C.)
   m - 15 octobre 1925 (F. et C.)
9. Henry, qui a fait l'école des Beaux-Arts de Bruxelles, a aussi étudié

la flûte. Il débarque au Canada comme la guerre de 1914 vient d'être déclarée et il exercera à Montréal le métier de charpentier-lambrisseur de navires. Afin d'améliorer le sort des gens de son milieu, il fonde l'Union des lambrisseurs.

10. G.O.D.F., F. et C., 35029, 193426; Entretien avec Marcel Henry, le 22 avril 1985.

HOARIAN DE MONTROSE, WILFRID
1. 864, avenue Bloomfield, Outremont
2. Île Maurice, 12 octobre 1882
5. *a* - 24 mars 1911 (F. et C.)
10. G.O.D.F., F. et C., 25 février 1915.

INGELREST, RICHARD
1. Cornwall, Ontario
2. Marcq en Barveul, Côtes-du-Nord, 1ᵉʳ décembre 1882.
4. Mouleur
5. *a* - 10 janvier 1924 (F. et C.)
10. G.O.D.F., F. et C., 47303.

IVART, EDMOND-VICTOR
1. Saint-Hilaire-de-Rouville
2. Beaumont, Pas-de-Calais, 13 décembre 1881
4. Aviculteur
5. *a* - 1906 (Union et travail, Lens)
   c - 1907 (Union et travail)
   m - 1907 (Union et travail)
   « Le 2ᵉ et le 3ᵉ deg∴ lui ont été conférés en même temps, en 1907, la L∴ étant jeune (fil∴ de la L∴ Fidélité de Lille). En sommeil depuis 1913. »
7. Affiliation à Force et courage, 18 juin 1919
10. G.O.D.F., F. et C., 6965.

JACOB, JOSEPH-ALPHONSE
1. 143, rue Saint-Patrick, Québec
2. L'Ange-Gardien, 11 avril (?)
4. Charpentier en fer
5. *a* - 13 juillet 1921 (F. et C.)
10. G.O.D.F., F. et C., 11814.

JOANIN, JOSEPH
1. 188, rue Sainte-Élisabeth, Montréal
2. Bourg-en-Bresse, 27 mars 1886
4. Mécanicien
5. *a* - 23 novembre 1919 (Amitié fraternelle, Bourg-en-Bresse)

c - 14 août 1920 (Amitié fraternelle)

m - 14 août 1920 (Amitié fraternelle)

7. Affiliation à Force et courage, 16 avril 1921

10. G.O.D.F., F. et C., 8883.

LABERGE, LOUIS

1. Montréal

2. Montréal, 17 juin 1851

4. Médecin, président du bureau d'hygiène de la ville de Montréal

5. *a* - 12 janvier 1882 (Zetland, Montréal)

   c - 9 février 1882 (Zetland)

   m - 9 mars 1882 (Zetland)

   Membre du chapitre Carnarvon

6. Vénérable de L'Émancipation, 1897

7. Affiliation à L'Émancipation, 13 octobre 1896

9. Membre de l'Alliance scientifique universelle; membre fondateur de la Ligue de l'enseignement.

10. Bibliothèque nationale (Paris), Manuscrits, Res. F. M.^{2}-140; A.-J. Lemieux, *La Loge∴ L'Émancipation*, p. 24; Anonyme, « Tolérance et cléricalisme » , 2 août 1910.

LACHAL, PAUL

1. 162, rue Boyer, Montréal

2. Ambert, Puy-de-Dôme, 22 mars 1875

4. Mécanicien

5. *a* - 18 décembre 1913 (F. et C.)

   c - 17 juin 1919 (F. et C.)

   m - 15 février 1920 (F. et C.)

10. G.O.D.F., F. et C., 4624.

LACOMBE, GEORGES-A.

1. Montréal

4. Médecin

5. *a* - 2 juin 1898 (L'É.)

8. Radiation pour défaut de paiement, 24 octobre 1899

10. Bibliothèque nationale (Paris), Manuscrits, Rés. F. M.^{2}-140; A.-J. Lemieux, *La Loge∴ L'Émancipation*, p. 12.

LAFOND, VINCENT

1. Montréal

2. Henryville, 19 juillet 1867

4. Agent d'immeubles

5. *a* - 14 novembre 1897 (L'É.)

   c - 2 novembre 1898 (L'É.)

10. Bibliothèque nationale (Paris), Manuscrits, Rés. F. M.²-140.

LALIBERTÉ, A.-J.

Il appartient à L'Émancipation en 1910.

10. A.-J. Lemieux, *La Loge ∴ L'Émancipation*, p. 30.

LAMALICE, ARTHUR

8. Radiation pour une raison inconnue, 14 janvier 1910.

10. A.-J. Lemieux, *La Loge ∴ L'Émancipation*, p. 12, 26.

LAMARCHE, EUGÈNE-ULRIC

1. Saint-André-de-Mascouche
2. Oakland, Californie, 15 décembre 1868
4. Artiste-peintre
5. *a* - 11 novembre 1896 (L'É.)
8. Démission pour cause de déménagement à Boston, 24 octobre 1899
10. Bibliothèque nationale (Paris), Manuscrits, Rés. F. M.²-140; G.O.D.F., L'Émancipation, 14 janvier 1897.

LAMOUCHE, J.

1. Montréal
2. Saint-Martin, 11 septembre 1866
4. Policier
8. Radiation pour défaut de paiement, 1910.
10. G.O.D.F., L'Émancipation, 2 février 1910.

LANGLOIS, GODFROY

1. C. P. 675, Montréal
2. Sainte-Scolastique, 26 décembre 1866
3. Bruxelles, 6 avril 1928
4. Journaliste, député, représentant du Québec en Belgique
5. *a* - 25 décembre 1895 (Les Cœurs-Unis)
   c - 22 janvier 1896 (Les Cœurs-Unis)
   m - 25 mars 1896 (Les Cœurs-Unis)
6. Orateur à L'Émancipation, 1896, 1897, (?), 1901, 1903
7. Langlois compte parmi les requérants à la fondation de L'Émancipation.
9. Fils de Joseph Langlois et d'Olympe Proulx-Clément, il fait ses études au collège de Sainte-Thérèse, au collège Saint-Laurent et à l'université Laval de Montréal où il obtient une licence en droit. Comme journaliste, il collabore ensuite au *Clairon*. Et on le retrouve directeur de *L'Écho des Deux-Montagnes*, rédacteur en chef de *La Patrie* (1897-1903), fondateur et directeur du *Canada* (1903-1910) et du *Pays* (1910). Député au provincial de 1904 à 1914, il devient cette année-là représentant du Québec à Bruxelles. Langlois a fait partie de plusieurs associations : membre fondateur de la Ligue de l'enseignement, directeur de

l'Association des citoyens de Montréal, membre du Club de Réforme et du Club National de Montréal.
Bibliothèque nationale (Paris), Rés. F. M.²⁻140. Élections du vénérable,
10. 1897-1900; G.O.D.F., L'Émancipation, 12 mai 1896, 25 février 1901, 5 décembre 1903; Anonyme, *Répertoire des parlementaires du Québec, 1867-1978*.

LAPORTE, CLOVIS
4. Avocat
10. A.-J. Lemieux, *La Loge∴ L'Émancipation*, p. 30.

LAROSE, ADHÉMAR
1. 71, rue de l'Hôtel-de-ville; 1062, rue Ontario Est; 70, rue de Brébeuf, Montréal
2. Saint-Esprit, 25 décembre 1881
4. Employé de la ville de Montréal
5. *a* - 24 février 1915 (F. et C.)
   c - 25 janvier 1917 (F. et C.)
   m - 24 janvier 1918 (F. et C.)
6. Hospitalier, 1919
8. Démission, 18 octobre 1924, pour cause de départ : « a quitté le pays ».
10. G.O.D.F., F. et C., 25 février 1915, 2182, 2667, 57950.

LAROSE, ALFRED
1. Notre-Dame-de-Grâces
4. Bijoutier
5. *a* - 25 octobre 1898 (L'É.)
6. Trésorier, 1900
10. Bibliothèque nationale (Paris), Rés. F. M.²-140; F. M. Élection du vénérable, 1897-1900.

LAROSE, ÉMILE
1. 221, rue Saint-André, Montréal
2. Montréal, 22 septembre 1883
4. Restaurateur, tavernier (rue Sainte-Catherine près de la rue Saint-Timothée)
5. *a* - 24 octobre 1917 (Les Cœurs-Unis)
   c - 1ᵉʳ décembre 1917 (Les Cœurs-Unis)
   m - 2 février 1918 (Les Cœurs-Unis)
6. Trésorier et archiviste à Force et courage, 1920
7. Affiliation à Force et courage, le 24 avril 1919 :

> La L∴ Cœurs-Unis, Rite écossais est sous la dép∴ de la G∴ L∴ de Québec laquelle est sous l'obédience de celle d'Angleterre. Il conviendrait dans le cas du F∴ Larose de lui adresser un diplôme de M∴ par notre intermédiaire.

10. G.O.D.F., F. et C., 4920, 10976, 377.

LAROSE, LUDGER

1. 10, côte Saint-Lambert; 813, avenue du Mont-Royal; 276, rue Beaudry; 488, rue Prudhomme
2. Montréal, 1ᵉʳ mai 1868
3. Montréal, 1915
4. Artiste-peintre
5. *a* - 24 avril 1895 (Les Cœurs-Unis)
   c - 26 juin 1895 (Les Cœurs-Unis)
   m - 25 septembre 1895 (Les Cœurs-Unis)
6. Trésorier à L'Émancipation, 1897; vénérable à L'Émancipation, 1908; secrétaire à Force et courage, 1911 ; deuxième surveillant à Force et courage, 1913.
7. L'un des requérants à la fondation de L'Émancipation. Il a dû passer à Force et courage en 1910.
9. Larose étudie la peinture à Paris avec Gustave Moreau et Jean-Paul Laurens (1887). Ensuite, il séjourne à Rome (1890) où il copie des toiles de grands maîtres. Marc-Aurèle Fortin compte parmi ses élèves. J. Russell Harper, dont les travaux sont à juste titre contestés, le classe parmi les peintres académiques. Membre fondateur de la Ligue de l'enseignement.
10. Bibliothèque nationale (Paris), Manuscrits, Rés. F. M. Élection du vénérable, 1897-1900; G.O.D.F., L'Émancipation, 12 mai 1896, 16 novembre 1908; G.O.D.F., F. et C., 679; J. Russell Harper, *La Peinture au Canada des origines à nos jours*, Québec, PUL, 1966, p. 239, 241, 425.

LAUZIER, HENRI

4. Professeur à l'Université McGill
5. Il aurait appartenu à Force et courage
10. Conversation avec J.-Z.-Léon Patenaude, 23 avril 1985.

LAVAILLE, ANDRÉ-JEAN-ROMAIN

1. 882, rue Durocher; 1421, rue Hutchison
2. Paris, 5 février 1883
4. Photograveur
5. *a* - Février 1910 (La Clémente amitié cosmopolite, New-York)
   c - Mars 1910 (La Clémente amitié cosmopolite)
   m - Avril 1910 (La Clémente amitié cosmopolite)
6. Orateur à Force et courage, janvier 1921
7. Affiliation à Force et courage, 24 octobre 1919
8. Démission, 18 octobre 1924 : « Ne peut plus faire partie de notre atelier ».

10. G.O.D.F., F. et C., 10975, 57026, 57950, 2623.

LAVALLÉE, MICHEL
1. Montréal
2. Berthier, 9 octobre 1892
4. Menuisier
5. *a* - 6 août 1925 (F. et C.)
   c - 26 février 1927 (F. et C.)
   m - 22 juillet 1932 (F. et C.)
10. G.O.D.F., F. et C., 193426.

LAVIGNE, LOUIS
1. Montréal
4. Électricien
5. *a* - (Les Cœurs-Unis)
   c - (Les Cœurs-Unis)
   m - (Les Cœurs-Unis)
6. Hospitalier à L'Émancipation, 1900
7. Affiliation à L'Émancipation, 18 novembre 1897
10. Bibliothèque nationale (Paris), Manuscrits, Rés. F. M.²-140.

LE COURVOISIER, AUGUSTE
1. 513, rue Davidson
2. Portic-Saint-Brieuc, Côtes-du-Nord, 18 mai 1869
4. Menuisier
5. *a* - 6 novembre 1913 (F. et C.)
   c - 13 janvier 1915 (F. et C.)
   m - 13 octobre 1915 (F. et C.)
6. Couvreur, 1915
10. G.O.D.F., F. et C., 25 février 1915, 1873, 1876.

LEFEBVRE, J.-D. GASPARD
1. 455, rue Berri, Montréal
2. Montréal, 6 février 1854.
4. Fonctionnaire
5. *a* - 11 novembre 1896 (L'É.)
8. Radiation pour défaut de paiement, 17 février 1898.
10. Bibliothèque nationale (Paris), Rés. F. M.²-140; G.O.D.F., L'Émancipation, 14 janvier 1897.

LE MOYNE DE MARTIGNY, ADELSTAN
1. 406, rue Sherbrooke, Montréal
2. Saint-Romuald, 4 février 1867
3. Montréal, 14 novembre 1917
4. Chirurgien et pneumatologue

5. *a* - 25 août 1896 (L'É.)
   c - 22 septembre 1896 (L'É.)
   m - 3 juin 1897 (L'É.)
   Chevalier Kadosch (30ᵉ degré)
   En février 1901, L'Émancipation demande au G.O.D.F. que « le
   F∴ A. de Martigny qui est reconnu au Canada comme le chef de la
   Fr∴ M∴ et constamment attaqué comme tel par les feuilles cléricales,
   reçoive lors de son prochain voyage en France, en récompense de son
   constant et ardent dévouement à la cause de la libre-pensée et de la
   Fr∴ M∴ , le grade de Chev∴ Kad∴ » . La demande est transmise au
   Grand Collège des Rites qui l'agrée.

6. Premier surveillant à L'Émancipation, 1899; vénérable à L'Émancipation,
   1900, 1901; délégué au convent, 1904.

9. De Martigny étudie la médecine à l'Université Laval de Québec où il
   obtient son diplôme en 1890; ensuite, il se spécialise en chirurgie et
   en pneumatologie à Paris. Il est reçu docteur en médecine de l'Université
   de Paris. Il compte parmi les membres fondateurs de la Ligue de
   l'enseignement. Au cours de sa carrière, il effectue de nombreux séjours
   à Paris où il fréquente des maçons importants du G.O.D.F\

10. Bibliothèque nationale (Paris), Manuscrits, Rés. F. M.²-140, 14 août
    1909; G.O.D.F., L'Émancipation, 25 février 1901; Anonyme,
    « Dr. Adelstan Le Moine De Martigny », dans *The Canadian Medical
    Association Journal*, vol. 8, n° 1, janvier 1918, p. 75.

À propos d'Adelstan Le Moyne de Martigny et de son frère François,
il n'est sans doute pas inutile de rappeler les rapports qu'ils eurent
avec Alexis Carrel lorsque celui-ci séjourna à Montréal. Robert Soupault
écrit :

À Montréal, par la fenêtre de la pension de famille que tient une vieille
dame française et où il vient de descendre, il regarde le matin pluvieux et
froid. Ce n'est pas le temps qui va l'empêcher de sortir. Il relève le col de
son manteau, enfonce son chapeau. La marche à pied est un de ses exercices
préférés.
   Bientôt, il s'arrête devant un important bâtiment de bel aspect. Un police-
man qu'il interroge lui répond que c'est là l'Hôtel-Dieu, le grand hôpital
catholique. Il y pénètre aussitôt et, très à son aise, visite sans mot dire les
salles où il observe le patient et silencieux travail des religieuses vêtues de
gris. Un jeune docteur à la courte moustache blonde s'approche : « May I
help you ? » (Puis-je vous aider ?) Carrel répond quelques mots en mauvais
anglais. Et l'autre de repartir en français : « Mais vous êtes Français ? Qu'est-
ce qui vous amène ici ? Me permettrez-vous de savoir votre nom ? — Bien
sûr. Alexis Carrel. — Oh ! avez-vous quelque parenté avec le savant, auteur
d'extraordinaires recherches expérimentales à Lyon ? — C'est moi. »
   Le voici en relation, et bientôt en amitié, avec François de Martigny qui le
présente à son frère Adelstan, médecin déjà réputé à Montréal. Ils l'invitent à

déjeuner. On s'assoit devant une truite du lac et un rôti de cochon de lait. La conversation s'engage entre les deux Canadiens et leur jeune confrère européen. Très vite les questions d'ordre général, politiques et religieuses. Le ton s'élève fâcheusement. Ne voilà-t-il pas qu'Adelstan propose et conseille à Alexis d'adhérer à la franc-maçonnerie ? Du coup l'impétueux Lyonnais ne se contient plus, frappe du poing. Les mœurs de là-bas étaient rudes. L'autre attrape une carafe. Puis ils se ressaisissent et se calment.

Le Dr Carrel resta à Montréal. La voie de son destin prenait un nouveau tour. Les frères Martigny avaient réussi à le dissuader non point de ses projets de concession et d'exploitation de terres, mais de son dessein de quitter Montréal avant que de s'être familiarisé quelque peu avec la langue et les coutumes du pays. Bien plus, ils l'accueillirent dans leur service d'hôpital, l'introduisirent dans la haute société de la ville et le firent participer à des réunions scientifiques. L'année suivante, c'est grâce à eux qu'il ira aux États-Unis — où ils se rencontreront plus tard en maintes occasions. Pour l'instant, Carrel ne fait qu'ajourner sa prospection. (Robert Soupault, *Alexis Carrel, 1873-1944*, Plon, 1952, p. 43-44.)

LE MOYNE DE MARTIGNY, FRANÇOIS-XAVIER

1. 406, rue Sherbrooke, Montréal
2. Saint-Romuald, 17 octobre 1872
3. 28 septembre 1940
4. Médecin, chirurgien
5. *a* - 27 octobre 1896 (L'É.)
6. Premier surveillant, 1899
9. Il étudie au collège de Lévis, au collège des Jésuites de Québec et à la faculté de médecine de l'université Laval de Montréal où il termine ses études en 1893. Ensuite, il se spécialise en chirurgie à Paris où il passe huit ans. De retour à Montréal, il exerce à l'Hôtel-Dieu de Montréal et participe à la fondation de l'Hôpital français qui deviendra l'hôpital Jeanne-d'Arc de Montréal. Pendant la guerre de 1914, il est attaché au Woolwich Hospital et au Richborough Hospital de Grande-Bretagne avant de devenir chirurgien-chef de l'hôpital canadien de Saint-Cloud. Pendant un certain temps, il pratique à l'hôpital Carrel de Compiègne. Il est membre de la Société nationale des Chirurgiens de Paris, membre de la Société internationale d'urologie et de la Société française d'urologie. Décoré par le gouvernement français pour ses efforts en faveur du développement des écoles publiques. À sa mort, le *Canadian Medical Association Journal* écrit : « He had an international reputation as a surgeon and was recognized for many years as one of the leading figures in the medical profession in Canada. »
10. Bibliothèque nationale (Paris), Rés. F. M.²-140; F. M. Élection du vénérable, 1897-1900; G.O.D.F., L'Émancipation, 14 janvier 1897; Anonyme, « Lieut.-Col. François X. L. de Martigny, M.D. » , dans *The Canadian Medical Association Journal*, vol. 43, novembre 1940, p. 500.

LE MOYNE DE MARTIGNY, PAUL
1. 4508, rue Sainte-Catherine Ouest, app. 4
2. Saint-Romuald, 17 décembre 1875
3. Montréal, 25 août 1951
4. Journaliste
5. *a* - 1907 (L'É.)
   c - 1908 (L'É.)
   m - 1909 (L'É.)
   Selon un autre document, il aurait été initié aux Cœurs-Unis, à une date inconnue, et il se serait affilié à L'Émancipation le 6 janvier1898.
6. Secrétaire à L'Émancipation
7. Affiliation à Force et courage, 12 février 1924.
   À son sujet, Fernand Marrié écrit au G.O.D.F. : « Les dates de réception aux divers grades font défaut, les archives de l'Émancipation ayant été détruites. Ce F∴ a été un moment secrétaire de cet At∴ C'est le propre frère de feu F∴ Adelstan de Martigny (30ᵉ) dont la mémoire est vénérée par tous les maç∴ canadiens. Ce nouvel affilié est exactement dans le même cas que le F∴ Déry, un ancien, lui aussi, de L'Émancipation, et que nous avons affilié et pourvu d'un diplôme il y a environ six années [1918]. »
9. Après avoir passé ses premières années à Saint-Jérôme et à Varennes, il s'installe à Montréal où il participe, surtout en 1896 et 1897, aux réunions du château de Ramezay. Avec Louvigny de Montigny, il fonde en 1899 *Les Débats*, une publication qui, en ses débuts, s'occupe d'art et de littérature; elle exprime les préoccupations des membres de l'École littéraire de Montréal. Après avoir occupé plusieurs postes, il entre à *La Patrie* comme journaliste et il devient bientôt correspondant à Paris. Après avoir été prisonnier des Allemands pendant la seconde guerre mondiale, il reprendra sa carrière au même Journal. Il publie, outre de nombreux textes dans les journaux, *Mémoires d'un reporter* (1925), *La Vie aventureuse de Jacques Labrie* (1945), *L'Envers de la guerre* (1946) et les *Mémoires d'un garnement* (1947).
10. Bibliothèque nationale (Paris), Manuscrits, Rés. F. M.²-140; G.O.D.F., F. et C., 49416, 193426; Jean Charbonneau, *L'École littéraire de Montréal*, Montréal, Lévesque, p. 134-139; Monique Genuist, « Mémoires d'un reporter » , dans le *Dictionnaire des œuvres littéraires du Québec*, vol. 2, Montréal, Fides, p. 689.

MAILLET, GASTON
1. 290, boul. Saint-Laurent, Montréal
2. Montréal, 11 juin 1873
3. Montréal, août 1921
4. Dentiste

5. *a* - 26 février 1896 (Les Cœurs-Unis)

   c - 25 mars 1896 (Les Cœurs-Unis)

   m - 22 avril 1896 (Les Cœurs-Unis)

7. Un des requérants lors de la fondation de L'Émancipation

9. Gaston Maillet avait épousé Eugénie Boudet, fille d'Étienne Boudet. Celui-ci, Français d'origine et incroyant, était le fils d'un typographe au *Figaro* et communard qui avait combattu dans les rangs des Francs Tireurs de la presse. L'influence d'Étienne Boudet aurait été déterminante sur les idées de Maillet (Conversation avec Andrée Maillet, petite-fille de Gaston Maillet, le 13 mai 1987).

10. Bibliothèque nationale (Paris), Manuscrits, Rés. F. M. Élection du vénérable, 1897-1900 ; G.O.D.F., L'Émancipation, 12 mai 1896.

MARCHAND, J.-F.

6. Maître des banquets

10. A.-J. Lemieux, *La Loge ∴ L'Émancipation*, p. 13.

MARCIL, ALFRED

1. 588, rue Adam; 831, rue Sainte-Catherine; 783, rue Saint-Denis, Montréal

2. Montréal, 4 juillet 1879

3. Montréal, 1924

4. Médecin

5. *a* - 11 novembre 1904 (L'É.)

   c - 8 septembre 1905 (L'É.)

   m - 9 février 1906 (L'É.)

   Chevalier Rose-Croix (18ᵉ degré)

6. Vénérable à Force et courage, 1910, 1911, 1912, 1913, 1915, 1917; secrétaire, 1912. Il écrit le 23 décembre 1913 au G.O.D.F. : « Pendant près de 2 ans, j'ai rempli, à la loge Force et courage, les fonctions de ven∴, secrétaire, archi.-trésorier; pendant ces deux années, j'ai eu à lutter contre toutes sortes d'obstacles, dont les plus pénibles étaient suscités par des anciens Frères de la loge L'Émancipation. »

7. L'un des requérants lors de la fondation de Force et courage

10. G.O.D.F., L'Émancipation, 11 décembre 1909, 19 août 1909; G.O.D.F., F. et C., 138, 679, 1873, 2177, 1746, 1339, 23 déc. 1913.

MARRIÉ, FERNAND

1. 103, 5ᵉ Avenue; 675, 4ᵉ Avenue, Maisonneuve

2. Montréal, 6 août 1884

3. Montréal, 8 mai 1945

4. Dessinateur, journaliste, fonctionnaire

5. *a* - 18 décembre 1913 (F. et C.)

   c - 10 juin 1914 (F. et C.)

   m - 23 juin 1915 (F. et C.)

6. Trésorier à Force et courage, 1914; secrétaire-trésorier, 1915; secrétaire et garde des sceaux, 1917; secrétaire-trésorier, 1918; secrétaire, 1919; garde des sceaux, 1920.

10. G.O.D.F., F. et C., 9902, 3697, 1873, 2179, 1746, 2667, 377, 193426, 2623; conversations avec Claude Marrié.

MARRIÉ, GEORGES

1. 675, 4ᵉ Avenue, Maisonneuve
2. Montréal, 9 août 1887
3. Montréal, 25 mars 1960
4. Dessinateur, employé de la Montreal Light Heat and Power
5. *a* - 10 juin 1914 (F. et C.)
   c - 13 octobre 1915 (F. et C.)
   m - 25 janvier 1917 (F. et C.)
6. Premier surveillant à Force et courage, 1917, 1918, 1919, 1920
10. G.O.D.F., F. et C., 1876, 2179, 1746, 2667, 377; conversations avec Claude Marrié.

MARRIÉ, PIERRE-WILLIAM

1. 763, 1ʳᵉ Avenue, Maisonneuve
2. Arcachon, Gironde, 21 février 1895
3. Montréal, 6 janvier 1958
4. Mécanicien, représentant en tabac
5. *a* - 22 avril 1920 (F. et C.)
10. G.O.D.F., F. et C., 9135, 9138; conversations avec Claude Marrié.

MARTEL, J.-P.

2. Saint-Benoît, 12 février 1855
8. Radiation pour défaut de paiement, 1910
10. G.O.D.F., L'Émancipation, 2 février 1910.

MARTELLI, ANGELO

2. Italie, 18 décembre 1873
7. Demande d'affiliation à Force et courage, 1921.
   Le secrétaire de Force et courage écrit au G.O.D.F. : « Nous recevons de Québec une planche d'un nommé Martelli Angelo qui se dit maç∴ et posséder la grade d'app∴ qui lui aurait été conféré à la R∴L∴ L'Intimité d'Aix-les-Bains. Pourriez-vous m'envoyer des renseignements sur ce F∴ Nous attendons votre réponse avant de prendre sa demande d'affiliation (22 octobre 1921). »
   La réponse est la suivante : « En réponse à votre pl∴ du 8 courant, j'ai la faveur de vous faire connaître que le F∴ Martelli Angelo, né en Italie, le 18 décembre 1873, est membre de la L∴ L'Intimité, O∴ d'Aix-les-Bains. »

MARTIN, RAYMOND

1. 18, rue Colin
2. Clisson, Loire-Inférieure, 16 novembre 1889
4. Employé de commerce
5. *a* - 22 janvier 1920 (Les Cœurs-Unis)
   c - 31 mai 1920 (Les Cœurs-Unis)
   m - 5 août 1920 (Les Cœurs-Unis)
7. Affiliation à Force et courage, 29 janvier 1923
10. G.O.D.F., F. et C., 36607, 30641, 40737.

MASSON, LORENZO

1. Québec
2. Québec, 15 septembre 1900
4. Publiciste
5. *a* - 23 octobre 1931 (F. et C.)
   c - 27 mai 1932 (F. et C.)
   m - 22 juillet 1932 (F. et C.)
10. G.O.D.F., F. et C., 193426.

MASSON, RENÉ-A.

1. Montréal
2. Terrebonne, 28 octobre 1862
5. *a* - 18 novembre 1897 (L'É.)
   c - 2 novembre 1898 (L'É.)
10. Bibliothèque nationale (Paris), Rés. F. M.²-140.

McAVOY, DANIEL

1. Rue Adam; 1, rue Bennett, Maisonneuve
2. Québec, 30 novembre 1870
4. Avocat
5. *a* - 27 novembre 1908 (L'É.)
   c - 8 octobre 1909 (L'É.)
   m - 14 septembre 1910 (F. et C.)
7. Affiliation à Force et courage, 31 août 1910
8. Démission, 13 novembre 1923
10. G.O.D.F., F. et C., 17836, 679, 5707, 45360; A.-J. Lemieux, *La Loge∴ L'Émancipation*, p. 30.

MEUNIER, LÉGER

1. 153, rue Saint-Dominique, Montréal
2. Saint-Étienne, 3 juin 1864
4. Typographe, imprimeur
5. *a* - 28 mars 1894 (Les Cœurs-Unis)
   c - 25 avril 1894 (Les Cœurs-Unis)
   m - 23 mai 1894 (Les Cœurs-Unis)

7. Un des requérants lors de la création de L'Émancipation
10. Bibliothèque nationale (Paris), Manuscrits, Rés. F. M.²-140; G.O.D.F., L'Émancipation, 12 mai 1896.

NEYRAT, JEAN-BAPTISTE
1. Saint-Pie
4. Agronome, fermier
5. *a* - 7 avril 1898 (L'É.)
8. Démission pour rentrer en France, 25 octobre 1899.
10. Bibliothèque nationale (Paris), Manuscrits, Rés. F. M.²-140.

NOËL DE TILLY, ARTHUR
1. 245, rue Chambly, Montréal
2. Gracefield, 15 septembre 1877
4. Comptable
5. *a* - 19 juin 1901 (Les Cœurs-Unis)
   c - 6 novembre 1901 (Les Cœurs-Unis)
   m - 15 janvier 1902 (Les Cœurs-Unis)
6. Secrétaire-trésorier à Force et courage, 1913
7. Affiliation à Force et courage, 18 septembre 1913
8. Démission « sans motif apparents », 23 décembre 1914
10. G.O.D.F., F. et C., 679, 16413, 25 février 1915, 3697, 9902.

NORMANDIN, ARTHUR
1. 97, 5ᵉ Avenue, Maisonneuve; 388, 3ᵉ Avenue, Montréal-Est
2. Boucherville, 16 juin 1890
4. Commis
5. *a* - 28 juin 1917 (F. et C.)
   c - 23 mai 1918 (F. et C.)
   m - 17 juin 1919 (F. et C.)
8. Démission pour départ, 13 novembre 1923
10. G.O.D.F., F. et C., 25 février 1915, 6963, 45360.

NORMANDIN, OSCAR
1. 856, rue Baldwin, Tétraultville
2. Saint-Constant, 1ᵉʳ novembre 1864
4. Cordonnier, marchand de fourrures
5. *a* - 18 décembre 1913 (F. et C.)
8. Démission « sans motifs apparents », 23 février 1915
10. G.O.D.F., F. et C., 3697; A.-J. Lemieux, *La Loge∴ L'Émancipation*, p. 30.

PANNETON, PHILIPPE (RINGUET)
2. Trois-Rivières
3. Lisbonne, 28 février 1960
4. Médecin, écrivain, ambassadeur

9. Fils du docteur Ephrem-François Panneton et de Éva Ringuet, il passe son enfance à Trois-Rivières. Il entreprend ses études classiques au séminaire de Trois-Rivières pour les poursuivre au séminaire de Joliette puis de nouveau à celui de Trois-Rivières. Diplômé en médecine de l'université de Montréal (1920), il se spécialise en oto-rhino-laryngologie. Il soutient sa thèse d'agrégation en 1933. Professeur agrégé à l'université de Montréal (1930) puis professeur titulaire (1945), il abandonne l'enseignement en 1950 pour se consacrer uniquement à la pratique. Depuis 1930, il effectue de nombreux voyages qui le mènent au Portugal, en Espagne, au Maroc, en France, au Mexique, à Tahiti et au Brésil. Ambassadeur du Canada au Portugal de 1957 à sa mort. Il a publié, entre autres textes, *Trente arpents* (1938), *Un monde était leur empire* (1943), *Fausse monnaie* (1947), *Le Poids du jour* (1949), *L'Amiral et le Facteur* (1954). Selon Marcel Henry qui l'a bien connu, il a appartenu à Force et courage.

Jean Panneton, *Ringuet*, coll. « Écrivains canadiens d'aujourd'hui », Montréal, Fides, 1970, 190 p.

PAPPELBAUM, LOUIS

1. Saint-Jérôme
2. Jassy, Roumanie
4. Négociant
5. *a* - 27 mai 1914 (F. et C.)
   c - 13 octobre 1915 (F. et C.)
   m - 25 janvier 1917 (F. et C.)
10. G.O.D.F., F. et C., 25 février 1915, 1876.

PAUL-FRANÇOIS, ALEXANDRE-MICHEL

1. Montréal
2. Grand-Temps, Isère, 2 juillet 1871
4. Enseignant
5. *a* - 23 octobre 1907 (L'É.)
   c - 25 septembre 1908 (L'É.)
   m - 8 mars 1911 (F. et C.)
7. Affiliation à Force et courage, 10 janvier 1911
10. G.O.D.F., F. et C., 11371.

PELLETIER, ALPHONSE

1. 36, boul. Saint-Laurent
2. Rivière-Blanche, 12 août 1872
4. Imprimeur-éditeur
5. *a* - 25 octobre 1893 (Les Cœurs-Unis)
   c - 24 janvier 1894 (Les Cœurs-Unis)
   m - 15 mars 1894 (Les Cœurs-Unis)

6. Secrétaire des Cœurs-Unis, 1896; secrétaire de L'Émancipation, 1896, 1897, 1903; premier surveillant, 1900
7. L'un des requérants lors de la création de L'Émancipation
9. Éditeur de *La Petite Revue*
10. Bibliothèque nationale (Paris), Manuscrits, Rés. F. M.^{2}-140; F. M. Élection du vénérable, 1897-1900; G.O.D.F., L'Émancipation, 5 décembre 1903, 12 mai 1896.

PETIT, JULES
1. Montréal
2. Paris, 28 février 1848
4. Opticien
5. *a* - 25 octobre 1893 (Les Cœurs-Unis)
   c - 24 janvier 1894 (Les Cœurs-Unis)
   m - 5 mars 1894 (Les Cœurs-Unis)
6. Hospitalier à L'Émancipation, 1899
7. Affiliation à L'Émancipation, 9 février 1897
10. Bibliothèque nationale (Paris), Rés. F. M.^{2}-140; F. M. Élection du vénérable, 1897-1900.

PINSONNEAULT, LUCIEN-HENRI
1. 1513, rue de l'Esplanade
2. Saint-Valentin, 14 mai 1873
4. Marchand
5. *a* - 12 septembre 1902 (L'É.)
   c - 23 octobre 1903 (L'É.)
   m - 18 novembre 1904 (L'É.)
   Chevalier Rose-Croix (18ᵉ degré), 14 mars 1917, Les Amis bienfaisants et les vrais amis réunis (Paris)
6. Hospitalier à Force et courage, 14 décembre 1910; trésorier, 1912
7. Affiliation à Force et courage, 12 octobre 1910
8. Démission
10. G.O.D.F., F. et C., 1113, 17836, 5707, 2177, 2176, 193426.

PRINCE, LORENZO
1. Montréal
2. Batiscan, 18 avril 1872
4. Journaliste
5. *a* - 26 février 1896 (Les Cœurs-Unis)
   c - 25 mars 1896 (Les Cœurs-Unis)
   m - 22 avril 1896 (Les Cœurs-Unis)
7. Un des requérants lors de la création de L'Émancipation
8. Démission

10. Bibliothèque nationale (Paris), Manuscrits, Rés. F. M.²-140; G.O.D.F., L'Émancipation, 12 mars 1896.

QUEDRUE, MAURICE

2. Fleury-sur-Orne, France, 1ᵉʳ avril 1885
4. Agent industriel
5. *a* - 4 mars 1926 (F. et C.)
   c - 26 novembre 1926 (F. et C.)
   m - 27 juillet 1927 (F. et C.)
6. Vénérable à Force et courage (1934)
7. Quedrue demande « à être reçu comme visiteur dans une loge d'Alger » en 1934.
9. Pendant la première guerre mondiale, il a été au service du contre-espionnage français (Deuxième bureau). Fut président d'une compagnie aérienne franco-canadienne qui effectuait des relevés topographiques.
10. G.O.D.F., F. et C., 12 juillet 1934, 193426.

RACINE, LOUIS-JOSEPH

1. 408, rue de Lorimier, Montréal
2. Saint-Laurent, 5 janvier 1885
4. Huissier
5. *a* - 18 janvier 1921 (F. et C.)
   c - 13 septembre 1921 (F. et C.)
   m - 18 juin 1925 (F. et C.)
10. G.O.D.F., F. et C., 2624, 193426.

REBER (?), JOSEPH

1. Montréal
2. Sainte-Marie-aux-Mines, 20 février 1853
4. Restaurateur
5. *m* - (Zetland)
7. Affiliation à L'Émancipation, 2 novembre 1898
10. Bibliothèque nationale (Paris), Manuscrits, Rés. F. M.²-140.

ROSA, EDMOND

2. Québec, 25 mai 1858
4. Industriel
5. *a* - 21 juillet 1920 (F. et C.)
10. G.O.D.F., F. et C., 9138.

ROYER, JOSEPH-LIONEL

1. 2090, boul. Gouin Est; 387, rue Saint-André, Montréal
2. Saint-Jean (I. O.), 28 octobre 1887
4. Chef d'atelier à *La Patrie*

5. *a* - 18 novembre 1919 (F. et C.)
   c - 21 décembre 1920 (F. et C.)
   m - 13 septembre 1921 (F. et C.)
10. G.O.D.F., F. et C., 11542, 15084.

SAINT-JEAN, ÉMILE
1. 556, rue Plessis, Montréal
2. Montréal, 16 décembre 1897
4. Bijoutier
5. *a* - 17 mars 1920, (F. et C.)
10. G.O.D.F., F. et C., 9135, 9139.

SAINT-MARS, HENRI
6. Membre du comité des finances de l'Émancipation
10. A.-J. Lemieux, *La Loge∴ L'Émancipation*, p. 26.

SAINT-MARTIN, HONORÉ
1. 505, rue Amherst; 487, rue Boyer, Montréal
2. Montréal, 23 novembre 1868
4. Commis
5. *a* - 25 avril 1902, 10 avril 1903 ou 26 novembre 1904 (L'É.)
   c - 24 octobre 1904, 11 décembre 1904 ou 9 janvier 1905 (L'É.)
   m - 4 septembre 1904, 27 juin 1905 ou 9 septembre 1907 (L'É.)
6. Trésorier à Force et courage (1910, 1911)
7. Un des requérants lors de la fondation de Force et courage
8. Il va refaire sa santé à l'étranger en 1911. Marcil écrit au G.O.D.F., le 15 mars 1911 : « Notre F∴ St-Martin laisse aussi le pays pour refaire sa santé sous un ciel plus clément. Maçon dans toute l'acception du mot — travailleur à toute épreuve, il fut un des pionniers de la loge l'Émancipation. À cause de sa situation, il eut moins à souffrir des attaques du clergé; et nous espérons toutefois le voir revenir encore au milieu de nous. »
   Il semble avoir réintégré la loge le 22 novembre 1924.
10. G.O.D.F., L'Émancipation, 11 décembre 1909, 22 avril 1910; G.O.D.F., F. et C., 138, 6106, 1113, 17836, 60638.

SAUVÉ, JOSEPH
1. 4331, rue Bellerive; 58, rue Saint-Jacques, Montréal
2. Montréal, 16 juillet 1884
4. Notaire
5. *a* - 24 mars 1915 (F. et C.)
   c - 25 janvier 1917 (F. et C.)
   m - 23 mai 1918 (F. et C.)
10. G.O.D.F., F. et C., 25 février 1915, 4625.

SCOUPE, GUSTAVE-PIERRE
1. 381, rue Plessis, Montréal
2. Charny, Ain, 25 mai 1886
4. Boucher, ancien membre de la légion étrangère
5. *a* - 13 novembre 1923 (F. et C.)
   c - 21 mai 1925 (F. et C.)
   m - 15 octobre 1925 (F. et C.)
10. G.O.D.F., F. et C., 45361, 193426.

SEIDEN, SALOMON
1. 161, avenue du Parc; 152, avenue du Parc, Montréal
2. Grzynmalon, Autriche, 13 février 1885
4. Fourreur
5. *a* - 27 mars 1914 (F. et C.)
   c - 12 avril 1916 (F. et C.)
   m - 22 février 1917 (F. et C.)
6. Deuxième surveillant à Force et courage, 1917, 1918, 1919, 1920
10. G.O.D.F., F. et C., 25 février 1915, 1876, 2179, 1746, 2667, 377.

SYLVESTRE, RAOUL
Proposé à la réunion de L'Émancipation du 24 décembre 1909
10. A.-J. Lemieux, *La Loge∴ L'Émancipation*, p. 17.

TANNER, AGÉNOR
6. Membre du comité des finances de L'Émancipation en janvier 1910
10. A.-J. Lemieux, *La Loge∴ L'Émancipation*, p. 26-27.

TREMBLAY, EUGENE
1. 579a, rue Marie-Anne, Montréal
2. Les Éboulements, 25 juillet 1887
4. Comptable
5. *a* - 22 décembre 1915 (F. et C.)
8. Démission pour incapacité physique le 13 novembre 1923
10. G.O.D.F., F. et C., 25 février 1915, 45360.

TRUDEAU, LOUIS-ÉDOUARD
1. 1709, rue Notre-Dame, Montréal
2. Montréal, 18 avril 1856
4. Ingénieur civil
5. *a* - 16 septembre 1892 (Mount Royal)
   c - 21 octobre 1892 (Mount Royal)
   m - 12 décembre 1892 (Mount Royal)
6. Deuxième surveillant à L'Émancipation, 1896; vénérable, 1899
7. L'un des requérants lors de la création de L'Émancipation
10. Bibliothèque nationale (Paris), Manuscrits, Rés. F. M.²-140, F. M.

Élection du vénérable, 1897-1900; G.O.D.F., L'Émancipation, 12 mai 1896.

TURGEON, PAUL
Membre de L'Émancipation en 1909
4. Liquidateur de faillites
10. A.-J. Lemieux, *La Loge ∴ L'Émancipation*, p. 13, 30.

VALOIS, GUSTAVE
Proposé à la réunion de L'Émancipation, le 24 décembre 1909
10. A.-J. Lemieux, *La Loge ∴ L'Émancipation*, p. 17.

VIGER, HENRI
1. 293, avenue Maplewood, Montréal
2. Montréal, 19 janvier 1879
4. Négociant
5. *a* - 24 septembre 1902 (L'É.)
   c - 25 novembre 1904 (L'É.)
   m - 22 septembre 1905 (L'É.)
7. Affiliation à Force et courage
8. Démission pour incompatibilité de caractère, 23 février 1915
10. G.O.D.F., F. et C., 3697.

VILLEMAGNE, ÉDOUARD
1. Saint-Jean-d'Iberville
2. 29 octobre 1870
4. Ingénieur
5. *a* - Vers 1901 (L'É.)
   c - Vers 1910 (L'É.)
   m - 26 mars 1927 (F. et C.)
7. Affiliation à Force et courage
10. G.O.D.F., F. et C., 193426.

VILLENEUVE, FRÉDÉRIC
1. Montréal
4. Avocat et bibliothécaire
8. Radiation pour défaut de paiement
10. A.-J. Lemieux, *La Loge ∴ L'Émancipation*, p. 12.

Procès-verbal d'installation de la R∴ L∴ L'Émancipation

PROCÈS-VERBAL D'INSTALLATION
De la R∴ L∴ L'Émancipation
O∴ de Montréal (Canada)
TRAVAUX
du Grand Orient de France
L'an mil huit cent quatre-vingt-seize de l'ère vulgaire, et le vingt-huitième jour du mois de Juillet 1896 (E. V.)

Le Grand Orient de France, représenté par le R∴ F∴ Félix Cornu, Vén∴, docteur en médecine, commissaire délégué par le Conseil de l'Ordre, pour procéder à l'installation de la R∴ L∴ L'Émancipation constituée au rite français à l'Orient de Montréal, a ouvert ses travaux sous le point géométrique connu des seuls vrais Maçons, dans un lieu très fort, très éclairé et très régulier, où règnent la paix, le silence et l'équité.

Midi plein.

Le R∴ F∴ Félix Cornu tient le premier maillet.

Le R∴ F∴ Achille Fortier tient le second.

Le R∴ F∴ Louis E. Trudeau tient le troisième.

Le banc de l'Orateur est occupé par le F∴ Godfroid Langlois

Celui du Secrétaire est occupé par le F∴ Alph∴ Pelletier

Siègent à l'Orient les FF∴--------------------------------

Le R∴ F∴ Félix Cornu, Président de la Commission d'installation, invite tous les FF∴ à se mettre debout et à l'ordre, et fait donner lecture par le F∴ Secrétaire :

1. des pouvoirs conférés par le Conseil de l'Ordre au Commissaire installateur;

2. du titre constitutif délivré à la L∴ par le G∴ O∴ de France.

Il ordonne la transcription de ces documents en tête du livre d'architecture et leur dépôt aux archives de l'Atelier.

Il remet au Vén.˙. trois exemplaires des cahiers de grades, ainsi que trois exemplaires du livre de la loi maçonnique, le tableau des membres de l'At.˙. visé au Secrétariat général du G.˙. O.˙. et les titres maçonniques produits par les fondateurs de l'At.˙.

Sur l'invitation du Président, le Vén.˙. et les deux Surv.˙. de la loge se placent ensemble devant le plateau présidentiel et y prêtent l'obligation d'observer fidèlement la Constitution et le Règlement général.

Le Secrétaire à l'installation fait l'appel de tous les membres inscrits au tableau des fondateurs, et chacun signe les deux formules de l'obligation qui vient d'être prononcée, dont annexe au présent procès-verbal.

Le Président prononce une allocution dans laquelle, s'inspirant de la circonstance et de la gravité du ministère qu'il remplit, il rappelle les principaux devoirs qu'impose la Franc-Maçonnerie et fait ressortir l'importance de la mission que le nouvel At.˙. aura à remplir.

Le Président fait annoncer sur les colonnes qu'il va être procédé à l'installation de la L.˙. et, tous les FF.˙. étant debout, à l'ordre et glaive en main, il prononce l'installation en ces termes :

Au nom du Grand Orient de France, Suprême Conseil pour la France et les possessions françaises, en vertu des pouvoirs à nous délégués, nous installons, à l'Orient de Montréal une L.˙. sous le titre distinctif de L'Émancipation. La R.˙. L.˙. L'Émancipation à l'O.˙. de Montréal (Canada) est installée.

Le Président, avec l'aide des autres installateurs, fait former au milieu du Temple la chaîne d'union par tous les membres de l'At.˙., et il leur communique les mots de semestre avec le cérémonial d'usage.

Puis les travaux du G.˙. O.˙. de France sont fermés en la forme accoutumée.

Minuit plein.

Le Commissaire Installateur,

F. CORNU.

Rapport d'inspection sur la L∴ L'Émancipation par le F∴ Émile Jullien∴ 30ᵉ

GRAND ORIENT DE FRANCE
Suprême Conseil
pour la France et les possessions françaises
Rapport d'inspection
sur la L∴ l'Émancipation
par le F∴ Émile Jullien∴ 30ᵉ
O∴ de Paris
le 1ᵉʳ février 1903 (E∴V∴)
Au Conseil de l'Ordre
S∴ S∴ S∴
TT∴ CC∴ F∴

Par arrêté en date du 21 mai 1901, le Conseil de l'Ordre m'a confié la mission d'inspecter les loges de New York et de Montréal. Des circonstances indépendantes de ma volonté ne m'ont pas permis de remplir intégralement ce mandat. J'ai dû, à cause de la saison et de l'obligation d'un prompt retour, m'abstenir de visiter, cette fois du moins, l'Atlantide de New York, mais j'ai consacré un soin exceptionnel à l'étude de laloge L'Émancipation de Montréal, cet organe unique que nous possédons en terre franco-canadienne.

L'intérêt de cette inspection ne saurait nous apparaître dans toute sa portée, si je ne vous faisais connaître, tels que les a révélés une enquête longue et attentive, la mentalité, l'état moral et politique des Canadiens français qui nous intéressent avant tout dans cette contrée si vaste, si riche et si inconnue du Dominion.

Délaissés il y a un siècle et demi par la mère-patrie, tombés sous la domination de l'ennemi séculaire, ces Français d'outre-mer ont, à force d'énergie et de volonté, défendu, sauvegardé leur personnalité d'origine, résisté à l'absorption anglo-saxonne, lutté pour l'égalité et la liberté politique, en même temps que pour le pain de chaque jour au prix des plus cruels sacrifices, même de leur vie (1836-1837); ils ont triomphé, grâce à deux facteurs, à deux éléments qui leur ont servi de moyens de ralliement et d'indissoluble union : leur culte et leur langue.

Ils se sont multipliés dans une proportion considérable; ils étaient 65.000 en 1763 lors du traité de Paris, ils sont aujourd'hui 2.500.000 au bas mot, fiers de parler la langue de la mère-patrie, le français qu'ils aiment ardemment, qui les rapproche d'une façon constante « du vieux pays » , comme ils disent.

Longtemps, ils ont lutté pour la vie, aujourd'hui leur place est largement faite au soleil, ils n'en sont plus à discuter des droits qu'on ne leur conteste plus, à conquérir une richesse fugace; économiquement, ils tiennent une large part de la fortune publique; politiquement, ils sont partout, dans les assemblées législatives, dans les conseils du Gouvernement. On parle indifféremment deux langues au parlement d'Ottawa, le français et l'anglais, et disons, dans la plus grande cité du Dominion, Montréal, les échevins et administrateurs de la cité, sont en majorité français, et le maire, d'un commun accord, est alternativement français ou anglais tous les trois ans.

De plus en plus, la fusion s'opère, mais l'on peut prévoir l'heure où elle se complétera, par la force même des choses, et le développement merveilleux de la race, au profit de l'élément français dominant l'élément anglo-saxon. Il faut reconnaître qu'au milieu de toute cette dépense d'énergie qu'a fait, pour vivre seulement, le peuple canadien-français depuis la conquête, il ne semble pas avoir subi, directement du moins, l'influence de l'esprit moderne qu'a porté aux quatre coins du monde notre grande Révolution.

Ces fils de la France, sont des fils de la vieille France, ils aiment notre drapeau, « quoique tricolore » , d'un culte filial qui fait passer par dessus toutes les « erreurs » de la mère-patrie; ils sont restés, ou peu s'en faut, de la première moitié du xviiie siècle. Catholiques ardents, pratiquants, ils ont été si longtemps accoutumés à associer la France et le « catholicisme » , le « protestantisme » et l'Angleterre, qu'ils ne réagissent qu'à grand-peine contre cette formule séculaire, et qu'ils en sont encore à subir l'influence qu'un clergé fort habile sait tirer de la confusion qu'il a su ingénieusement entretenir entre l'exercice du culte romain et l'image de la langue de la Patrie.

Par cette combinaison, le clergé catholique occupe dans le Canada français une situation prépondérante; l'épiscopat y est une puissance, les congrégations y sont maîtresses absolues de l'enseignement et détiennent une part considérable de la richesse. Je n'en veux citer comme exemple que les Sulpiciens qui sont toujours, en vertu d'une ordonnance royale de Louis XIV, propriétaires du tréfonds de la grande île sur laquelle est construit Montréal, et tirent encore profit des droits régaliens de Luds et

Ventes, rachetables seulement depuis quelque vingt ans, en vertu d'une décision du Parlement.

Mêlés aux choses de la politique, les évêques s'arrogent le droit de diriger toutes les manifestations de la vie publique, d'intervenir en toutes circonstances, de procéder non seulement par voie de mandements, mais par voie même de communiqués aux journaux. Être signalé par eux comme hostile à la religion catholique, comme manifestant des sentiments d'indépendance et de liberté de conscience, c'est un danger ! On court le risque, sinon de l'excommunication avec les formules du moyen âge, du moins de la mise en interdit, auprès de tous les bien pensants, qui s'appellent Légion, et ce n'est pas une mince affaire quand il s'agit des nécessités de la vie, de l'exercice d'une profession ou d'un commerce.

Inutile de dire le parti que l'on tire du côté anglo-saxon, de la situation particulière dans laquelle se trouve la France, de ses luttes constantes pour s'affranchir de l'oppression cléricale, le tout travesti par une presse intéressée, insuffisamment combattue par une presse libérale inquiète, troublée, menacée dans sa clientèle; inutile de dire si l'ennemi séculaire triomphe, se félicite, se fait plus ardent défenseur des congrégations « opprimées » , que les congrégations elles-mêmes; de la « liberté de l'enseignement » , que nos « preux » de Bretagne.

C'est tout bénéfice; ainsi l'on jette du trouble dans les esprits, on retarde l'heure du rapprochement qui ne peut être indéfiniment reculé entre la vieille Patrie d'au-delà de l'océan et le pays que nos pères appelaient la « Nouvelle-France » ; non pas que les Anglo-Saxons redoutent pour un moment quelconque le tour de la France dans la colonie perdue; personne n'y songe, mais parce qu'ils savent bien que la puissance ascendante de l'élément français est appelée à s'augmenter en raison directe du rapprochement plus étroit, de la communion plus intime des idées de la France avec ses enfants d'outre-mer.

L'œuvre patriotique qui consiste à favoriser ce rapprochement, cette fusion des idées n'est pas d'ailleurs plus aidée par les fonctionnaires qui sont appelés à représenter la France au Canada. J'ai pu constater par moi-même que nos agents diplomatiques semblaient bien plutôt représenter le Roi Soleil que Monsieur le président Loubet, et qu'ils manifestaient en toutes circonstances, d'une part, leur profond respect pour le culte et les cérémonies de l'église romaine et, d'autre part, leur regret un peu honteux de représenter une République « persécutrice » (voir comme document annexe un rapport du plus grand intérêt relatif à l'attitude de M. le Consul général de France). [Ce rapport n'a pas été retracé.]

Et cependant un esprit de liberté commence à souffler, on parle tout bas, mais on parle. On appelle et l'on applaudit tout Français de France qui vient s'expliquer dans la « langue » de vérité. Le terrain est prêt, au moins dans certains milieux d'intellectualité plus élevée, et le foyer encore un peu timide, à lumière et chaleur contenues, d'où partent les premières lueurs, d'où se répandra peu à peu, plus rapidement, j'espère, si on l'aide la parole vivifiante, sur la grande province française de Québec, je l'ai trouvé dans la petite loge Émancipation de Montréal. C'est la seule qui relève du Grand Orient de France dans tout le Dominion; malgré de grandes difficultés de début, des persécutions dont plus d'un s'est ressenti dans sa fortune et ses biens, elle vit et veut vivre, grâce à l'énergie, à la conviction profonde, à la hauteur de vue, au sentiment fraternel de quelques hommes, au premier rang desquels je dois placer notre F∴ Adelstan de Martigny, son dernier vénérable, docteur de la Faculté de Paris, médecin très considéré, et son vénérable actuel le F∴ Langlois, rédacteur en chef du grand Journal français *La Patrie*.

Autour d'eux, s'est groupée une élite d'esprits éclairés qui ont su se placer au dessus des préoccupations d'intérêt, médecins nombreux, journalistes, négociants qui savent leur histoire, ont le culte de la Révolution française et de la liberté de l'esprit humain; sont prêts à se dévouer pour l'affranchissement de masses nombreuses qui ne demandent qu'à être enseignées, soutenues.

La loge comptait, au mois de juin 1902, trente-sept membres en activité et six en congé à l'étranger; la Constitution et le Règlement général y sont observés; le Livre d'Architecture est à jour. J'ai assisté à une tenue régulière et à l'Initiation d'un membre de la colonie française; j'ai vérifié les registres du Trésorier et de l'Hospitalier, ce dernier portait un chiffre exact de 31 dollars 48; la caisse du Trésorier donnait un excédent de 81 dollars 17; les archives sont bien tenues, je me fais plus loin l'organe des vœux de l'Atelier.

Lorsque j'ai eu le frat∴ avantage d'être reçu par elle, j'ai été accueilli par une manifestation unanime de sentiments qui m'a profondément ému. Le représentant du Grand Orient de France a été reçu non pas seulement comme parlant au nom de la plus haute puissance maçonnique qui soit au monde, mais comme l'organe même de la vieille France, affirmant dans la France nouvelle son rôle d'apôtre des idées de progrès, d'affranchissement, de liberté, de justice et de solidarité humaine. C'étaient des frères qui placés très loin et un peu abandonnés, voyaient venir à eux pour les encourager et les soutenir, la pensée vivante de la mère commune. Ils ont dit leurs plaintes, vous les lirez; leurs peines, les difficultés vaincues, leurs espérances, ils ont réclamé des encouragements fréquents, des communications moins éloignées; l'aide par l'action auprès du gouvernement français, l'aide aussi par l'envoi de livres et de brochures de propagande qu'ils ne peuvent se procurer sans danger dans un pays qui jouit de toutes les libertés, sauf celle de l'Esprit. J'ai promis en votre nom.

Déjà par le seul fait de la présence de votre représentant, des résultats ont été acquis, la lettre suivante du 25 septembre 1902, à moi adressée, en fait foi :

T∴ C∴ F∴

J'ai reçu votre lettre du 9 août et j'ai attendu que vous fussiez sur la bonne terre de France pour vous envoyer en mon nom et en celui de mes camarades un salut fraternel et cordial.

Je puis vous assurer que votre visite nous a fait un grand bien. Elle a mis en notre Atelier des énergies neuves, elle nous a réveillés, car depuis nos tenues ont toujours été nombreuses, et nous avons en ce moment une douzaine de candidats prêts à entrer chez nous; ce soir même nous ferons quatre ou cinq Initiations; nous pensons pouvoir doubler d'hui au jour de l'An.

Nous comptons bien que vous profiterez de votre séjour à Paris pour vous occuper de notre Consul et pour vous intéresser à notre atelier ....

Mes camarades se joignent à moi pour vous envoyer les meilleurs souhaits de santé et pour vous renouveler l'expression de leur profonde sympathie dans le malheur qui vous a frappé.

Le Vénérable,
Signé : LANGLOIS.

J'ai l'honneur de joindre au mien le rapport adopté à l'unanimité par l'atelier Émancipation concernant l'attitude et ses funestes conséquences, du Consul général de France à Montréal. Je ne puis que m'associer à ses conclusions; il est l'expression de la vérité prise sur le fait, d'autant plus saisissante qu'elle émane de maçons étrangers qui échappent à tout soupçon d'intérêt personnel et qui ne sont guidés que par le sentiment supérieur du devoir maçonnique et leur affection profonde pour la mère-patrie.

Je vous supplie, T∴ C∴ F∴ de vouloir bien me pardonner le développement que j'ai donné à ce rapport à cause de l'importance exceptionnelle de la situation qu'il met en jeu. Il ne saurait vous laisser indifférents, posant la question même de la défense des principes auxquels vous êtes tout dévoués, et des intérêts maçonniques qui vous sont sacrés.

Je vous prie, dans l'espoir qu'il recevra un accueil favorable, de vouloir bien agréer l'expression de mes sentiments les plus fraternellement dévoués.

Jullien 30ᵉ.

Allocution du Vénérable F∴ Marcil, Loge Force et courage

ALLOCUTION DU VÉNÉRABLE F∴ MARCIL
Loge Force et courage
pour l'installation de l'Atelier
Mercredi, le 16 mars 1910
Vén∴ FF∴ Visiteurs,

Mes frères,

Je remercierai d'abord le Conseil de l'Ordre du Grand Orient de France, qui, dans sa séance du 19 janvier dernier, a bien voulu accéder à notre demande, en nous accordant une Constitution symbolique pour la loge Force et courage, provisoirement formée à l'Orient de Montréal le 7 décembre. C'est à nos Illustres et Vén∴ FF∴ du Conseil de l'Ordre, que nous devons notre première pensée et c'est à eux que vont nos remerciements les plus fraternels et les plus sincères.

À nos FF∴ Visiteurs, je dis aussi un chaleureux merci et qu'ils soient assurés que leur présence au milieu de nous est accueillie avec la plus cordiale bienvenue. La loge Force et courage fut fondée à l'Or∴ de Montréal, à une époque un peu critique et qui vaut certes la peine d'être relatée.

De tous côtés — depuis 6 mois — on n'entendait que des cris de haine; que les vociférations de la presse cléricale en délire; des dénonciations se faisaient dans différents milieux; le clergé soulevait contre les francs-maçons, avec plus d'acharnement qu'autrefois, les préjugés et les aboiements de son troupeau; partout, on assistait à une lutte méchante et sournoise; nos frères maçons, découragés, fatigués, pourchassés dans les journaux, livrés à la vindicte publique; le manque de solidarité, de fraternité maçonnique; la diversité des éléments mis en jeu pour nous combattre; l'insuccès d'une lutte, engagée sans union, sans cohésion de nos forces; la crainte un peu fictive des biens matériels ruinés, anéantis par nos ennemis; toutes ces choses réunies contribuèrent de placer la franc-maçonnerie dans un état de marasme inquiétant. Au lieu de tenir tête à l'orage, de rester sur la brèche, tous unis, autour du drapeau de la Libre-Pensée, on entendit parler de désunion, de séparation; l'idée de se rallier à la maçonnerie anglaise germa dans plus d'un cerveau. C'est alors, mes frères, que vous avez répondu à mon appel, unissant nos efforts, prompts au dévouement, au sacrifice, nous avons fondé cet Atelier. Nous considérions alors que l'idée d'abandonner le Gr∴ Or∴ de France, était, pour nous, le perte de l'Idéal que nous nous étions formés en nous enrôlant sous son glorieux étendard; c'était retourner en arrière, revenir aux vieilles idées d'autrefois, que d'abdiquer notre titre de libres-penseurs et d'athées. Nous ne l'avons pas voulu — nous avons tenu bon contre l'attaque — et maintenant que l'orage s'est un peu apaisé, nous avons le droit d'être plus fiers de notre conduite.

Avec le concours d'un chacun, nous saurons mener à bien cette œuvre commencée dans un Jour sombre et, par notre énergie, nous saurons l'auréoler de Jours glorieux. Notre loge, j'en ai la ferme conviction, deviendra un véritable foyer maçonnique, si nous voulons demeurer fidèles aux sentiments qui nous animent en ce moment. Nous n'ignorons pas que nous aussi, comme la Resp∴ loge L'Émancipation, nous aurons nos heures de découragement, mais nous aurons encore gravés dans nos cœurs l'enthousiasme et l'amour d'une cause noble et grande; nous aurons pour nous la Jeunesse ardente et combative, nous n'avons pas peur et nous avons confiance que la Libre-Pensée, viendra un jour sur nos rives pour y régner sur le peuple, émancipé et libéré du joug clérical.

Dans les grandes causes, c'est le devoir d'espérer, même contre toute espérance, et nous voulons et nous avons le droit d'espérer.

Sans présumer d'avance de nos forces, nous saurons résister et nous saurons vaincre. On est fort, quand on ne doute ni de l'excellence, ni du triomphe de sa cause, nous serons forts et courageux ! Quels que soient les obstacles que nous aurons à surmonter, quelles que soient les attaques que l'on dirigera contre nous, quelle que soit la lutte que nous ayons à subir pour la Libre-Pensée, nous saurons rester unis, liés les uns aux autres par une fraternité indestructible, sans jamais reculer, sans avoir peur, et, si nous n'avons pas peur, croyez-moi, nous ferons quelque chose de grand.

On vient à bout de tout, quand on veut bien, a dit Diderot; puisque c'est là une des clefs du succès, nous saurons vouloir.

Notre but, c'est l'action, ayant pour inspiration le vrai, pour règle, la justice, et pour effet, le bien des hommes. Un vaste chant est ouvert à notre activité; à nous d'y jeter la bonne semence et de bien surveiller surtout la moisson. Soyons vrais et dans notre conduite et dans nos principes; laissons-nous guider par la stricte raison et par la justice. On a bien plus d'amis qu'on ne croit, quand on parle pour la raison et pour la justice. Il semble qu'il y a, d'un bout du monde à l'autre, une espèce d'entente tacite entre tous ceux que la nature a doués d'un bon cœur et d'un bon esprit. Pour peu qu'un homme, qui expose le vrai, en rencontre un autre, qui le comprenne, leurs forces sont décuplées. Instruisons-nous, que tous profitent du travail et de l'observation d'un chacun; développons notre intelligence, par la lecture des grands écrivains libres-penseurs; soyons studieux et travailleurs, car ce n'est que par l'étude des grands principes, qui ont amenés l'ère glorieuse de la Révolution et le triomphe de la Raison, que nous pourrons réussir à faire comprendre à nos compatriotes que, pour être honnête et bon citoyen, il n'est pas nécessaire d'être sous la férule du clergé. En agrandissant le champ de notre instruction, nous en apprécierons que plus sa valeur; ce sera un puissant stimulant pour nous tous, afin d'unir nos efforts, pour faire grande et prospère, notre institution « Le lycée des jeunes filles ». C'est une œuvre que nous devons avoir à cœur de voir prospérer et je connais trop votre dévouement à la cause qui nous est chère pour ne pas compter sur votre générosité.

Les Vén∴ FF∴ Visiteurs sont, sans doute, anxieux de connaître quelle ligne de conduite nous entendons suivre vis-à-vis de la Resp∴ loge L'Émancipation ! Tous, nous désirons être liés à vous par les liens de la fraternité la plus sincère et la plus loyale. En vrais francs-maçons, nous souhaitons et voulons le triomphe de la maçonnerie universelle, nous voulons, nous aussi, contribuer de toutes nos forces à bâtir le temple d'une humanité plus juste, plus fraternelle, plus heureuse ! Laissant de côté toute animosité et toute rancœur personnelle, nous ne nous arrêterons pas aux mesquines querelles de clocher ou d'amour propre, et, si, parfois, quelque heurt malheureux, menaçait de rompre cette fraternelle harmonie, nous nous rappellerons que le point essentiel est de travailler les uns les autres au bien de l'humanité.

Sur notre honneur, nous avons juré d'observer fidèlement la Constitution et les Règlements du Gr∴ Or∴ de France; c'est en mettant en pratique les principes qui y sont énoncés que nous parviendrons à surmonter toutes les difficultés. La loge Force et courage sera fidèle à la Constitution et aux Règlements du Gr∴ Or∴ de France, et, c'est en s'appuyant sur la grandeur des vérités qu'ils contiennent qu'elle commence aujourd'hui sa lutte pour le bien de l'humanité.

Jacques Molay, grand maître de la Chevalerie du Temple et une des nobles victimes de l'Inquisition, avait inscrit sur son étendard cette devise : Charité, taille les pierres. Amitié, les lie de ciment. Discrétion et Fidélité, supportent l'édifice.

Gravons bien dans notre mémoire ces mots d'une si haute portée philosophique; pensons-y souvent; redisons-nous-les, les uns aux autres, par ce moyen, nous ne pourrons que bien travailler à la grandeur et à la prospérité de la cause qui nous est chère à tous et le Gr∴ Or∴ de France sera fier de ses fils.

Catalogue de la bibliothèque du cercle Alpha-Oméga de l'Institut du Canada et du cercle Renaissance

La bibliothèque du cercle Alpha-Oméga a été cédée à l'Institut du Canada puis au cercle Renaissance et, au cours des années, elle s'est enrichie de plusieurs titres. Les documents ne permettent pas de faire le partage entre le fonds initial et les acquisitions ultérieures.

Selon Marcel Henry, cette bibliothèque a été un certain temps logée chez son père, Édouard Henry, au 820 de la rue Saint-Hubert. Celui-ci tenait un registre des sorties qui aurait été remis au premier vénérable de la loge Montcalm (entrevue du 22 avril 1985).

BERGE, Vincent, *La Vraie Morale basée sur l'étude de la nature, sur les lois de la vie*, Paris, Giard et Brière, 1907, 220 p.

BERGET, A., *Histoire de la terre*, Paris, Schleicher, s. é., s. d.

BENNERAY, Marie de, *Vers l'aurore : roman russe*, Paris, Dujarric, 1905, 322 p.

BINET-SANGLÉ, D^r, *La Folie de Jésus. Son hérédité, sa constitution, sa physiologie*, Paris, Maloine, 1909.

BOUGLÉ, C., *Les Idées égalitaires : étude sociologique*, 2e édition, Paris, Alcan, 1908, 250 p.

BOUTROUX, Émile, *Science et religion dans la philosophie contemporaine*, Paris, Flammarion, 1909, 400 p.

BRIAND, Aristide, *La Séparation des Églises et de l'État : rapport fait au nom de la Commission de la Chambre des députés; suivi des pièces annexes*, Paris, Cornely, 1905, 448 p.

BRIEUX, *Maternité : pièce en trois actes*, Paris, Stock, 1904, 227 p.

BUCHNER, Louis, *Force et matière : ou Principes de l'ordre naturel mis à la portée de tous*, Paris, Reinwald, 1906, 327 p.

CARRET, Jules, *Démonstration de l'inexistence de Dieu*, Paris, Lemerre, 1912.

CARRET, Jules, *Chamfort; avec une notice, un portrait et un index*, Paris, Société du Mercure de France, 1909, 420 p.

CORRARD, Pierre, *Les Facéties d'un sage*, Paris, Librairie mondiale, s. d.

DESRAISMES, Maria, *Œuvres complètes. Lettre au clergé français. Polémique religieuse*, Paris, Alcan, 1898.

DOELLINGER, Ignace DE, *La Papauté*, Paris, Alcan, 1904.

DONNAY, Maurice, *La Bascule. Comédie en quatre actes*, Paris, Charpentier et Fasquelle, 1906.

FLAMMARION, Camille, *Contemplations scientifiques*, Paris, Flammarion, s. d., 372 p.

FRANCE, Anatole, *L'Étui de nacre*, Paris, Calmann-Lévy, s. d.

FRAZER, J.-C., *Le Rameau d'or : étude sur la magie et la religion*, Paris, Reinwald, 1903-1908, 2 vol.

GUYAU, M., *Éducation et hérédité. Étude sociologique*, Paris, Alcan, 1908.

GUYAU, M., *Esquisse d'une morale sans religion ni sanction*, Paris, Alcan, 1907.

HAECKEL, Ernest, *Les Merveilles de la vie : études de philosophie biologique pour servir de complément aux énigmes de l'univers*, Paris, Reinwald, s. d., 380 p.

HUGO, Victor, *Religions et religion, L'âme*, Paris, Hetzel, 1880.

JACOLLIOT, Louis, *Christna et Christ*, Paris, Marpon et Flammarion, 4ᵉ édition, s. l., s. é., s. d.

JOUSSET DE BELLESME, *Origine et formation. Physiologie des idées abstraites et innées*, Paris, Schleicher, s. d.

LE BON, Gustave, *L'Évolution de la matière*, Paris, Flammarion, 1909.

LE DANTEC, Félix, *De l'homme à la science*, Paris, Flammarion, 1907.

LE DANTEC, Félix, *La Lutte universelle*, Paris, Flammation, 1908.

LE DANTEC, Félix, *Le Conflit*, Paris, Colin, 1921.

LE DANTEC, Félix, *Les Influences ancestrales*, Paris, Flammarion, 1909.

LE DANTEC, Félix, *Science et conscience*, Paris, Flammarion, 1908.

LÉTOURNEAU, Charles, *Science et matérialisme*, Paris, Reinwald, 1891, 470 p.

MIRBEAU, Octave, *Le Foyer : comédie en trois actes*, Paris, Charpentier et Fasquelle, 1909, 320 p.

NERGAL, J.-M., *Évolution des mondes*, Paris, Schleicher, s. d.

PAPUS, *Louis-Claude de Saint-Martin*, Paris, Librairie générale des sciences occultes, 1902.

PAULHAN, F., *La Logique de la contradiction*, Paris, Alcan, 1911, 182 p.

PERGAME, J.-M., *L'Origine de la vie*, Paris, Schleicher, s. d.

POINCARÉ, Henri, *Science et méthode*, Paris, Flammarion, 1908.

POINCARÉ, Henri, *La Science et l'hypothèse*, Paris, Flammarion, 1908, 292 p.

RECLUS, Élisée, *L'Évolution, la révolution et l'idéal anarchique*, 7ᵉ édition, Paris, Stock, 1909.

RICHEPIN, Jean, *La Chanson des gueux*, Paris, Charpentier, 1909.

RIZAL, José, *Au pays des moines : roman tagal*, Paris, Stock, 1899, 491 p.

SABATIER, Auguste, *Esquisse d'une philosophie de la religion d'après la psychologie et l'histoire*, Paris, Fischbacher, s. d.

TÉRY, Gustave, *Les Cordicoles*, Paris, Cornély, 1902, 344 p.

VIOLLET, Marcel, *Le Spiritisme dans ses rapports avec la folie. Essai de psychologie normale et pathologique*, Paris, Bloud, 1908.

VOLTAIRE, *Le Bon Sens du curé Meslier suivi de son testament*, Paris, Palais des Thermes de Julien, 1882.

VOLTAIRE, *Œuvres complètes*, vol. 17, Paris, Hachette, 1903.

VOLTAIRE, *Œuvres complètes*, vol. 19, Paris, Hachette, 1903.

VOLTAIRE, *Œuvres complètes*, vol. 41, Paris, Hachette, 1903.

ANNEXE VI

*Sceau de
l'Émancipation*

Échelle — :03 pour : 01 centimètre

159

Installation de l'Émancipation délégation de pouvoir au F∴ Félix Cornu

GRAND ORIENT DE FRANCE

SUPRÊME CONSEIL POUR LA FRANCE ET LES POSSESSIONS FRANÇAISES

TALLATION
le la R∴ L∴

mancipation

O∴ de

Tontréal

DUVOIRS

u F∴

Cornu

LE CONSEIL DE L'ORDRE

Vu sa décision en date de ce jour qui accorde une constitution symbolique au rite.....Français....... à la Loge provisoirement constituée à l'Orient de.....Montréal.....(Canada)..............., département de _____, sous le titre distinctif d' "L'Émancipation."........................... ... ...

Vu les articles 17 et 18 du Règlement général,

Délègue, par ces présentes, le F∴ Félix Cornu, Vén∴, Docteur en Médecine à Montréal........ ....
....

pour procéder, au nom du Grand Orient de France, à l'installation de la dite Loge, dans le Temple sis à Montréal............................. rue Notre-Dame, № 1145...... et.. ; et donne, à cet effet, au dit F∴, tous pouvoirs nécessaires.

Fait en séance, le ...18 Mai.................. 1896 (E∴ V∴)

Au nom du Conseil de l'Ordre

Le Président,

Louis Lucipia

L'un des Secrétaires,

*Installation de
Force et courage,
promesse des lumières
de la loge*

F. £ C. ↗ α ̄ [1909]

GRAND ORIENT DE FRANCE

Suprême Conseil pour la France et les Possessions Françaises

A N N E X E au procès-verbal d'installation de la .

_ L∴ Force et Courage, O∴ de Montréal .

SUR NOTRE HONNEUR ET NOTRE CONSCIENCE, NOUS PROMETTONS D'OBSERVER
FIDÈLEMENT LA CONSTITUTION ET LE RÈGLEMENT GÉNÉRAL DU GRAND ORIENT DE
FRANCE, SUPRÊME CONSEIL POUR LA FRANCE ET LES POSSESSIONS FRANÇAISES.

Alfred Marcil, Ven∴

Henri Desmarais ; Su.

Louis Hamon 2ᵉ Su.

François Loix orat∴

K. Maudereaux Sect∴

A. P. Grenier ; Gr. Exp∴

Jos. St-Martin _ Trésorier

Index onomastique

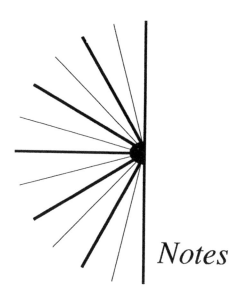

Notes

Notes de l'avant-propos

1. Jean-Paul DE LAGRAVE, « Une loge du Grand Orient au Québec en 1892 », dans *Humanisme*, n°s 114-115, déc. 1976-janv. 1977, p. 13-17.

2. À la suite de John M. Roberts, Daniel Ligou s'est intéressé à la question dans une étude intitulée « Sur l'histoire de la franc-maçonnerie. Une « maçonologie » scientifique est-elle possible? », dans *Dix-huitième siècle*, revue annuelle publiée par la Société française d'étude du XVIIIe siècle, Paris, Garnier, 1972, vol. 4, p. 61-77.

3. Sur les papiers volés par Lemieux, Charles E. HOLMES écrit dans *The True Story of Emancipation Lodge of Montreal* :

> The books and records of Emancipation Lodge that were taken from Secretary Larose have found their way into the Archives of the Sulpician Fathers, who have since completed their documentation by acquiring from Mr. Ducharme, the reputed book-seller who specialized in Canadiana, older records of Emancipation Lodge as well as the original charter issued by the Grand Orient. The latter documents were in the private library of Dr. Louis Laberge, former head of the municipal Health Department, who died a few years ago, and they were sold by his estate to Mr. Ducharme, who in turn sold them to Mr. Aegidius Fauteux, librarian of St.-Sulpice Library. (*Masonic light*, vol. 3, n° 7, 1950, p. 172.)

Les documents semblent être disparus de la bibliothèque Saint-Sulpice quand celle-ci est devenue la Bibliothèque nationale du Québec. En songeant à l'affaire Lemieux, Fernand MARRIÉ écrit au G.O.D.F., le 1er février 1918 : « Les archives de l'E∴ ayant disparu... » (G.O.D.F., Force et courage, 9187, 1er février 1918.

A.-J. LEMIEUX a tiré des documents volés une plaquette, *La Loge∴ L'Émancipation* (Montréal, La Croix, 1910, 32 p., et s. l., s. é., s. d., 16 p.) qui donne la liste des maçons et le compte rendu des réunions de 1909 et de 1910. Ces renseignements permettent de combler les carences de la documentation qui ont pour origine son forfait.

4. Adelstan LE MOYNE DE MARTIGNY à Vadécard, G.O.D.F., L'Émancipation, 22 juin 1910. Ce texte contredit en partie l'affirmation de Holmes reproduite à la note 3.

5. Alphonse DE LAMARTINE au G.O.D.F., Saint-Louis, 27 septembre 1838, dans le « Compte rendu des travaux du G.O.D.F. », 55e année, mars 1899-février 1900, Paris, Secrétariat général du G.O.D.F., 1900, p. 61.

Notes de la préface

1. PANNETON, Georges, *La Franc-Maçonnerie — Ennemie de l'Église et de la patrie*, Montréal, l'Œuvre des tracts, n° 255, septembre 1940. — Cette publication était dédiée aux « militants d'Action catholique ».

Notes de l'introduction

1. Alex MELLOR, *Dictionnaire de la franc-maçonnerie et des francs-maçons*, Paris, Belfond, 1979, p. 27.

2. Paul NAUDON, *La Franc-Maçonnerie*, Paris, PUF, coll. « Que sais-je ? », p. 25.

3. MELLOR, *Dictionnaire...*, p. 102.

4. NAUDON, *La Franc-Maçonnerie*, p. 31.

5. Roger LE MOINE, « La franc-maçonnerie sous le régime français », dans les *Cahiers des Dix*, vol. 44, 1989, p. 115-134.

6. W. H. Whyte, « Freemasonry in the Province of Quebec », dans Pemberton Smith, *A Research into Early Canadian Masonry*, Montréal, Quality Press, 1939, p. 56.

7. A. J. B. Milborne, *Freemasonry in the Province of Quebec*, Knowlton, s. é., 1959, p. 148-149.

8. Mellor, *Dictionnaire...*, p. 113-114.

9. Texte cité par Michel Brunet dans «Trois dominantes de la pensée canadienne-française», dans *La Présence anglaise et les Canadiens*, Montréal, Beauchemin, 1958, p. 151.

10. Dans son «Premier mandement à l'occasion des Troubles de 1837», Monseigneur Lartigue se fonde précisément sur le bref du pape aux évêques de Pologne (1832) (*Mandements, lettres pastorales, circulaires et autres documents publiés dans le diocèse de Montréal depuis son érection jusqu'à l'année 1869*, vol. 1, Montréal, Chapleau, 1887, p. 19).

11. Paul-André Linteau, René Durocher et Jean-Claude Robert, *Histoire du Québec contemporain*, vol. 1, Montréal, Boréal Express, 1979, p. 527-531.

12. Linteau, Durocher et Robert, *Histoire du...*, p. 531.

Notes du chapitre L'Émancipation

1. Le 13 septembre 1877, le G.O.D.F. supprime l'obligation de travailler à la gloire du Grand Architecte de l'univers, ce qui lui vaut d'être rejeté par la maçonnerie britannique et les maçonneries qui en sont issues comme la Grand Lodge of Quebec. Si l'on en croit La Chaîne d'union, celle-ci juge bon d'apporter la précision suivante :

> La G∴ L∴ de Québec prescrit aux loges placées sous son obédience de ne plus reconnaître à l'avenir les Maçons reçus dans une loge du Grand Orient de France, à moins qu'ils ne prouvent que leur initiation est antérieure à la décision prise par le Grand Orient qui a effacé de ses Constitutions la croyance en Dieu et en l'immortalité de l'âme. (*La Chaîne d'union*, 15ᵉ année, 3ᵉ série, n° 1, janvier 1879, p. 39.)

Un mois plus tard, *La Chaîne d'union* produit une lettre datée de Montréal, le 28 décembre 1878, et signée S. R., dans laquelle on lit :

> [...] pour vous informer de la résolution prise par notre Gr∴ L∴ dans sa dernière tenue du 25 septembre dernier, d'après laquelle tout maçon français appartenant à une loge placée sous la juridiction du Gr∴ Or∴ de France devra, avant d'être admis dans nos L∴ comme visiteur, répondre qu'il croit en Dieu; nous, maçons français, nous regrettons beaucoup cette détermination, car les maçons français qui désirent rendre visite à une loge s'adressent nécessairement à la loge des Cœurs-Unis. Nous avons fait tout notre possible pour empêcher cette décision; nous avons fait valoir que le G∴ O∴ de France et la G∴ L∴ de Québec n'avaient jamais eu de relations officielles et que par conséquent la G∴ L∴ de Québec n'avait aucune raison pour prendre de pareilles mesures contre le G∴ O∴ Nos efforts ont échoué mais nous espérons que cette décision n'est pas définitive. (*La Chaîne d'union*, 15ᵉ année, 3ᵉ série, n° 2, février 1879, p. 95.)

Sur le Grand Architecte, on lira avec profit l'étude de P. Chevallier, « Le frère Thévenot, secrétaire général du Grand Orient devant la suppression des affirmations dogmatiques et la tolérance absolue (1877-1882) », dans *Libre pensée et religion laïque en France*, Strasbourg, Cerdic, 1980, p. 43-47.

2. G.O.D.F., L'Émancipation, 22 avril 1896.

3. Alphonse PELLETIER au G.O.D.F., 22 avril 1896, G.O.D.F., L'Émancipation.

4. PELLETIER au G.O.D.F., 22 avril 1896, G.O.D.F., L'Émancipation.

5. PELLETIER au G.O.D.F., 22 avril 1896, G.O.D.F., L'Émancipation.

6. PELLETIER au G.O.D.F., 22 avril 1896, G.O.D.F., L'Émancipation.

7. PELLETIER au G.O.D.F., 22 avril 1896, G.O.D.F., L'Émancipation.

8. Pour créer une loge, il suffit que trois membres en règle fassent la demande d'une constitution symbolique.

9. Sur ce groupe d'études initiatiques, montréalais sans doute, rien ne nous est parvenu. On le connaît par la requête au G.O.D.F. du 14 avril 1896 : « Le F∴ Trudeau propose qu'on adopte le « Rituel interprétatif » rédigé par le Groupe d'études initiatiques; secondé par le F∴ Pelletier, à la condition cependant que ce « Rituel interprétatif » soit complété. » (PELLETIER au G.O.D.F., 14 avril 1896, G.O.D.F., L'Émancipation).

10. PELLETIER au G.O.D.F., 14 avril et 22 avril 1896, G.O.D.F., L'Émancipation.

11. PELLETIER au G.O.D.F., 14 avril et 22 avril 1896, G.O.D.F., L'Émancipation.

12. *Lovell's, Montreal Directory for 1895-1896*, Montréal, Lovell, 1896, p. 266.

13. PELLETIER au G.O.D.F., 30 avril 1896, G.O.D.F., L'Émancipation.

14. PELLETIER au G.O.D.F., 30 avril 1896, G.O.D.F., L'Émancipation.

15. Le secrétaire de la loge au G.O.D.F., 12 mai 1896, G.O.D.F., L'Émancipation.

16. À propos d'Oswald Wirth, Jean-André FAUCHER écrit dans son *Dictionnaire maçonnique* :

> Il s'efforça d'introduire dans son interprétation du symbolisme maçonnique les éléments de l'occultisme, du magnétisme, de l'hermétisme. Il fut un rénovateur de la méthode symbolique abandonnée par de nombreuses loges françaises lorsqu'il commença à les fréquenter. Ses trois ouvrages, *Le Livre de l'apprenti*, *Le Livre du compagnon* et *Le Livre du maître*, sont encore utilisés de nos jours pour la formation des initiés, notamment dans les ateliers de la Grande Loge de France. La publication du premier de ces ouvrages avait provoqué une réaction du Grand Collège des rites, qui avait, par circulaire, mis en garde contre les thèses de Wirth toutes les loges du Grand Orient de France. Il fut en 1912 le fondateur de la revue *Le Symbolisme*. Mort en 1943. (Paris, Picollec, 1981, p. 293.)

Son disciple, Marius Lepage, a rédigé, en guise d'avant-propos à la réédition des trois textes de Wirth, chez Devry-Livres, une étude fort éclairante sur le personnage. Par l'intermédiaire de Lepage, qui a séjourné au Québec, Wirth a eu des disciples, ici, parmi les maçons francophones de la Grand Lodge of Quebec.

17. G.O.D.F., L'Émancipation, 9 juillet 1896.
Article 16 du Règlement de la R∴ ▭∴ L'Émancipation à l'Or∴ de Montréal, homologué le 4 février 1898.

18. G.O.D.F., L'Émancipation, 18 juillet 1896.

19. G.O.D.F., L'Émancipation, 28 juillet 1896.

20. Une ou des loges avaient sans doute existé sous le régime français.

21. Voir P. CHEVALLIER, « Le frère Thevenot... », p. 57-58.

22. On lit dans *La Chaîne d'union* :

> Une lettre que nous avons reçue de Montréal nous a fait connaître qu'un maçon de cet

Or∴ qui a passé quelques mois à Paris il y a près de deux ans, qui s'était attiré l'estime et la sympathie de tous les FF∴ qui l'avaient connu durant son trop court séjour parmi nous, a été élu Vénérable de la L∴ des Cœurs-Unis. C'est notre Excell∴ ami F∴ Joseph Rodrigue. Nos compliments à nos FF∴ de Montréal d'un aussi bon choix. (15ᵉ année, nᵒˢ 5 et 6, mai et juin 1880, p. 163.)

23. Sur les maçons eux-mêmes, on consultera le dictionnaire, *infra*, p. 99-141.

24. Voir le tableau I.

25. Adelstan DE MARTIGNY à Jean Bidegain, G.O.D.F., L'Émancipation, 27 octobre 1904.

26. Seules trois démissions sont motivées : Lamarche et Neyrat s'en vont vivre, le premier à Boston et le second en Europe. Quant à Beaugrand, il ne révèle pas les véritables motifs de sa décision en soutenant qu'il se propose de voyager en Europe puisque, au moment de son affiliation, six mois plus tôt, il ne séjournait déjà plus à Montréal que de façon épisodique.

Il se peut que Beaugrand, initié à Fall River, se soit affilié à une loge de la Grand Lodge of Quebec avant de passer au G.O.D.F. S'il avait démissionné ou avait été radié, lors de son départ de Fall River, aurait-il été perçu comme « notre Ch∴ F∴ Beaugrand », en mai 1886, dans une chronique de *La Chaîne d'union*, rédigée par un maçon de Montréal qui signe de l'initiale de P∴ (*Bulletin de la franc-maçonnerie étrangère*, nᵒˢ 6 et 7, mai 1886, p. 200-202.)

27. Après la mise en sommeil de L'Émancipation, et plus précisément entre 1911 et 1926, 9 autres maçons rallieront Force et courage. Tandis que certains, comme Clovis Laporte, regagneront la Grand Lodge of Quebec.

28. Alfred MARCIL au G.O.D.F., G.O.D.F., L'Émancipation, 8 novembre 1909.

29. MARCIL au G.O.D.F., G.O.D.F., Force et courage, [mars 1910].

30. Émile JULLIEN, « Rapport d'inspection pour 1902 », 1ᵉʳ février 1903, G.O.D.F., L'Émancipation.

31. L'autre extrême est de 58 mois.

32. Au dire de MARCIL, en 1909, la loge n'aurait plus compté que six maîtres. (MARCIL au G.O.D.F., G.O.D.F., L'Émancipation, 8 novembre 1909.)

33. Marcel PLEAU, *Histoire de l'Union française*, Montréal, Union française, 1985, 50 p.

34. Paul NAUDON, *La Franc-Maçonnerie*, Paris, PUF, « Que sais-je ? », 1982, p. 114.

35. *Ibid.*, p. 115.

36. *Loc. cit.*

37. *Loc. cit.*

38. Le président du conseil de l'ordre au grand président, 22 mars 1918, B. N., Dossier. Chemise Iowa-Anamosa, National Masonic Research Society, 1918, Manuscrits, Rés. F. M. 140.

39. « Règlement de la R∴ ☐ ∴ L'Émancipation à l'Or∴ de Montréal », Montréal, Alphonse Pelletier, 1898, p. 5.

40. Émile JULLIEN, « Rapport d'inspection pour 1902 », 1ᵉʳ février 1903, G.O.D.F., L'Émancipation.

41. Alphonse PELLETIER à Parmentier, 1ᵉʳ octobre 1897, G.O.D.F., L'Émancipation, 5701.

42. Alfred MARCIL, « Allocution du Vénérable Marcil, loge Force et courage, pour l'installation de l'Atelier », le mercredi 16 mars 1910, G.O.D.F., Force et courage.

43. Daniel LIGOU, *Dictionnaire universel de la franc-maçonnerie*, Éditions de Navarre-Éditions du Prisme, 1974, vol. 1, p. 449.

44. Jacques ROUILLARD et Judith BURT, « Le monde ouvrier », dans *Les Travailleurs québécois*, Québec, PUL, 1973, p. 89-90.

45. PLEAU, *Histoire de l'Union...*, p. 11.

46. Ruby HEAP, « La Ligue de l'enseignement (1902-1904) : héritage du passé et nouveaux défis », dans *R. H. A. F.*, vol. 36, n° 3, décembre 1982, p. 339-373.

47. Les frères Delville avaient transformé un café-concert en théâtre. Ils y présentèrent des spectacles de variété et les premières revues à Montréal. (« Les Delville », dans *Les Débats*, vol. 2, n° 59, 13 janvier 1901.)

48. HEAP, « La Ligue... », p. 343.

49. *Ibid.*, p. 345.

50. *Ligue de l'enseignement. Membres et constitution. 1902*, document manuscrit, Archives de la Société de Jésus, Saint-Jérôme, B-24-1.

51. HEAP, « La Ligue... », p. 347.

52. *Ibid.*, p. 343.

53. *Loc. cit.*

54. Henri BERNARD, *La Ligue de l'enseignement. Histoire d'une conspiration maçonnique à Montréal*, Notre-Dame-des-Neiges, s. é., 1903, p. 27.

55. *Bulletin trimestriel de la Ligue française de l'enseignement*, 22ᵉ année, n° 204, janvier-mars 1903, p. 12. Cité par BERNARD, *La Ligue...*, p. 12.

56. BERNARD, *La Ligue...*, p. 37.

57. Le plus connu d'entre eux fut Martigny.

58. Alfred PELLETIER au G.O.D.F., 8 juillet 1897, G.O.D.F., L'Émancipation, 8 juillet 1897. — En 1901, HERBETTE publie même un entrefilet dans *Les Débats*. Il s'intitule « Mot de combat » (2ᵉ année, n° 67, 18 mars 1901).

59. Herbette ne fut pas prisé par tous les maçons de la loge. Et Paul DE MARTIGNY, rédacteur aux *Débats*, laisse passer des articles qui laissent planer des doutes sur sa vie privée (« L'oncle Herbette », dans *Les Débats*, 1ʳᵉ année, n° 24, 13 mai 1901), ou encore mettent en cause sa connaissance et son intérêt pour les Canadiens. Et cela, quand on ne tente pas de le ridiculiser. Dans un article intitulé « Échos. Retour de M. Herbette », on lui prête ces propos :

> Les Canadiens ont si bien compris ma mission civilisatrice qu'ils m'ont conduit chez les Indiens de Caughnawaga et ont daigné me recevoir iroquois sous le nom de Kenikahonta (simple traduction du mot herbette). Fier de ce nouveau titre, je solliciterai de M. le président de la République la faveur d'accoler dorénavant le mot Kenikahonta, à la nomenclature de mes titres. (3 décembre 1899.)

À la fin du même mois, la même publication précise : « Car M. Herbette est retourné chez lui tout bourré de notes; il a en effet passé deux mois au pays et s'est même rendu jusqu'à Caughnawaga » (« Un qui vous connaît », 31 décembre 1899).

60. HEAP, « La Ligue... », p. 349.

61. *Ibid.*, p. 349.

62. *Ibid.*, p. 350.

63. *Ibid.*, p. 351.

64. *Ibid.*, p. 352.

65. *Ibid.*, p. 353.

66. « L'agriculture à l'école », dans *Le Canada*, 11 avril 1903.

67. On donnera plus loin quelques exemples de ces suggestions.

68. HEAP, « La Ligue... », p. 363.

69. *Ibid.*, p. 366.

70. *Ibid.*, p. 368.

71. Adèle BIBAUD écrit dans *Les Fiancés de Saint-Eustache* :

> Sir Lomer Gouin [...] a commencé à aider les écrivains sans fortune, sans cesse en butte à tant de revers, à tant de déceptions; le premier ministre veut changer cet état de choses déplorables, il comprend qu'un pays sans littérature ne peut jamais marcher de pair avec les nations éclairées. Si telle est l'intention de sir Lomer Gouin, on pourra dire de lui qu'il a été le Washington des lettres du Canada, qu'il les a affranchies du joug odieux sous lequel elles périssaient. (Montréal, 1910, s. é., p. 4-5.)

72. « La liberté. Discours d'un franc-maçon », Aix, 1872. Cité par Gérard GAYOT, *La Franc-Maçonnerie française. Textes et pratiques (XVIIIe - XXe siècles)*, Paris, Gallimard, coll. « Archives », 1980, p. 109-110.

73. A.-J. LEMIEUX, *La Loge∴ L'Émancipation*, Montréal, *La Croix*, 1910, p. 15.

74. *Ibid.*, p. 18.

75. Allocution de Marcil à l'installation de Force et courage, 16 mars 1910, G.O.D.F., Force et courage, 8751.

76. Adelstan LE MOYNE DE MARTIGNY au G.O.D.F., 26 mai 1910, G.O.D.F., Force et courage, 9 juin 1910, 10987.

77. Hélène PELLETIER-BAILLARGEON, *Marie Gérin-Lajoie*, Montréal, Boréal-Express, 1985, p. 115-116. Madame Pelletier-Baillargeon semble croire que le lycée n'a pas existé, qu'il est resté à l'état de projet. Et elle ne mentionne pas, parmi les instigateurs, certains membres de la loge.

78. Les deux derniers, qui collaborent à *La Patrie*, seront pris à partie par *Les Débats*, en 1901 : Fréchette, à cause de son évolution politique, et Chartrand, à cause de son antisémitisme dans l'explication qu'il donne du massacre des Arméniens.

79. D'autres publications soutiennent également la ligue, comme *L'Avenir du Nord* de Saint-Jérôme et *L'Union* de Saint-Hyacinthe.

80. Paraissent, dans *La Patrie*, les articles suivants : « La bibliothèque publique », 4 septembre 1902; « La bibliothèque civique », 23 octobre 1902; « Montréal aura donc une bibliothèque. La bibliothèque publique », 4 novembre 1902; « La bibliothèque civique », 15 novembre 1902.

81. CIVIS, « La bibliothèque publique », dans *La Patrie*, 4 septembre 1902.

82. « Autour de l'école », dans *La Patrie*, 5 septembre 1902.

83. « L'instruction publique », dans *La Patrie*, 16 septembre 1902.

84. *La Patrie*, 10 octobre 1902.

85. « La bibliothèque se meurt », dans *Le Canada*, vol. 1, n° 3, 7 avril 1903.

86. *Ibid.*

87. « L'art de faire des ténèbres », dans *Le Canada*, 6 mai 1903.

88. « Les écoles catholiques », dans *Le Canada*, 17 décembre 1903.

89. « Commission des écoles catholiques. L'on discute l'opportunité de donner gratuitement les livres scolaires aux enfants pauvres qui fréquentent les écoles », dans *Le Canada*, vol. 1, n° 199, 25 novembre 1903.

90. « L'instruction publique. Le système actuel », dans *Le Canada*, 12 mars 1904.

91. « Instituteurs allemands et instituteurs français », dans *Le Canada*, 26 septembre 1903.

92. « Au pays du Rhin. La rentrée des classes en Allemagne. Visite à une école primaire. Ce qu'ils enseignent », dans *Le Canada*, 17 octobre 1903.

93. Paraissent dans *Le Canada*, les articles suivants : « L'agriculture à l'école », 11 avril 1903; « L'enseignement commercial universitaire en Allemagne », 28 novembre 1903; « L'enseignement et l'entraînement techniques », 28 novembre 1908; « L'enseignement primaire au point de vue commercial. Une lettre de M. Jules Siegfried, ancien ministre », 10 janvier 1909; « L'éducation des travailleurs en France. M. Conendy, professeur de Lyon, demande que l'éducation soit obligatoire », 10 mars 1909.

94. Un citoyen, « À propos de l'école des Hautes Études », dans *Le Canada*, 13 mars 1909.

95. « L'administration », dans *La Petite Revue*, vol. 1, n° 1, 2 janvier 1899, p. 1.

96. Un ancien député, « Laurier », dans *La Petite Revue*, vol. 1, n° 1, p. 4.

97. *Ibid.*, p. 4.

98. *Loc. cit.*

99. *Ibid.*, p. 18.

100. Jean de Bonnefons, « Tarifs officiels, tarifs discrets », dans *La Petite Revue*, vol. 1, n° 1, p. 24.

101. Un instituteur parisien, « Lettre ouverte à François Coppée », dans *La Petite Revue*, vol. 1, n° 1, p. 28.

102. « Hélas ! », dans *La Petite Revue*, vol. 1, n° 2, p. 19.

103. Chrétien, « Une nuit de Noël », dans *La Petite Revue*, vol. 1, n° 1, p. 13.

104. *Ibid.*, p. 14.

105. Liseur, « Le moyen-âge au Manitoba », dans *La Petite Revue*, vol. 1, n° 1, p. 8.

106. *Loc. cit.*

107. « Le ministère de l'instruction publique », dans *La Petite Revue*, vol. 1, n° 2, p. 21.

108. B., « Un bon citoyen », dans *La Petite Revue*, vol. 1, n° 1, p. 5.

109. *Loc. cit.*

110. « La mort de Chiniquy », dans *La Petite Revue*, vol. 1, n° 2, p. 18.

111. *Les Débats*, vol. 1, n° 1, 3 décembre 1899.

112. *Les Débats*, vol. 1, n° 2, 10 décembre 1899.

113. « Indépendance », dans *Les Débats*, vol. 1, n° 4, 24 décembre 1899.

114. Jean CADOT, « Les maîtres d'école », dans *Les Débats*, vol. 2, n° 65, 25 février 1901; CAPORAL BÉLAIR, « La ligue de l'enseignement; les livres d'école », dans *Les Débats*, vol. 3, n° 142; « La ligue de l'enseignement. Manuels gratuits », dans *Les Débats*, vol. 3, n° 151.

115. NESTOR, « Un seul hôpital civique », dans *Les Débats*, vol. 2, n° 64, 17 février 1901.

116. *Les Débats*, vol. 2, n° 73, 27 avril 1902.

117. Henri DAZÉ et Arthur BEAUCHESNE au G.O.D.F., 12 juin 1904, G.O.D.F., L'Émancipation.

118. « Le cercle Alpha-Oméga. Un témoignage. Lettre de F. Marrié », dans *Le Devoir*, 8 août 1910.

119. MARCIL au G.O.D.F., [mars 1910], Force et courage, G.O.D.F., 4 avril 1910.

120. « Le cercle Alpha-Oméga... », dans *Le Devoir*, 8 août 1910.

121. « Cercle Alpha-Oméga », dans *Le Pays*, 5 mai 1910.

122. « Cercle Alpha-Oméga », dans *Le Pays*, 13 mai 1910.

123. À l'époque du cercle Renaissance, la bibliothèque se trouvait chez Édouard Henry, au 820 de la rue Saint-Hubert. Elle passa chez son fils Marcel qui en conserva une partie (31 volumes) et en remit l'autre (17 volumes) à la loge Montcalm. Celle-ci fut déposée aux archives de l'Université du Québec à Montréal par le grand maître du G.O.D.F., Jean Leray, lors de son passage au Québec, en mai 1985.

124. MARCIL au G.O.D.F., [mars 1910], Force et courage, G.O.D.F., 4 avril 1910.

125. André BEAULIEU et Jean HAMELIN, *La Presse québécoise des origines à nos jours*, vol. 4, Québec, PUL, 1979, p. 325. Le *Pourquoi pas ?* y est décrit, semble-t-il, non à partir des originaux mais du catalogue de N.-E. Dionne.

126. Nous n'avons retracé que deux numéros du *Pourquoi pas ?*. Probablement les seuls.

127. « À nos lecteurs », dans le *Pourquoi pas ?*, vol. 1, n° 1, 3 février 1910, p. 1; O. RÉMUS, « Parlons-en un peu de la bibliothèque », dans le *Pourquoi pas ?*, vol. 1, n° 1, 3 février 1910, p. 1.

128. « Un évêque se distingue », dans le *Pourquoi pas ?*, vol. 1, n° 2, [10 février 1910], p. 1.

129. COLOMBINE, « À bas le fanatisme », dans le *Pourquoi pas ?*, vol. 1, n° 2, [10 février 1910], p. 3.

130. « L'inondation en France commentée par le Vatican », dans le *Pourquoi pas ?*, vol. 1, n° 2, p. 2.

131. K. LOTTIN, « Renaissance », dans le *Pourquoi pas ?*, n° 2, s. d., p. 1.

132. O. RÉMUS, « Parlons-en un peu de la bibliothèque », dans le *Pourquoi pas ?*, vol. 1, n° 1, p. 1.

133. *Loc. cit.*

134. G. COUTE, « Instruisons-nous », dans le *Pourquoi pas ?*, vol. 1, n° 1, 3 février 1910, p. 3.

135. Loc. cit.

136. « Infusion de pensées sauvages », dans le *Pourquoi pas ?*, vol. 1, n° 3, février 1910, p. 4.

137. Pierre SAVARD, *Le Consulat général de France à Québec et à Montréal de 1859 à 1914*, Québec, PUL, 1970, p. 21.

138. *Ibid.*

139. Le secrétaire de L'Émancipation au G.O.D.F., 17 octobre 1904, L'Émancipation, G.O.D.F., 17 octobre 1904.

140. Le secrétaire de L'Émancipation au G.O.D.F., 9 septembre 1904, G.O.D.F., L'Émancipation.

141. Le secrétaire de L'Émancipation au G.O.D.F., 30 novembre 1904, G.O.D.F., L'Émancipation.

142. Le secrétaire de L'Émancipation au G.O.D.F., juin 1909, G.O.D.F., L'Émancipation.

143. Le secrétaire de L'Émancipation au G.O.D.F., juin 1909, G.O.D.F., L'Émancipation. — Langlois sera fait officier d'académie en juin 1911.

144. L'Émancipation au G.O.D.F., 23 juin 1903, G.O.D.F., L'Émancipation.

145. Ministère des Affaires étrangères au député Lafferre, 14 février 1905, G.O.D.F., L'Émancipation, 24 février 1909.

146. Adelstan LE MOYNE DE MARTIGNY à Vadécard, 29 août 1905, G.O.D.F., L'Émancipation.

147. Oscar NORMANDIN au G.O.D.F., 20 mai 1909, G.O.D.F., L'Émancipation.

148. NORMANDIN au G.O.D.F., juin 1909, G.O.D.F., L'Émancipation.

149. La déclaration que publie *Le Pays* au moment du départ de Kleczkowski, laisse perplexe :

> À qui espère-t-on faire croire que le gouvernement français a retiré, à la demande des loges, M. Kleczkowski du Canada parce qu'il était trop clérical pour le remplacer par un plus catholique que lui...
> Si quelques Français et quelques Canadiens se sont véritablement plaints auprès du gouvernement français de M. Kleczkowski, nous avons tout lieu de croire que leurs plaintes reposaient sur d'autres causes que les causes religieuses.(« Une bonne blague. Le départ de M. Kleczkowski », dans *Le Pays*, vol. 1, n° 21, 4 juin 1910.)

150. Déjà isolés, les maçons montréalais se sentent abandonnés. Et ce, alors qu'ils ne cessent d'être attaqués. Car ils le sont par l'Église comme aussi par la Grand Lodge of Quebec, en dépit de ce que Marcil a pu affirmer en public en août 1911 (« Les accusations de M. C.-A. Millette », dans *Le Devoir*, 2 août 1910). Le 1ᵉʳ septembre 1897, Alphonse Pelletier écrit à Parmentier que les maçons de la Grande Loge « prennent tous les moyens de découvrir son existence [à L'Émancipation] pour la dénoncer » (PELLETIER à Parmentier, 1ᵉʳ septembre 1897, G.O.D.F., L'Émancipation). En 1910, Marcil écrit lui-même : « Nous n'avons reçu jusqu'ici aucun secours moral de la part des loges maçonniques anglaises. Loin de là, certains journaux anglais ont publié une proclamation de la Grande Loge anglaise, parue en 1897, où nos frères anglais, répudiaient hautement le Grand Orient de France et la loge L'Émancipation... » (Marcil au G.O.D.F., 5 août 1910, G.O.D.F., L'Émancipation.) Ce texte de Marcil, adressé au G.O.D.F.,

est sans doute plus conforme à la vérité que la déclaration de 1911 qui vise à masquer la situation, pour ne pas dire l'isolement de la loge face à l'obédience.

151. Henri DAZÉ au G.O.D.F., 7 juillet 1909, G.O.D.F., L'Émancipation.

152. « Chronique maçonnique », dans *Acacia*, vol. 4, juillet-décembre 1904, p. 79-80.

153. Émile JULLIEN, Rapport d'inspection de l'Émancipation, 14 mai 1903, G.O.D.F., L'Émancipation, 14 mai 1903.

154. Adelstan LE MOYNE DE MARTIGNY à Lafferre, 10 décembre 1904, G.O.D.F., L'Émancipation, 1904. Martigny joint à sa lettre des coupures de journaux dans lesquelles sont attaqués la loge et des maçons comme Langlois; elles sont tirées du *Journal* (23, 24, 25 et 26 février 1904), de *La Patrie* (25 novembre 1904), du *Nationaliste* (27 novembre 1904).

155. Le secrétaire de L'Émancipation au G.O.D.F., 1er septembre 1897, G.O.D.F., L'Émancipation.

156. Alfred PELLETIER au G.O.D.F., 8 juillet 1897, G.O.D.F., L'Émancipation, 8 juillet 1897. Interrogé à l'enquête sur l'infiltration maçonnique à l'hôtel-de-ville, Martigny, qui a rencontré Herbette à plusieurs reprises lors de ses études en France, affirmera :

> « Bien, je vous dirai que « notre oncle Herbette », je ne le connais pas... je l'ai vu dans un dîner... je ne lui ai même pas été présenté... je vous dis même que j'éprouve pour lui une certaine apathie. » (« Les accusations de M. C.-A. Millette », dans *Le Devoir*, 2 août 1910.)

157. Alphonse PELLETIER à Parmentier, 1er septembre 1897, G.O.D.F., L'Émancipation, 1er septembre 1897.

158. PELLETIER à Parmentier, 1er septembre 1897, G.O.D.F., L'Émancipation, 1er septembre 1897.

159. Adelstan LE MOYNE DE MARTIGNY au G.O.D.F., 12 mars 1905, G.O.D.F., L'Émancipation.

160. Ludger LAROSE au G.O.D.F., 16 novembre 1908, G.O.D.F., L'Émancipation.

161. Vœu de la loge L'Émancipation, O.∴ de Montréal, dans le « Compte rendu des travaux du Grand Orient de France, suprême conseil pour la France et les possessions françaises », 55e année, 1900, Paris, p. 29-30.

162. VADÉCARD à Adelstan de Martigny, 28 avril 1910, G.O.D.F., L'Émancipation.

163. Omer HÉROUX, « Les cinq cents piastres de M. Maillet », dans *Le Devoir*, 27 janvier 1910.

164. Jean-Paul DE LAGRAVE, dans « Une loge du Grand-Orient au Québec en 1892 », (*Humanisme*, n° 114-115, décembre 1976-janvier 1977, p. 13-17), a effectué un relevé de ces proses épiscopales.

165. Ludger LAROSE au G.O.D.F., 16 novembre 1908, G.O.D.F., L'Émancipation, 16 novembre 1908.

166. Henri DAZÉ au G.O.D.F., 27 juin 1904, G.O.D.F., L'Émancipation.

167. Adelstan DE MARTIGNY au G.O.D.F., 12 mars 1905, G.O.D.F., L'Émancipation.

168. MARCIL au G.O.D.F., [mars 1910], G.O.D.F., Force et courage, 4 avril 1910.

169. La rue de Bullion est ainsi nommée en l'honneur d'Angélique Faure, marquise de Bullion, fondatrice temporelle de l'Hôtel-Dieu de Montréal.

170. « Les accusations de M. C.-A. Millette », dans *Le Devoir*, 29 juillet 1910.

171. *Ibid.*

172. *Ibid.*

173. *Ibid.*

174. *Ibid.*

175. « Les accusations... », 2 août 1910.

176. *Ibid.*

177. Les archives de l'A.C.J.C. sont conservées aux Archives du Québec à Chicoutimi. Elles ont été transportées depuis Montréal à la suite de l'intervention du dernier aumônier, l'abbé Jean-Paul Tremblay (Paul Médéric).

178. MARCIL au G.O.D.F., 5 août 1910, G.O.D.F., L'Émancipation.

179. Robert RUMILLY, *Histoire de Montréal*, vol. 3, Montréal, Fides, p. 424.

180. « Les accusations... », 29 juillet et 2 août 1910.

181. « L'arrêt du juge Charbonneau contre le tribunal d'inquisition du maire Guérin », dans *Le Pays*, 12 novembre 1910.

182. « Chasse aux francs-maçons à la commission des écoles catholiques », dans *Le Devoir*, 28 septembre 1910.

183. « Le procès Lemieux », dans *Le Devoir*, 27 mars 1911.

184. « L'affaire Lemieux-Larose », dans *Le Devoir*, 18 août 1910. Selon RUMILLY, les documents auraient été portés chez les Jésuites du collège Sainte-Marie (*Histoire de Montréal*, p. 474). Actuellement, il n'y en a pas trace dans les archives de la compagnie. Sur cette question, voir la note 3 de l'Introduction.

185. MARTIGNY à Vadécard, 13 avril 1910, G.O.D.F., L'Émancipation.

186. LEMIEUX, *La Loge :. L'Émancipation*, 32 p.; il existe une autre édition de ce texte, sans doute antérieure, mais publiée également en 1910 : s. l., s. é., s. d., 16 p.

187. *Ibid.*, p. 3.

188. *Ibid.*, p. 32.

189. « L'affaire Lemieux-Larose », dans *Le Devoir*, 18 août 1910.

190. Sur la mort du docteur CÔTÉ, *Le Pays* écrira :

> Mais voilà; il a commis le crime que l'on ne pardonne pas, dans cette province, de mourir en paix avec sa conscience.
>
> Il n'en fallait pas plus pour que tous les chacals de l'*Action sociale*, de la *Vérité*, de la *Croix*, qui ne vivent que de scandales et d'exploitations de la religion, se massent sur son cadavre, comme les chiens à la curée. Un journal est allé même jusqu'à insinuer, le vilain, que l'intempérance avait conduit le docteur Côté à la tombe. Et cependant tous ceux qui le connaissaient savaient qu'il était d'une tempérance absolue, n'ayant jamais trempé ses lèvres à la coupe où boivent tant de faux dévots. (*Le Pays*, vol. 1, n° 1, 15 janvier 1910.)

191. L'un des secrétaires du Conseil de l'ordre à L'Émancipation, 9 juin 1910, G.O.D.F., L'Émancipation.

192. MARTIGNY à Vadécard, 26 mai 1910, G.O.D.F., L'Émancipation.

193. « On dénonce A.-J. Lemieux. Un groupe de Montréalais proteste avec indignation contre ses conférences », dans *Le Devoir*, 29 novembre 1910.

194. « Un scandale judiciaire », dans *Le pays,* 1ᵉʳ octobre 1911.

195. M<small>ARCIL</small> au G.O.D.F., 27 février 1911, G.O.D.F., L'Émancipation.

196. « M. A.-J. Lemieux demande un procès par jury », dans *Le Devoir,* 23 août 1911.

197. « L'affaire Lemieux. Non coupable, votre seigneurie », dans *Le Devoir,* 28 mars 1911.

198. « Nihilisme doré. On peut être voleur et dévot. Ce que signifie l'acquittement de Lemieux », dans *Le Pays,* 1ᵉʳ avril 1911.

199. « La question du jury. La justice n'est pas une loterie. Une marionnette dont quelques cabotins tirent les fils », dans *Le Pays,* 1ᵉʳ avril 1911.

200. M<small>ARCIL</small> au G.O.D.F., 27 février 1911, G.O.D.F., Force et courage, 4687.

201. Le 10 juin 1910, le cercle Saint-Paul de l'Alliance nationale de Grand-Mère a fait chanter une messe d'action de grâces :

Considérant que M. A.-J. Lemieux, de Montréal, le héros du dévoilement des trames criminelles anti-déistes et anti-nationales de la loge maçonnique L'Émancipation de Montréal, a sauvé dans les circonstances la race canadienne-française et catholique de l'abîme anti-clérical et de la prostitution de ses principes nationaux dont elle était menacée;
Considérant que la race canadienne-française, petite-fille de l'Église, a reçu par ce fait une preuve éclatante de la protection divine toute spéciale dont elle est l'objet;
Considérant que c'est un devoir national de rendre grâces à Dieu de cette découverte et d'offrir au héros nos expressions d'admiration et de reconnaissance [...] (« Le cercle Saint-Paul de l'Alliance nationale de Grand-Mère. Grand comme le monde », dans *Le Pays,* vol. 1, nº 24, 25 juin 1910.

202. M<small>ARCIL</small> au G.O.D.F., 5 août 1910, G.O.D.F., Force et courage.

203. M<small>ARCIL</small> au G.O.D.F., 5 août 1910, G.O.D.F., Force et courage.

204. M<small>ARTIGNY</small> à Vadécard, 9 août 1910, G.O.D.F., L'Émancipation.

205. M<small>ARTIGNY</small> au G.O.D.F., 16 août 1910, G.O.D.F., L'Émancipation.

206. M<small>ARTIGNY</small> à Vadécard, 14 février 1910, G.O.D.F., L'Émancipation.

207. « Franc-maçon », dans *Le Pays,* 5 mars 1910.

208. M<small>ARCIL</small> au G.O.D.F., 30 mai 1910, G.O.D.F., Force et courage, 11000.

209. M<small>ARTIGNY</small> à Vadécard, 22 juin 1910, G.O.D.F., L'Émancipation, 22 juin 1910.

210. Ce qui explique que seuls subsistent les documents conservés au G.O.D.F. et ceux qui ont été volés par Lemieux.

211. Le secrétaire du G.O.D.F. à L'Émancipation. Le manuscrit de cette lettre porte 3 dates : 7 septembre 1910, 26 janvier et 16 avril 1911, G.O.D.F., L'Émancipation.

212. M<small>ARCIL</small> au G.O.D.F., [mars 1910], G.O.D.F., L'Émancipation. Force et courage.

213. M<small>ARCIL</small> au G.O.D.F., 14 juin 1914, G.O.D.F., Force et courage.

Notes du chapitre Force et courage

1. Alfred M<small>ARCIL</small> au T∴ C∴ et Vén∴ Fr∴ (Grand maître du G.O.D.F.), 1ᵉʳ février 1920, G.O.D.F., F. et C., 1ᵉʳ février 1920.

2. Les quatre maçons occupant respectivement les postes de vénérable, de premier surveillant, d'orateur et de secrétaire, (G.O.D.F., F. et C., 138, 8751, 7 décembre 1909).

3. G.O.D.F., F. et C., 138, 8751, 7 décembre 1909, 1er février 1910.

4. G.O.D.F. à F. et C., G.O.D.F., F. et C., 8750, 8751, 138, 19 janvier 1910.

5. G.O.D.F., F. et C., 8751, 138.

6. G.O.D.F., F. et C., 8750, 8751.

7. G.O.D.F., F. et C., 8750, 8751.

8. G.O.D.F., F. et C., 138.

9. G.O.D.F., F. et C., 138.

10. G.O.D.F., F. et C., 138.

11. MARCIL à Vadécard, 24 janvier 1910, G.O.D.F., F. et C., 24 janvier 1910.

12. MARCIL à Vadécard, 24 janvier 1910, G.O.D.F., F. et C., 24 janvier 1910.

13. MARCIL à Vadécard, 24 janvier 1910, G.O.D.F., F. et C., 24 janvier 1910.

14. MARCIL à Vadécard, 16 mars 1910, G.O.D.F., F. et C., 16 mars 1910.

15. MARCIL à Vadécard, 24 janvier 1910, G.O.D.F., F. et C., 24 janvier 1910.

16. MARCIL à Vadécard, 24 janvier 1910, G.O.D.F., F. et C., 24 janvier 1910.

17. MARCIL à Vadécard, 22 décembre 1913, G.O.D.F., F. et C., 22 décembre 1913.

18. MARCIL à Vadécard, 15 mars 1911, G.O.D.F., F. et C., 15 mars 1911.

19. MARCIL à Vadécard, 15 mars 1911, G.O.D.F., F. et C., 15 mars 1911.

20. A.-J. LEMIEUX, *La Loge ∴ L'Émancipation*, Montréal, *La Croix*, 1910, p. 14.

21. Entrevue avec Marcel Henry, 22 avril 1985.

22. MARCIL à Vadécard, 16 mars 1910, G.O.D.F., F. et C., 16 mars 1910.

23. MARCIL à Vadécard, 5 août 1910, G.O.D.F., F. et C., 5 août 1910.

24. MARCIL à Vadécard, 2 décembre 1913, G.O.D.F., F. et C., 22 décembre 1913.

25. MARCIL à Vadécard, 16 mars 1910, G.O.D.F., F. et C., 16 mars 1910.

26. Alfred MARCIL, « Allocution de [...] pour l'installation de l'atelier. Mercredi, le 16 mars 1910 », G.O.D.F., F. et C., 16 mars 1910.

27. MARCIL à Vadécard, 22 décembre 1913, G.O.D.F., F. et C., 22 décembre 1913.

28. Selon Marcel Henry (entretien du 22 avril 1985), la loge était située au coin des rues Hutchison et Sherbrooke.

29. MARCIL au grand maître, 1er février 1920, G.O.D.F., F. et C., 1er février 1920.

30. MARCIL à Vadécard, 22 décembre 1913, G.O.D.F., F. et C., 22 décembre 1913.

31. MARCIL à Vadécard, 14 juin 1914, G.O.D.F., F. et C., 14 juin 1914.

32. MARCIL au G.O.D.F., 8 novembre 1910, G.O.D.F., F. et C., 17712.

33. Arthur NOËL DE TILLY au G.O.D.F., 21 avril 1913, G.O.D.F., F. et C., 7014.

34. G.O.D.F., F. et C., 15062.

35. G.O.D.F., F. et C., 2178.

36. G.O.D.F., F. et C., 14 juin 1914.

37. Fernand MARRIÉ au G.O.D.F., 1er février 1918, G.O.D.F., F. et C., 1er février 1918.

38. MARRIÉ au G.O.D.F., 18 mars 1918, G.O.D.F., F. et C., 2176.

39. Marrié au G.O.D.F., 1ᵉʳ février 1918, G.O.D.F., F. et C., 1ᵉʳ février 1918.

40. Marrié au G.O.D.F., 18 mars 1918, G.O.D.F., F. et C., 2176.

41. Marrié au G.O.D.F., 12 septembre 1920, G.O.D.F., F. et C., 11105.

42. Marrié au G.O.D.F., 28 septembre 1917, G.O.D.F., F. et C., 6193.

43. Marrié au G.O.D.F., 27 octobre 1917, G.O.D.F., F. et C., 27 octobre 1917.

44. La guerre ne provoquera pas que des tentatives de rapprochement. Lorsque, après 1918, surgiront certains différents entre le G.O.D.F. et la maçonnerie allemande, Marrié n'hésitera pas à ostraciser celle-ci : « Ce sont eux qui s'enferment dans un splendide isolement, exprimant dans un geste d'injurieux dédain, leur intention formelle de ne pas frayer avec la maçonnerie française et même avec la maçonnerie de tous les autres pays » (G.O.D.F., F. et C., 27 septembre 1920.).

45. Marrié au G.O.D.F., 31 mai 1920, G.O.D.F., F. et C., 31 mai 1921.

46. Marrié au G.O.D.F., 21 octobre 1920, G.O.D.F., F. et C., 21 octobre 1920.

47. Marrié au G.O.D.F., 21 octobre 1920, G.O.D.F., F. et C., 21 octobre 1920.

48. Marrié au G.O.D.F., 21 octobre 1920, G.O.D.F., F. et C., 21 octobre 1920.

49. Marrié au G.O.D.F., 21 octobre 1920, G.O.D.F., F. et C., 21 octobre 1920.

50. Marrié au G.O.D.F., 22 janvier 1921, G.O.D.F., F. et C., 22 janvier 1921.

51. Marrié au G.O.D.F., 20 novembre 1920, G.O.D.F., F. et C., 20 novembre 1920.

52. Marrié au G.O.D.F., 10 mai 1921, G.O.D.F., F. et C., 10 mai 1921.

53. Marrié avait établi des liens avec une loge de l'obédience de la Grande Loge de France, celle de la Montagne, qui était fort engagée sur le plan social. Elle sera dénoncée par l'obédience. Et il en recevra à partir de 1922 des publications qui s'intitulent *Manifeste* (archives de Claude Marrié).

54. G.O.D.F. à Force et courage, 4 juin 1921, G.O.D.F., F. et C., 4 juin 1921.

55. Junius, « Notre programme », dans *Le Pays*, vol. 1, n° 1, 15 janvier 1910.

56. Marrié au G.O.D.F., 5 août 1920, G.O.D.F., F. et C., 9755.

57. Roger Valois meurt prématurément le 27 mars 1917. Voir « Roger Valois est décédé », dans *Le Pays*, vol. 8, n° 12, 31 mars 1917.

58. Junius, « Notre programme », dans *Le Pays*, vol. 1, n° 1, 15 janvier 1910.

59. Marrié à Vadécard, 24 janvier 1910, G.O.D.F., F. et C., 24 janvier 1910.

60. À l'époque, lorsque les familles déménageaient, ce qui était fréquent dans le milieu des travailleurs, les enfants devaient s'inscrire à d'autres écoles où les manuels n'étaient plus les mêmes. Ce qui occasionnait des dépenses. Bien des communautés imposaient les éditions qu'elles publiaient.

61. « La doctrine libérale. Discours de M. Godfroy Langlois, député de Saint-Louis au parlement de Québec », dans *Le Pays*, vol. 1, n° 11, 26 mars 1910.

62. « La bibliothèque Saint-Sulpice. On ne peut y avoir aucun roman de Balzac, de Flaubert, de Maupassant, de Hugo. Tous les meilleurs auteurs français ostracisés. On se borne à répandre les œuvres de Georges Ohnet, Zénaïde Fleuriot, Henri Conscience et Raoul de Navery », dans *Le Pays*, vol. 9, n° 9, 4 mars 1916.

63. Marrié au G.O.D.F., 24 janvier 1910, G.O.D.F., F. et C., 24 janvier 1910.

64. André Beaulieu et Jean Hamelin, « Les Journaux du Québec de 1764 à 1964 »,

Québec, PUL, 1965, p. 137.

65. Marrié au G.O.D.F., 5 août 1920, G.O.D.F., F. et C., 9755.

66. Le secrétaire du G.O.D.F. à F. et C., 19 août 1920, G.O.D.F., F. et C., 5686.

67. Marrié au G.O.D.F., 1ᵉʳ septembre 1920, G.O.D.F., F. et C., 1ᵉʳ septembre 1920.

68. Arsène Bessette, *Le Débutant. Roman de mœurs du journalisme et de la politique dans la province de Québec, Montréal*, HMH, 1977, p. 107.

69. Marrié, « La paix mondiale et la franc-maçonnerie. Régime futur de la Turquie et de l'Arménie », *Circulaire n° 3*, 19 juin 1920, 7 pages dactylographiées, G.O.D.F., F. et C., 7657.

70. *Ibid.*, p. 1.

71. Marrié au G.O.D.F., 12 février 1920, G.O.D.F., F. et C., 1561.

72. Marrié au G.O.D.F., 12 février 1920, G.O.D.F., F. et C., 1561.

Ouvrages commandés par la loge, en 1920, 1921 et 1922, avec le nombre d'exemplaires :

1920

Albert Bayet, *Idées mortes*	3 exemplaires
G. Bescède, *Initiation sexuelle*	1 exemplaire
H. Boehme, *Les Jésuites*	2 exemplaires
Y. Claraz, *La Faillite des religions*	2 exemplaires
A. Dive, *Légende chrétienne*	2 exemplaires
Jeanne Dubois, *Limitation des naissances*	3 exemplaires
Camille Flammarion, *Stella*	1 exemplaire
Herbart, *Comment élever nos enfants*	3 exemplaires
Félix Le Dantec, *Définition de la science*	3 exemplaires
Pigault-Lebrun, *Le Citateur*	3 exemplaires
Jean Richepin, *Les Blasphèmes*	2 exemplaires
Gabriel Séailles, *Les Aspirations de la conscience modernes*	3 exemplaires
Le curé [Jean] Meslier, *Le Bon Sens du (...)*	1 exemplaire

1921

Jules Claraz, *Le Mariage des prêtres*	12 exemplaires
Jules Claraz, *Le Confessionnal*	12 exemplaires
Jules Claraz, *La Faillite des religions*	12 exemplaires

1922

Françoise, *Sur la nationalisation des chemins de fers*	3 exemplaires
Huart, *Propagande cléricale en France*	12 exemplaires
F. Labry, *Autour du bolchévisme*	3 exemplaires
Sageret, *La Vague mystique*	Quelques exemplaires
Anonyme, *Grosjean et son curé*	10 exemplaires
Anonyme, *Histoire populaire et illustrée de l'inquisition en Espagne*	6 exemplaires

73. Marrié au G.O.D.F., 18 février 1924, G.O.D.F., F. et C., 18 février 1924.

74. Marrié au G.O.D.F., 1ᵉʳ février 1918, G.O.D.F., F. et C., 1ᵉʳ 1918.

75. Marrié a réuni les nombreux articles qu'il a publiés sous divers pseudonymes

dans divers journaux. Ils témoignent de préoccupations sociales et politiques (archives de Claude Marrié).

76. MARRIÉ, « Rapport présenté à l'Assemblée générale spéciale du cercle Alpha-Oméga tenue le 2 juin 1912, à 9 h. 30 a.m., au n° 419 de la rue Saint-André », G.O.D.F., F. et C..

77. *Ibid.*

78. « Institut du Canada. Société littéraire et artistique. Incorporée à Montréal le 20 mai 1912. Règlements », G.O.D.F., F. et C..

79. « Discours de bienvenue, lu en Assemblée générale lors de la réception de nouveaux membres à l'Institut du Canada », G.O.D.F., F. et C.

80. Alexandre BOURDON, « Pour l'avenir physique des sciences humaines », texte lu le 19 mai 1923, G.O.D.F., F. et C., 14 septembre 1923.

81. *Ibid.*

82. MARRIÉ au G.O.D.F., 9 octobre 1923, G.O.D.F., F. et C., 9 octobre 1923.

83. Entretien avec Marcel Henry, 22 avril 1985.

84. « Allocution du vénérable F. Marcil, loge Force et courage, pour l'Installation de l'Atelier; mercredi, le 16 mars 1910 », G.O.D.F., F. et C., 16 mars 1910.

85. Secrétaire de Force et courage à J.-E. Bon, 25 mai 1919, G.O.D.F., F. et C., 25 mai 1919.

86. Claude GALARNEAU, *Les Collèges classiques au Canada français*, Montréal, Fides, 1978, p. 55.

87. « Minutes du conseil d'administration. Hôpital français ». Procès-verbal du 6 juin 1919, archives de l'hôpital Sainte-Jeanne-d'Arc.

88. « Minutes... », procès-verbal du 6 juin 1919.

89. « Minutes... », procès-verbal du 12 janvier et du 9 février 1920.

90. « Minutes... », procès-verbal du 12 août 1919.

91. « Minutes... », procès-verbal du 12 août 1919.

92. « Minutes... », procès-verbal du 12 août 1919.

93. « Minutes... », procès-verbal du 12 août 1919.

94. « Minutes... », procès-verbal du 12 août 1919.

95. « Minutes... », procès-verbal du 3 septembre 1919.

96. « Minutes... », procès-verbal du 3 septembre 1919.

97. « Minutes... », procès-verbal du 3 septembre 1919.

98. *Le Canada*, 2 octobre 1919 et 13 octobre 1919.

99. « Minutes... », procès-verbal du 10 mars 1921.

100. « Minutes... », procès-verbal du 17 mars 1923.
« Minutes... », procès-verbal du 7 janvier 1926.

101. « Minutes... », procès-verbal du 7 janvier 1926.

102. Thomas-Cyrille COUËT, « Bas les masques. Étude anti-maçonnique », Québec, *L'Événement*, 1911, 29 p.

103. « Minutes... », procès-verbal du 25 août 1926.

104. En collaboration, *Histoire du mouvement ouvrier au Québec (1825-1976)*, Montréal, CSN-CEQ, 1979, p. 124.

105. *Ibid.*, p. 60.

106. *Loc. cit.*

107. *Loc. cit.*

108. Les notes sur Francq sont tirées de quatre sources : Geoffrey EWEN, « The Ideas of Gustave Francq on Trade Unionism and Social Reform as Expressed in *Le Monde Ouvrier/The Labor World*, 1916-1921 », thèse de M. A., Ottawa, Université d'Ottawa, 1981. — André-E. LEBLANC, « Gustave Francq. Godfather to the International Labour Movement in Quebec », 1984, 63 pages dactyl. non publiées, aimablement communiqué par l'auteur. — En collaboration, *Histoire du....* — « Gustave Francq : un pionnier », dans *Le Monde ouvrier*, numéro spécial intitulé *Notre histoire*, décembre 1977, p. 6.

109. En collaboration, *Histoire du...*, p. 61.

110. Geoffrey EWEN, « The Ideas... », p. 11.

111. *Loc. cit.*

112. Force et courage au G.O.D.F., 8 novembre 1910, G.O.D.F., F. et C., 17712.

113. MARRIÉ au G.O.D.F., 1er février 1918, G.O.D.F., F. et C., 1er février 1918.

114. MARRIÉ au G.O.D.F., G.O.D.F., F. et C., 14 avril 1919, 3431.

115. Marcil à Vadécard, F. et C., 30 mai 1910, G.O.D.F., F. et C., 30 mai 1919.

116. G.O.D.F., F. et C., 21 juillet 1910.

117. MARRIÉ au G.O.D.F., 1919, G.O.D.F., F. et C.,1831.

118. MARCIL au G.O.D.F., 1er février 1920, G.O.D.F., F. et C., 1877.

119. MARCIL au G.O.D.F., 1er mai 1920, G.O.D.F., F. et C., 1er mai 1920.

120. MARCIL au G.O.D.F., 1er février 1920, G.O.D.F., F. et C., 1877.

121. MARCIL au G.O.D.F., 1er février 1920, G.O.D.F., F. et C., 1877.

122. MARCIL au G.O.D.F., 1er février 1920, G.O.D.F., F. et C., 1877.

123. A.-J. LEMIEUX, *La Loge...*, p. 20.

124. G.O.D.F. à F. et C., mars 1920, G.O.D.F., F. et C., 1831.

125. MARCIL au G.O.D.F., 24 novembre 1917, G.O.D.F., F. et C., 188.

126. MARRIÉ au G.O.D.F., 14 juin 1924, G.O.D.F., F. et C., 14 juin 1924.

127. G.O.D.F. à F. et C., 2 juillet 1924, G.O.D.F., F. et C., 2 juillet 1924.

128. Sur cette affaire, voir Dollard DANSEREAU, *Causes célèbres du Québec*, Montréal, Leméac, 1986, p. 97-130. L'accusé fut acquitté au terme d'un quatrième procès.

129. MARRIÉ au G.O.D.F., 18 janvier 1922, G.O.D.F., F. et C., 16434.

130. MARRIÉ au G.O.D.F., 18 mars 1922, G.O.D.F., F. et C., 18 mars 1922.

131. MARRIÉ au G.O.D.F., 29 mars 1922, G.O.D.F., F. et C., 29 mars 1922.

Notes de la conclusion

1. Propos cité par Henri GUILLEMIN, « Bernanos le démolisseur des impostures », dans *Le Monde*, 1er avril 1988.

Cet ouvrage
le vingt-huitième de la collection
"Cahiers du CRCCF"
a été imprimé par l'Imprimerie Gagné
à Louiseville (Québec)
en juillet mil neuf cent quatre-vingt-onze.

Conception, composition et réalisation graphique :
Communication Graphique Gagnon et Bélanger.